U0669011

中国工程院院士

是国家设立的工程科学技术方面的最高学术称号，为终身荣誉。

中国工程院院士传记

古德生传

古平◎著

人民出版社

中南大學出版社
www.csupress.com.cn

中国工程院院士古德生

1937 年 3 月，在毛里求斯怀有身孕的母亲，准备携当时一岁的
古德生哥哥古流祥回国，启程前与古德生父亲惜别留影

1937 年 10 月 13 日，古德生呱呱坠地，母亲(左 2)抱着古德生与
祖母(中)、姑妈(右 2)、哥哥(姑妈怀中幼儿)和姐姐(右 1)合影

1965 年的古德生

1966 年古德生与夫人谭幼媛合照

1967 年的古德生

1969 年，古德生在广州出差

1986 年，古德生(左 2)接待瑞典律勒欧
大学岩石力学教授，并协商科研合作事宜

1987 年，古德生与科研团队成员讨论国家“七五”计划科技攻关总体研究方案

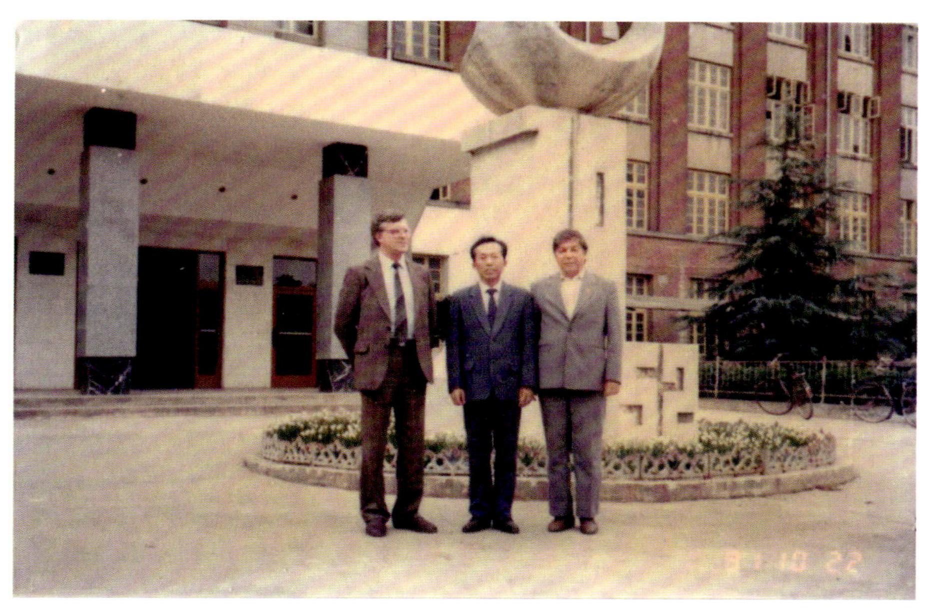

1987 年，中南工业大学与莫斯科矿业大学建立校际合作关系。
当时的采矿工程系主任古德生(中)与两位来访教授留影

1988 年，古德生(左)和王惠英(右)在实验车间做激振参数调节试验

1988 年，古德生(左)在实验室对振动运输列车
试验机在运行过程中的问题进行分析讨论

1989 年，古德生(左)与古阶祥(右)出席第二届世界非金属矿大会

1990 年，古德生(左 1)陪同中国有色金属工业总公司费子文总经理(右 3)视察曾创造班生产能力 1643 吨、运矿块度 1.1 m 奇迹的振动运输列车

1990 年，古德生与夫人谭幼媛出席第 14 届世界采矿大会

20 世纪 90 年代，古德生在中南工业大学资源开发与安全工程学院办公室

1992 年，古德生(右 1)前往比利时蒙斯理工大学洽谈合作，与该校校长(右 2)、中国驻比利时使馆教育参赞(右 4)在告别晚宴上举杯庆祝

1992 年，赴法国进行学术交流。古德生于巴黎卢浮宫前留影

1994 年，古德生(左 2)与甘肃金川有色金属公司刘同有总工程师(左 3)在生产现场讨论控制地压问题

1996 年，古德生获得“湖南科技之星”称号

1998 年，古德生指导露天矿山连续生产留影

1998 年，古德生(前排左 2)与多国矿业领域专家开展资源开发利用学术交流留影

2002 年，古德生(左 1)指导学生们进行课题研究

2002 年，古德生（前排中）在重庆大学讲学留影

2002 年，古德生参加全国政协第九届第五次会议留影

2006 年，中国工程院副院长王淀佐院士(左 7)与
古德生(后排右 2)及其他湖南省院士合影

2006 年，中科院院长周光召(左 4)受聘为中南大学荣誉校长
并视察中南大学，与古德生(右 3)及部分院士合影留念

2010 年，古德生(右 2)与他的博士生苏家宏(左 1)和
高文翔(左 2)在学位授予仪式后合影留念

2011 年，古德生考察中国石化天然气分公司的 P301 集气站

2012 年，铜化集团向古德生院士授交院士工作站楼的金钥匙

2012 年，古德生和夫人谭幼媛及两个女儿全家在阿拉斯加游轮上

2013 年，古德生荣获首届“叶剑英奖”

2013 年，坐落于广东省梅州市
院士广场的古德生铜像落成

2013 年，古德生(左 3)与出席在中国台湾台中市
举行的海峡两岸永续发展论坛的院士留影

2014 年，古德生(左 1)为亲手组建的中国有色金属学会
矿山信息化智能化专业委员会成立揭牌

2014 年，古德生(左 4)与山河智能领导商讨科技合作

2015 年，古德生(左 3)在云南锡业股份有限公司现场考察

2016 年，古德生(前排左 5)在从教 60 周年庆典与学生合影

中国工程院院士传记丛书

总序 PREFACE

20世纪是中华民族千载难逢的伟大时代。千百万先烈前贤用鲜血和生命争得了百年巨变、民族复兴，推翻了帝制，肇始了共和，击败了外侮，建立了新中国，独立于世界，赢得了尊严，不再受辱。改革开放，经济腾飞，科教兴国，生产力大发展，告别了饥寒，实现了小康。工业化雷鸣电掣，现代化指日可待。巨潮洪流，不容阻抑。

忆百年前之清末，从慈禧太后到满朝文武开始感到科学技术的重要，办“洋务”，派留学，改教育。但时机瞬逝，清廷被辛亥革命推翻。五四运动，民情激昂，吁求“德、赛”升堂，民主治国，科教兴邦。接踵而来的，是18年内战、14年抗日和4年解放战争。恃科学救国的青年学子，负笈留学或寒窗苦读，多数未遇机会，辜负了碧血丹心。

1928年6月9日，蔡元培主持建立了中国近代第一个国立综合性科研机构——中央研究院，设理化实业研究所、地质研究所、社会科学研究所和观象台四个研究机构，标志着国家建制科研机构的诞生。20年后，1948年3月26日遴选出81位院士（理工53位，人文28位），几乎都是20世纪初留学海外、卓有成就的科学家。

中国科技事业的大发展是在新中国成立以后。1949年11月1日成立了中国科学院，郭沫若任院长。1950—1960年有2500多名留学海外的科学家、工程师回到祖国，成为大规模发展中国科技事业的第一批领导骨干。国家按计划向苏联、东欧各国派遣1.8万各类科技人员留学，全都按期回国，成为建立科研和现代工业的骨干力量。高等学校从新中国成立初期的200所增加到600多所，年招生增至28万人。到21世纪初，高等学校2263所，年招生600多万人，科技人力总资源量超过5000万人，具有大学本科以上学历科技人才达1600万人，已接近最发达国家水平。

新中国成立60多年来，从一穷二白成长为科技大国。年产钢铁从1949年的15万吨增加到2011年的粗钢6.8亿吨、钢材8.8亿吨，几乎是8个最发达国家(G8)总年产量的2倍。20世纪50年代钢铁超英赶美的梦想终于成真。水泥年产20亿吨，超过全世界其他国家总产量。中国已是粮、棉、肉、蛋、水产、化肥等第一生产大国，保障了13亿多人口的食品和穿衣安全。制造业、土木、水利、电力、交通、运输、电子通信、超级计算机等领域正迅速逼近世界前沿。“两弹一星”、高峡平湖、南水北调、高公高铁、航空航天等伟大工程的成功实施，无可争议地表明了中国科技事业的进步。

党的十一届三中全会以后，我国实行改革开放，全国工作转向以经济建设为中心。加速实现工业化是当务之急。大规模社会性基础建设，大科学工程、国防工程等是工业化社会的命脉，是数十年、上百年才能完成的任务。中国科学院张光斗、王大珩、师昌绪、张维、侯祥麟、罗沛霖等学部委员(院士)认为，为了顺利完成中华民族这项历史性任务，必须提高工程科学的地位，加速培养更多的工程科技人才。中国科学院原设的技术科学部已不能满足工程科学发展的时代需要。他们于1992年致书党中央、国务院，建议建立“中国工程科学技术院”，选举那些在工程科学中做出重大的、创造性成就和贡献、热爱祖国、学风正派的科学家和工程师为院士，授予终身荣誉，赋予科研和建设任务，请他们指导学科发展，培养人才，对国家重大工程科学问题提出咨询建议。中央接受了他们的建议，于1993年决定建立中国工程院，聘请30名中国科学院院士和遴选66名院士共96名为中国工程院首批院士。于1994年6月3日，召开了中国工程院成立大会，选举朱光亚院士为首任院长。中国工程院成立后，全体院士紧密团结，全国工程科技界共同奋斗，在各条战线上都发挥了重要作用，做出了新的贡献。

中国的现代科技事业比欧美落后了200年。虽然在20世纪有了巨大进步，但与发达国家相比，还有较大差距。祖国的工业化、现代化建设，任重道远，还需要有数代人的持续奋斗才能完成。况且，世界在进步，科学无止境，社会无终态。欲把中国建设成科技强国，屹立于世界，必须持续培养造就数代以千万计的优秀科学家和工程师，服膺接力，担当使命，开拓创新，更立新功。

中国工程院决定组织出版“中国工程院院士传记”丛书，以记录他们对祖国和社会的丰功伟绩，传承他们治学为人的高尚品德、开拓创新的科学精神。他们是科技战线的功臣，民族振兴的脊梁。我们相信，这套传记的出版，能为史书增添新章，成为史乘中宝贵的科学财富，俾后人传承前贤筚路蓝缕的创业勇气、魄力和为国家、人民舍身奋斗的奉献精神。这就是中国前进的路。

宋健

2012年6月

序言 PREFACE

古德生院士是我国采矿领域杰出的科学家和教育家，是我国振动出矿技术和地下矿连续开采技术的开拓者、奠基人。这位驰骋于采矿界的“拼命三郎”，博学多识，敢为人先、攻坚克难，开创了我国采矿事业的新纪元。

我和古院士相识于中南大学。20世纪60年代，我大学毕业后在中南矿冶学院(现中南大学)任教，长期从事地球物理领域的科研工作，曾担任中南工业大学(现中南大学)校长，并于1994年当选为中国工程院院士。在过去半个多世纪中，我和古院士共同参与了中南大学及中国工程院的许多活动和项目，一起经历了中国科技领域逐渐迈入世界先进行列的艰苦旅程，由此对古院士的人生志向、科研历程及性格特质有了深入的了解，很高兴有此机会让更多的人知晓古院士的精彩人生。

古德生院士是广东梅州人。“方渐知梅州，尝谓：梅人无植产，特以为生者，读书一事耳。”梅州，自古以来便文风鼎盛，英才辈出。在重视教育的客家民风影响下，即使家境贫寒，古德生仍一心向学，坚持努力，走上了振兴中国矿业之路。

古德生院士视科技创新为生命。20世纪70年代，在湖北长石矿，他深入矿山生产第一线，与工人同吃同住同劳动，亲身体验到了采矿工人的艰辛和生产作业的困难。他看在眼里，急在心头，决心研制出新型出矿机。经过多年艰苦努力，他发明了我国第一台“颠振型振动出矿机”，创立了“振动出矿理论和技术”，从根本上杜绝了放矿作业的安全事故，大幅度提高了采场的生产能力，显著降低了矿山的作业成本。我们可以用六个字来精准描述振动出矿技术的优点：安全、经济、高效。时至今日，振动出矿仍是我国广大矿山解决出矿难题的不二法门。20 世纪八九十年代，在振动出矿技术取得重大成果的基础上，古院士又慧眼独具，率领团队成功研发了“地下矿连续开采技术”，首次在地下金属矿山建成“采场出矿、运矿连续作业线”，创造了采场日出矿 1643 吨的新纪录，完美地解决了长期以来崩矿高效率和出矿低效率的矛盾。

转眼间新世纪到来，国家越来越富，矿井越挖越深，千米深井高地应力成为采矿亟需攻克的难关，古德生院士突破传统思维，首次提出“深井矿岩在高应力环境下诱导致裂”的原创性学术思想，发明了“开采环境再造深孔诱导崩矿采矿技术”，为实现松软破碎矿体规模化开采开辟了新的途径。进入 21 世纪以来，他针对我国“小矿小开”的复杂现状，首创了具有我国特色的“区域矿山”的建矿新模式，走出了一条新型工业化道路。如今古院士又洞察采矿技术的发展趋势，站在矿业工程的最前沿和制高点，引领着矿业同人去奋勇攀登未来绿色开发、深部开采和智能采矿的三大采矿技术的新高峰。

古德生院士以立德树人为己任，在完成重大科技创新的同时，潜心我国矿业领域的高层次人才培养。他治学严谨，经常召开学术研讨会，对求教者总是耐心讲解，诲人不倦；每个创新点，他总是仔细推敲，一丝不苟。古院士从教以来，著作等身，《振动出矿技术》《现代金属矿床开采科学技术》《矿业经济学》《深井矿山充填理论与管道输送技术》《露天采矿学》等，一本本高质量的专业教科书仍是目前矿业学子的必修课本。

古德生院士气度儒雅，了解的人都钦佩他那种淡泊宁静的处世方式——做学问心如止水，不急不躁；待功名宁静致远，淡然处之。古院士主持的课题研究获得过许多荣誉，可他总是说荣誉首先属于团队："搞科研的人要摒弃功利主义，只要努力付出，一切随缘就好。"令人感动的是，这个和世界上坚硬石头打交道的人，有着温润如玉的性格：静，能寒窗苦读；动，能点石成金。

《古德生传》生动记录了古德生院士一生的光辉历程和奋斗足迹。读完这本传记，我的心情久久不能平静。我深深地感到，在古院士的身上，集中体现了老一代科学家爱国主义的报国情怀、实事求是的治学精神和敢为人先的创新品格。

《古德生传》的出版是我国矿业界的一件文化盛事，也是加强院士队伍建设的一项重要工作，是珍贵的新中国工程科技发展史料；它将推动营造崇尚创新的良好社会氛围，使爱国主义和民族精神在青年一代中传承，成为青年一代最好的人生教科书。

中国工程院院士 何继善

2022年3月20日

目录 CONTENTS

第一章　中原来客 …… 1

第一节　一脉相连万里遥 …… 2
第二节　客家人的精神家园 …… 3
第三节　梅江畔边溪口村 …… 5

第二章　怀子归来 …… 13

第一节　去趟毛里求斯吧 …… 14
第二节　漂洋过海路易港 …… 17
第三节　携儿怀子回唐山 …… 20

第三章　风雨童年 …… 25

第一节　家里塌了顶梁柱 …… 26
第二节　天资聪颖的小男孩 …… 30
第三节　屋漏偏逢连夜雨 …… 35
第四节　山村风云时节 …… 42
第五节　黎明前的黑夜 …… 49

第四章　春天少年……………………………………………… 55

第一节　稚气孩子在成长……………………………………… 56
第二节　小荷才露尖尖角……………………………………… 62
第三节　春天里的少年………………………………………… 69
第四节　少先队的辅导员……………………………………… 72
第五节　高考前的平地风波…………………………………… 77
第六节　我的未来不是梦……………………………………… 80

第五章　韶华时光……………………………………………… 85

第一节　千里迢迢赴长沙……………………………………… 86
第二节　初入异乡大学………………………………………… 91
第三节　一往情深总工梦……………………………………… 94
第四节　至爱慈母远去了……………………………………… 99
第五节　准教师的日子里 …………………………………… 104

第六章　高校岁月 …………………………………………… 111

第一节　路途中的良师益友 ………………………………… 112
第二节　魂系专业改革 ……………………………………… 117
第三节　创建资源与安全工程学院 ………………………… 123
第四节　言传身教师生情 …………………………………… 126

第七章　奋力攀登 …………………………………………… 133

第一节　漫漫远行不忘初心 ………………………………… 134
第二节　日出江花红似火 …………………………………… 145
第三节　攻此难关谁与争锋 ………………………………… 147
第四节　振动出矿引领风骚 ………………………………… 156
第五节　问鼎矿业创一流 …………………………………… 160

第六节　追逐连续采矿新梦想 …… 170
第七节　破解隐患资源困局 …… 177

第八章　无边征途 …… 185

第一节　环境再造创新采矿法 …… 186
第二节　超乎常规的层矿开采 …… 190
第三节　颠覆传统的建矿新模式 …… 195

第九章　追梦未来 …… 207

第一节　驱动绿色开发 …… 208
第二节　发力深部开采 …… 216
第三节　走向智能采矿 …… 224

第十章　论道矿业 …… 237

第一节　矿业人论道矿业 …… 238
第二节　国际认可的“通行证” …… 246
第三节　引领矿业教育新潮流 …… 250

第十一章　亲情天成 …… 257

第一节　风雨相伴的爱人 …… 258
第二节　悠悠女儿情 …… 266
第三节　漫长岁月中的姐夫 …… 280
第四节　心系毛里求斯 …… 283

第十二章　行者无疆 …… 289

第一节　合作赞比亚 …… 290
第二节　风起云涌的南海 …… 295
第三节　走进南海舰队 …… 300

第四节　沙漠中的航天城 …………………… 304
第五节　情系矿业天下 …………………… 310

八十寿辰贺信 …………………… 314

古德生大事年表 …………………… 315

古德生专利目录 …………………… 323

古德生参与科技成果获奖目录 …………………… 324

古德生学术著作选录 …………………… 326

后　记 …………………… 349

第一章

中原来客

第一节　一脉相连万里遥

古德生，广东梅州客家人。他的人生故事，始于源远流长的客家文化和历史。

“客家”是古代汉族的移民群体，是华夏汉民族的一支民系。客家人的先祖是古代的中原汉人，为避战乱与天灾，他们跨黄河、渡长江，一路漂泊、辗转，历尽沧桑，最后散居于我国南方及世界各地。

据《客家村落》(2015)记述，客家先人迁入粤东地区最早始于秦汉时期。秦军第一次出征百越失败。灵渠开通之后，秦军第二次出征百越，一边征战，一边移民。秦军“发诸尝逋亡人、赘婿、贾人”随大军行进，每当秦军占领一地便将部分移民留驻此处。征服百越后，龙川县令赵佗上书秦始皇，要求从中原迁居 50 万居民至南越。这些移民与当地百越人逐渐融合成为客家人。如果这次大军移师算是中原人向南方第一次大迁徙的话，那么第二次便是魏晋南北朝时期，主因是西晋末年“五胡乱华”的动乱。第三次则是唐末五代时期，主要受黄巢起义战乱的冲击。第四次是宋元之交时期，契丹、女真、蒙古族相继入主中原，带来社会动荡。第五次是清朝时期，由于英法联军侵华和太平天国运动，内忧外患，大批客家人从赣、闽等地入粤，辗转到湘、桂、贵、川各地，还有一部分循广东韩江而下，穿越海洋，走向世界各地。清末诗人黄遵宪由此写下了“中原有旧族，迁徙名客人。过江入八闽，辗转来海滨”的诗句，以形象地描述漫长曲折的客家人历史。

在漫漫的岁月长河中，客家先人就是这样一路颠沛流离，怀抱祖宗牌位，身背中原文化典籍，续写祖辈传承家谱，一路漂泊、迁移，逐渐扎根于赣、闽、粤、湘、桂、贵、川、港、澳、台，以至东南亚、欧洲、美洲、非洲……如今，一亿三千多万的客家人，遍布于世界各地。一脉相连万里遥，正所谓“凡有海水的地方就有华人，有华人的地方就有客家人”。

客家民系的独特传统和民风，也造就了不少忧国忧民之士和热血傲骨之辈。纵观中国历史，清朝中叶以来，出现了宋湘、丁日昌、何子渊、丘逢甲、黄遵宪、张弼士等一大批客家名人贤士；在近代，客家民系涌现出从洪秀全和他最先封的5个王，孙中山、廖仲恺及其客家班底，到朱德（祖上为客家人）、叶剑英、叶挺等一大批叱咤风云的人物；在当代，客家民系孕育了郭沫若（祖上为客家人）、李国豪、黄旭华、李国平等一批中国科学院与中国工程院院士及领导。

第二节　客家人的精神家园

提起客家民系时，古德生的家乡梅州，是一个不得不说的地方。

客家民系有着悠久的历史。它形成于南宋时期，距今约800年。在客家民系发展的历史长河中，江西赣州是客家民系孕育的摇篮，福建汀州是客家民系成长的祖地，而广东梅州则是客家民系形成、壮大的“客都”。据统计，客家民系在广东迄今有2500万人左右。

梅州地处粤东北，在粤、闽、赣三省交会的山区地带，是客家人最集中的居住地。

广东的客家民系，大多分布于山区丘陵之中。在南方“八山一水一分田”的生存环境下，为了维系生存和发展，客家先人跋山涉水、辗转迁移，四处寻觅开辟荒地，处境十分艰难。然而，他们不畏艰辛、奋发图强，最终在梅州地区打开重重山门、开村定居，并漂洋过海、创业开埠，造就了梅州这一名扬于世的“文化之乡”和“华侨之乡”。

梅州“文化之乡”形成于乾隆时期，其发始于“唯有读书高”的崇文重教传统、读书长智到海外创业的习俗，以及祖上倡导读书达理、教化民风的渊源。

据《客家书院》(2015)载：过去的800多年里，梅州“遍地私塾”，建有44间书院。在登科及第者之中，有秀才18479人、举人1783人、进士304人、翰林48人。

废科举、兴新学后，据《梅州市教育志》记载，到民国二十四年，仅梅县一个县就有小学744所、中学34所、高等院校3所。1945年，国民政府教育部通报全国教育普及情况，江苏武进排名第一，广东梅县名列第二。在当代，梅州涌现出的中国科学院和中国工程院院士就有36位。

2012年，梅州修建了“院士广场”。广场位于梅州市区东山教育基地，占地面积约42000平方米。在广场周边繁花垂柳之间，分散竖立着36位院士的铜铸头像，汉白玉石基座上刻有院士简介。这个广场成为梅州文化教育的地标。

悠久的客家文化，已成为闻名于世的文化符号，千百年来文人墨客为此留下了无数绚丽的篇章。

梅州“华侨之乡”亦形成于乾隆时期。当时，大量客家人迫于生计而漂洋务工、经商、办实业。据《客家侨商》(2015)记述，为了纪念在19、20世纪为印度洋群岛文化做出贡献的中国人，由联合国教科文组织发起在梅县松口镇修建了中国移民纪念广场。此外，梅县金盘侨民谢清高(1765—1821)，18岁时跟随商贾出国，从事民间海外贸易，在世界各国漂泊了14年，后来回到广东，便以旅行者的眼光看世界，用口述的方式，由同乡杨炳南笔录而成

《海录》一书，于1820年出版。该书记述了南中国海的岛屿、航线，是清代记述世界各大洲状况最多最全的著作之一。谢清高是最早关注、接触、记录欧美工业文明，并把西方工业文明的信息传播至东方的中国人。

在漫长的历史岁月中，梅州华侨怀着强烈的家国情怀，在国内捐资办学、建桥铺路、引资兴业、精忠报国，为国家、为侨乡做出了重大贡献。

今日梅州，继往开来，高速公路四通八达，高速铁路畅通无阻，国际航班也已把梅州连接到了世界各地。经过历史长河的沉淀，独特的梅州，彰显了客家人上下求索的炽热情怀，成为客家民系生生不息的精神家园。

第三节　梅江畔边溪口村

梅江是梅州客家的母亲河，客家人多聚居于梅江两岸。梅江发源于广东省河源市紫金县乌凸山，下游汇入韩江，注入浩瀚的南海。它是早期客家人海外移民和对外交流的重要通道。从梅州城驱车沿梅江东岸高速公路而下，40分钟路程便到达丙村镇。走进丙村镇，迎面就是叶剑英元帅的母校——梅县丙村中学（前身为1905年创办的“三堡学堂”），再驱车15分钟就到了叶帅的故乡雁洋镇虎形村。

据清《光绪嘉应州志》载：“父老相传，皆云未有梅州，先有杨、古、卜。”也就是说，古氏可能是最早定居梅州的一支中原衣冠士族。据记载，古氏南迁世系七世祖古延绥（930—992），信安县令，年老喜游梅，遂定居，成为古氏家族定居梅州的开基祖。

古氏家族源远流长，自鼻祖古公亶父以来，繁衍生息三千多

“三堡学堂”是梅县丙村中学前身，已有110多年历史，培育了大批英才

年，科甲连绵，从古氏南迁世系六至十一世，涌现出誉称“岭南首第”古成之等一批进士，他们各膺官爵，享誉文坛。

客家有谚语：“不忘开基祖，尊崇立业人。漂洋谋生计，永世客家人。”古德生院士心系家乡，于2015年春节前夕回广东老家探望。古院士和他的秘书谭丽龙以及一行人，一起走进丙村镇的溪口村，探访哺育院士成长的客家文化与客家精神。从梅州城驱车到达丙村镇后，再行驶10分钟就到了溪口村。在村口等候的乡亲们，热情地迎接他们进了村。

溪口村坐落于梅江侧畔，在从深山弯绕而来的梅溪水与梅江水汇合的出口处，背靠层层叠叠的大山。村里百户人家皆姓古。溪口村依山傍水，自然环境优越。村前是一片十分宽阔的盆地，梅溪水从这里穿流过村。20世纪30年代，村中的能人带领村民，

叶剑英元帅母校——梅县丙村中学校史馆一角

在梅溪上游筑起了一座水坝，开凿了一条千回百转的引水渠，让千顷农田实现了自流灌溉，溪口村因此成为粮满仓、人兴旺，远近仰慕的村庄。溯梅溪水而上，与溪口村紧邻的还有黄姜坪和梅子墩两个村庄，三村都是古姓人，开基至今已有300多年的历史。他们同祖聚居、相亲相爱、和睦相处。

溪口村人杰地灵，传承着客家多元一体文化和坚韧不拔的奋斗精神。早在大革命时期，村上就有参加革命的共产党人。解放战争时期，溪口村是粤东红色根据地在丙村区的重要据点，是游击队经常活动的地方。村里有地下党组织，村上的小学老师以及男女青年参加游击队的不下47人。过去，村里大多是华侨户，他们爱国爱家，为发展公益事业做出了许多贡献。古德生这一代人中，村里的大学毕业生就有20余人。他们在不同的岗位上为国家建设出力。溪口村是一个跟随时代节拍、生生不息的乡村。

溪口村是古德生心中永远的家。当一行人走近溪口小学时，因年长日久、环境变迁，古院士停下脚步，感叹地说：看着我长大、目送我离家的苦楝树没有了，但林碧玉老师讲的俄罗斯彼得堡的故事还留在我的记忆里。又说，这所小学曾经有古克、古红、王根忠等七八位老师先后投身革命，参加游击队去了。

大家来到村里的塘尾角。这里有座古德生的先祖古谦尊修建的客家方形围楼屋，原住有同宗曾祖兄弟五家人。屋前有口鱼塘，被三面山岗环抱。这里青山绿水，环境十分优美，古德生于1937年10月13日出生于此。

古家围楼屋门前景——立门前，四周寂静，一览青山碧水；
忆世宗，子孙回乡，心中波澜起伏

两层的长方形围楼屋，共有上下28间房，有两个小厅和上、下两个大厅。围楼屋之外，还有一排厨房、一排猪牛圈、一排卫生

经受180多年风雨的祖屋，使古德生对家乡和祖辈产生深深怀念

间及杂屋。围楼屋的二楼有桥直通屋后山岗的晒谷坪。山岗脚下是一望无际的稻田。站在山岗眺望，丙村镇的全貌尽收眼底。

这片晒谷坪，是古德生学生时代晨读并与小伙伴相聚玩耍的地方。在惨烈的解放战争年代，这里是游击队监视丙村镇上国民党军动态的观察站，又是飒爽英姿的游击队员的练兵场。中华人民共和国成立前夕，国民党胡琏兵团一部逃窜台湾时，由于汕头出海口遭解放军封锁，他们于是沿梅江而上、返窜进村。晒谷坪边的顺德楼，便被占为指挥部，闹得全村鸡犬不宁。

先祖修建的客家方形围楼屋，给古院士留下了许多难忘的记忆。当跨进这栋祖屋察看时，院士不禁忆起苦涩童年，深深怀念祖母和母亲，十分动情。他径直踱步走向他们兄弟曾经住过的房间，见床铺书桌已经尘封，便停下脚步，许久默不作声，仿佛在倾听隔壁房间祖母略带沙哑的呼唤，在催促夜读的兄弟俩，收好书本早点休息；似乎还听到母亲那让人揪心的、连夜不止的咳嗽声。从房间出来，他在祖母和母亲房门口的长凳上，坐了许久。

几十年过去了，无数往事难以忘怀。那些往事也已默默地转化为古院士心中永不泯灭的精神力量。

恰逢临近春祭先祖的时节，古院士一行人去参观村里的祠堂，这是客家人慎终追远的地方。祠堂门前有个大水塘，客家有“水可聚财”之说，寄望于后辈子孙财源兴旺。祠堂后面的山岗上，遮风避雨的“风围树”郁郁葱葱。走近祠堂，随即感受到厚重的客家儒风。威武的祠堂大门上方，高悬着黑底烫金的“国宝堂”匾额，大门两侧是黑底烫金的对联：

国宝家声，
乡贤世泽。

村中虎形山下的国宝堂

往里走就来到中厅。在中厅迎面的侧墙上，悬挂着另一副对联：

兄弟同科三进士，

公孙四世两乡贤。

进入中厅，正面的横梁上方，挂着红底金字的“岁进士”匾额，匾额右上角标注“宋·哲宗皇帝钦”，匾额左下角标注“绍圣四年（公元一〇九七年）”。

在“岁进士”匾额两侧的柱子上，悬挂着黑底烫金的对联：

国宝肇忠贞奕世冠裳昭祖烈，

乡贤崇选举高曾模范衍孙谋。

这些匾额和对联，折射出中原来客对根的思念与固守，使人深深置于浓厚的慎终追远，以及博功名、求仕进、敬立业的文化氛围中。这种悠久的客家文化和精神，浸润着溪口村的世世代代，也影响了古德生的人生之路。

在溪口村，大家也瞻仰了古德生家先祖的墓地，这是2009年修葺的祖墓。修墓过程中，古德生抚今追昔、感慨良多，写了一首诗，镌刻在墓碑一侧：

兄弟同榜书山行，祖辈谆谆不了情。

乡情乡音今犹在，为国立业略有成。

五峰苍穹星斗移，宗宗往事撩心魂。

感叹人生难全事，惟筑石墓慰先人。

古德生和他堂弟古永杰点燃一把香烛，俯身插在先祖墓前。一缕缕青烟升起，悠悠地缠绕大树，深情地拥抱天空。院士仰脸、闭眼，似乎默念着：先辈至亲，最疼我的人，你们的爱一直留存在我心间。

回乡的行程结束了，宗宗往事撩心魂。古院士以石碑上的诗文为经纬，开始了他人生轨迹的述说。

古院士把诉述的时间起点倒转至1933年的春天。古德生的母亲廖琼昭正在茫茫的印度洋上，随着大轮驶向父亲谋生的毛里求斯。那时，世间还没有古德生和他哥哥古流祥。有的，只是越洋求子的渴望，深藏于一个温婉贤淑的客家女心中。

第二章

怀子归来

第一节　去趟毛里求斯吧

毛里求斯，位于印度洋西南部，是非洲东部的火山岛国。该岛地貌千姿百态，总面积约 2040 平方千米，被誉称为印度洋上的明珠。它的主要产业是糖业、旅游业和出口加工业。2013 年，该国人口 136 万人，其中华人有 2.7 万人。华人中 90%是广东梅县人，主要聚居在首都路易斯港。

据“传播中华文化年度人物”、毛里求斯客家人(祖籍中国梅县)、原毛里求斯共和国文化与艺术部部长曾繁兴(1938 年生)的有关资料，第一位客家人抵达毛里求斯的时间，是清末咸丰时期的 1860 年 9 月 2 日。

1860 年，堪称是中国近代史中充满危机的时刻，这时的中国内忧外患，国难当头。英法联军的侵华战争、火烧圆明园，清政府在洋枪洋炮的威逼下签订了《北京条约》；在国家疆域上，战乱不断，民不聊生。当时到达毛里求斯的中国人，绝大多数是广东梅县的客家人，正是清朝末期第五次大迁徙时期去的客家人。

古德生的同宗曾祖古育犇和古秀犇两兄弟，就是在第五次客家移民潮中于 1865 年到毛里求斯去的。他们在毛里求斯繁衍的后代已有百多人，散居在世界各地读书、创业、经商。古育犇两兄弟，也曾期盼有朝一日落叶归根、衣锦还乡，因此在老家修建了一座有几十间房子的大围屋。

客家人一直传承着“穷不丧志、发奋兴家”的精神。古德生的祖母房良妹，是村上农妇中的能人。她一生的愿望，就是要把家庭支撑起来，让后辈子孙过上好日子。她勤劳、有胆识、人缘好，在家境艰难的条件下，总认定一件事：在地处山多田少的客家人居环境下，要想让家庭发达起来，只有一条路，那就是让男丁出洋闯世界去。

古德生的祖父古汀元，也曾同村上多人到缅甸谋生，但没有闯荡出来，于是房良妹把希望转寄予儿子身上。在儿子十三岁那年，房良妹把读了几年私塾的儿子古巧彝，托付给先前移居毛里求斯的古育彝和古秀彝两兄弟，请他们带去闯世界。在同宗兄弟的关照下，到毛里求斯后，古巧彝先在商店帮工，而后自立开店铺。努力经营多年后，积攒了一笔钱，托“水客”把钱带回了唐山(海外华侨对中国的称呼)。房良妹喜出望外，用这笔钱买了两块稻田。土地就是命根子，她相信日子会越过越好。作为一个在山区辛苦持家的客家女人，她就是在这样的信念支撑下，一步步走过那些漫长而艰难的岁月。

几年过后，房良妹扳着指头计算着，儿子已经到了娶妻成亲的年龄了。次年 4 月，古巧彝在母亲的召唤下，跟随来往于海内外、为华侨及家乡亲属带钱带物带人的“水客”，回到了唐山，按照母亲的意愿娶了个“屯家婆”。

娶“屯家婆”是侨乡习俗。华侨背井离乡，为了侍奉家乡双亲和延续香火，他们在出洋之前或回国探望双亲之时，匆匆娶妻成亲。由于远隔重洋，有的三年五载回乡探亲，生下一男半女，有的也许一去就难得再回来了。

古德生的父亲第一次娶的是陈氏，不是后来再娶的古德生的母亲廖琼昭。

古巧彝娶了陈氏后，没过多少日子，就漂洋过海回到毛里求斯。这样一来，新媳妇过着漫长的守空房日子。直至十月怀胎之后，儿子古水祥出世，家里才多添了几分温情和欢乐。

人往高处走。七年后，古巧彝来信恳求母亲和媳妇，让“水客”将长子古水祥带去毛里求斯，受教育、开眼界，将来好接店铺的班。为了让孩子有更好的成长条件，加上孩子长大后迟早也要走这条路的，为长远计，那就去吧。

孩子一走，陈氏就再也难以承受这离别亲人和没有尽头的寂寞日子，一年过后，便改嫁他乡。对房良妹来说，这是家里的不幸。她心里忐忑不安，但也无可奈何。因为，当时不少客家女人都有类似的境遇。

但日子还要好好过，儿子一定要把家庭支撑起来，古家一定会兴旺起来。

带着这样的期盼，三年后，房良妹托人做媒，相中了十里之外老实本分又美貌的廖琼昭姑娘，再次将儿子古巧彝召回唐山，重结姻亲。新婚后，古巧彝又要离家远去了。丈夫行将远去，不知何时归。新媳妇的心中，自然有诸多不舍，但也无可奈何。因为在客家人的传统观念里，养家糊口是男人自古以来的职责，窝在家里、不出去闯荡世面的男人是没有出息的，会被人瞧不起的。

第二年，廖琼昭生下一女婴，就是古德生的姐姐古捷英。

那些年，方形围楼屋里的房良妹一家，全是女人。无论大事小事，无论重活轻活，都由她们自己扛，实在不容易。但这种状态，当年在客家地区是司空见惯的。美国学者爱德尔曾长期考察中国，著有《客家人种志略》《客家历史纲要》等著作。他说："客家人是刚柔相济，既刚毅又仁爱的民族(注：应为民系)，而客家妇女更是中国最优秀的劳动妇女的典型。"

古德生的祖母、母亲、姑妈，都具有客家女人吃苦耐劳的秉性。房良妹看见田地里忙进忙出、温顺、孝顺的儿媳廖琼昭满心欢喜。但是，成亲七个年头，儿子也没回来过，因此不免对儿媳生起怜悯之情。再说，期盼儿孙满堂的房良妹，心里一直存有再要个孙子的念头。如今，身边的孙女古捷英已经六岁，应该当机立断了，还有什么比这更重要的呢？

房良妹与她女儿古秀英商量，考虑到儿子从海外回来一次不容易，在外经营店铺事情也多，因此，决定不再叫儿子回来，而是让“水客”把廖琼昭送出去，让两人一起把外面的小家关照好。

1932年秋的一天，房良妹对儿媳廖琼昭说：“阿捷妹已经六岁，都上小学了，你还是去毛里求斯看看他(古巧彝)吧。你总要给他在公王庙里添盏灯啊！”“添盏灯”是客家人的习俗，是指生个男孩，过新年时，到公王庙里挂盏灯笼给祖宗报喜，并把男孩名字载入族谱。

到了年底，“水客”从毛里求斯回国，房良妹请他到家商量事情。廖琼昭心里七上八下，话在嘴边却犹豫着不说出来。房良妹理解儿媳的心思，抢过话头，当着“水客”的面说：“记住啊，先生，如果巧彝见面后说什么话，你就说是阿妈的主意，让他一定要好好待媳妇。”这件事就这样决定了。

将要“漂”向毛里求斯了，心里沉甸甸地装着阿妈的殷殷叮嘱，要离开不舍的女儿，廖琼昭百感交集，对今后的日子既迷茫又期待……

第二节　漂洋过海路易港

客家人漂洋过海，一般多起航于韩江。

韩江由梅江、汀江和梅潭河在大埔县三河坝镇汇流而成，属潮汕地区。它是闽、粤、赣客家居住地区通向大海的一条河流，滔滔江水流经潮州，进入三角洲出海。客家人漂洋过海，多从各地集聚于梅江的松口港(以前是广东第二大内河港)，乘火轮顺流而下，再从韩江起航。

综观客家的迁移史，如果说梅江、汀江承载的是客家人迁徙途中垦荒、开村历史，成就了客家文化，那韩江则为客家人引导了另一条截然不同的迁徙之路。在第五次大迁徙中，相当一部分客家人均起航于韩江，漂泊到世界五大洲谋生、创业，使海外客家人遍及全世界。

古德生的母亲廖琼昭起程去毛里求斯的日子临近了。她将从丙村镇乘船顺梅江水而下，到达松口港，然后，从松口港乘火轮、入韩江，驶向大海。这是客家人“过番”（去国外）的必经之路。

廖琼昭是客家人中为数不多的“过番”女子。她一想到要漂洋过海，虽然心里向往，但更多的是害怕，心里忐忑不安，不知道怎么闯过这个关。

民间流传着这样一首客家山歌：

至嘱亲友莫过番，
海浪抛起高过山。
晕船如同天地转，
舱底相似下阴间。

这是漂洋过海凶险的写照。所以，每有客家子弟“过番”，其家庭都要当作一件隆重的事来办。临行前一天，“过番”人的父母，要备好三牲、娘酒和香烛纸钱，在大门口祭祀天神，祈求一帆风顺；再到祠堂敬奉列祖列宗，祈求保佑平安。因受当时重男轻女习俗的影响，廖琼昭此次“过番”，家里并没有进行隆重的祭祀仪式，但婆婆还是在大厅里祭拜了祖宗，以祈祷平安。

临行前，廖琼昭不时在心里发愿、祈求：“观音菩萨保佑，漂洋过海一帆风顺，回来一定要到公王庙里添盏灯笼，给老祖宗报喜。”

1933 年的春天，廖琼昭在婆婆和女儿的陪同下，从丙村镇码头上小船，顺梅江水而下，到达松口镇。次日，天刚蒙蒙亮就起床，告别亲人，告别故土，准备上船。松口码头是侨胞漂洋过海、生死离别的第一站。汽笛长鸣，火轮即将离开码头、沿韩江而下，到汕头后再转乘大火轮出海。

人们不舍地回望岸上送行的亲人，有人不禁泪流满面，此去不知何时归？船上，廖琼昭扶栏呜咽抽泣，为未知的前路而心绪不宁。随后，矗立于梅江北岸的元魁塔迎面而来。这个象征家园的古塔，时时牵动着华侨的心。与家人在码头告别的眼泪还未擦干，又见七层古塔远去，人们不由自主地再次泪流满面。一百多年来，元魁塔送别了无数漂洋过海的乡亲，迎接了许多归来寻根问祖的游子，并见证了无数侨胞在海外创业的艰辛与成功。

天黑了，所乘火轮驶向茫茫大海。整个大海，漆黑一片，只有呼啸的海风和巨浪声，伴着船舷上的点点余光，船舱里的气氛显得分外忧伤与沉重。火轮如同一片落叶，在大风大浪中荡来荡去，使人天旋地转，呕吐得天昏地暗。火轮颠簸在狂风恶浪的海面上，使人深深感受到海上漂泊的苍凉和生死未卜的怅然。

火轮按照先人漂洋过海的路线，沿着香港、新加坡、印度尼西亚的海岸，穿过茫茫的印度洋。在火轮上 20 多天的日子里，舱内高分贝噪声令人心烦意乱。日出日落，漂呀漂呀，最后，终于到达毛里求斯的路易斯港。

还没有下船，廖琼昭就思量着：突然到来，丈夫见到我时会对我怎么样呀？她心里忐忑不安。

古巧彝在码头等候已久了。下船后，廖琼昭来到丈夫古巧彝身边，只是微笑不语，期盼着丈夫的第一句话。古巧彝走上前来，见妻子一身疲惫，便接过妻子手提的行李，轻声地问："船上还好吗？"接着又问阿妈和女儿的情况。短短几句交谈后，廖琼昭宽心多了。七年不见，还是唐山时的男人。在回家的途中，"水客"在旁一切都看明白了，多余的话不需要说，但房良妹交代的话还得转达。从港口回到家里，喝罢茶，稍事休息后，"水客"对古巧彝郑重其事地说："哥，有件事，你妈妈要我一定转告你。"古巧彝瞪大眼睛，心想有什么天大的事呀？水客接着说："嫂子这次出来，是你阿妈的主意，你妈要你一定要好好相待嫂子。你妈还一再交代，嫂子回唐山时，一定要抱个孙子回去。"古巧彝听后哈哈大笑，说：

"到时候请你喝喜酒吧。"廖琼昭微笑着，难为情地低头不语。当晚，古巧彝邀请邻近的同乡好友在酒店吃饭，欢迎妻子的到来。老乡们用客家话问长问短。热热闹闹的聚会，浓浓的乡情温暖着初来乍到的琼昭。

第三节　携儿怀子回唐山

路易斯港，是毛里求斯共和国的首都，全国出口货物的唯一门户。这里有蔚蓝的天空、湛蓝的海洋和绵延的白色沙滩。城市中高楼林立，错落有致，分布着许多殖民地时期的历史建筑。街道两旁，到处是高大的棕榈树，还有五颜六色的各种花草，充满着浓郁的热带风情。因此，路易斯港被誉为印度洋上的明珠。

中国移民到毛里求斯岛已有 160 多年的历史，其中绝大多数人聚居于路易斯港。唐人街是最著名的商业区，平时人来人往，每逢节假日，商场人头攒动、热闹非凡。

1933 年，毛里求斯还处于殖民时期。古巧彝的百货店铺在路易斯港中山街上，是一栋两层楼房。妻子的到来，使店铺有了新氛围。店铺更加整洁，小家庭生活安排得井井有条。贤惠、文静的老板娘也换了相对新潮的打扮，全家的日子过得其乐融融。更可喜的是，第二年，一个胖宝宝——古流祥出生了。胖小子的到来，给家庭增添了无尽的欢乐。天遂人愿，婆婆的期盼实现了。新年将近，廖琼昭盼望着尽快有人回唐山，把好消息带回给婆婆。

小孩长得很可爱，已经快满周岁了，廖琼昭知道婆婆在家日子过得艰辛，便提起回唐山的事。古巧彝考虑到漂洋过海，小孩太小，便提议明年夏天再回唐山。于是拜托"水客"回国后转告母亲，儿媳明年上半年带孙子回来。房良妹得知消息后，喜笑颜开，很快把这好消息分享给左邻右舍。几天过后，盼孙心切的房良妹找“仙姑”给孩子算了生辰八字，看孩子能否今年回来。但“仙姑”说今年孩子不宜出远门，明年春节时分才是出行的好时辰。这下今年见不到孙子了。很想见到小孙子的房良妹十分失望，一晚无法安睡。三更时分，不知哪来的灵感，心里豁然开朗，有主意了，马上起床，在窗台上点燃香烛，喃喃地说：“好呀！真好啊！儿媳明年春节前后再回吧。这样，我们家不又可以多一个孙子了吗？”第二天，房良妹满面春风。到了晚上，邻居老太太过来聊天，房良妹开心地说：“昨晚一夜都没睡好觉，我还要一个孙子呢！”她把心里想法说了，老太太听后哈哈大笑，称赞说：“好呀，真是个好主意。”

第二天，房良妹去找从毛里求斯归来的“水客”，一五一十说了她的意思，要他回毛里求斯后转告儿子：媳妇回唐山，一定要在明年春节前后，那个时候才是好时辰。

过了一年，1937 年的 2 月间，路易斯港的棕榈树被海风吹得沙沙作响，春光明媚、草长莺飞，廖琼昭回唐山的时间如期到来。古巧彝带着已经长成翩翩少年郎的大儿子古水祥、一岁多的小男孩和刚怀有身孕的妻子廖琼昭，一起来到照相馆，拍了唯一的全家福。

第二天，在古巧彝、古水祥的相送下，廖琼昭领着一岁多的古流祥，怀着腹中胎儿，带着儿童三轮脚踏车、三双沾着毛里求斯沙土的高跟鞋，还有给婆婆及女儿的礼物，来到路易斯港的大轮码头。柔情的客家女人含着眼泪，带着满心挥之不去的对丈夫的眷恋，依依不舍地登上了返回唐山的轮船。

印度洋的水路本多风险。那时，于这世间来说，还只是初具雏形的宝宝古德生，与他一生挚爱的母亲连体、连心，在印度洋上漂荡着。为了保性命、保胎儿，母亲吃了吐、吐了吃。在抵抗风急浪高的恶劣环境的同时，客家女人把如大洋般浩瀚的母爱，通过脐带注入宝宝的生命之初。这种无以替代的骨肉之情，伴随着古德生的出生、成长历程，一直到他的迟暮之年，历久弥坚，使他念念不忘。

1937 年 10 月 13 日，在娘肚子里就经受过大风大浪之苦的古德生，如期来到中国抗日硝烟渐起的人间。

祖母房良妹像佘太君一样，派遣儿媳“远征”求子，这一去就带回两个孙子，真是大获成功，令人十分开心。她在公王庙里燃点鞭炮，挂上了两盏灯笼。古德生满月之后，她又带着身边所有亲人，梳妆打扮，到丙村镇上的照相馆拍照，并向远方寄去家信，报喜于万里之外毛里求斯的亲人：

“我儿多子多福，家大业大，后继有人。”

这是古德生的祖母房良妹对她的儿孙后代所寄予的美好愿望。

古德生的出世，让祖母房良妹心里充满了喜悦和成就感。她执意要郑重其事地给小孙子取个吉利又有分量的名字。

如果按照辈分，古德生这一辈是属“祥”字辈，应该随他的亲哥哥古流祥及所有堂兄弟一样，在名字里嵌入一个“祥”字。

但这一次，祖母房良妹看着儿媳怀里粉嫩的婴儿说：“这是大事，我要去找几个本事大、法术高的‘仙姑’，分别算算看，再来取名。”

后来，综合各路“神仙”的说法，祖母房良妹终于选了“仙姑”所赐的“万德生”这个名字。意思是这个孩子是得天地万物之恩德而生，也会仰仗天地万物之恩德而成长，将来一定是个德才齐备、大有出息的人。

辈分里的“祥”字没有被嵌进去，但姓氏无论如何是不能改的，祖母便将“仙姑”所赐的名字改了一下，叫“古德生”，但平时叫唤孙儿还是按“仙姑”的叫法。自此，溪口村塘尾角的客家围楼屋里，不时听到老祖母的洪亮声音：“万德生，快回来哟！”“万生，你在哪里呀？”“生哩，回家吃饭！”

孙子已经慢慢长大，祖母在成天叫唤着“万德生”这吉祥名字的同时，也没忘记“仙姑”的嘱咐：多修祖墓，旺子孙。古德生记得在他少年时，祖母经常带着母亲、姐姐，不辞劳苦，挑石灰、沙石上山修墓。上几代直系亲属的墓共修了三四座。

有一回，祖母带着小古德生和姐姐古捷英到大山里去扫墓，翻山越岭大概走了两个多小时，古德生喊：“阿婆，我走不动了。”姐姐回过头来，随手递给弟弟两根香蕉，并说：“下完这个坡就到了，坚持一下吧。”祖母牵着孙子说：“快啦！快啦！马上就到。”

老祖母兴致很高，还边走边说：“我们家这座墓的风水呀，好啊！再也找不到比这更好的风水了。我跟‘仙姑’漫山遍野找了半个多月，好不容易才找到这块地，你们要记住这个地方啊。”

到墓地后，姐姐把敬奉祖先的三牲、香纸蜡烛摆好后，祖母便得意地对孙子说：“你来看，这里的风水多好啊！一条溪的长年流水，笔直朝我家墓地流过来了，只看水来，不见水去，我们家将来一定会大发啊！好风水哩！”

小古德生四周张望了一下，笑着，漫不经心地说：“阿婆，你没看见呀？溪水流到墓前打了一个转，然后在溪底转了个向，沿着侧岸流走了。”姐姐知道弟弟说错话了，回头笑眯眯地望着小弟，又看看阿婆，心里在想：调皮哟，说错话了吧？看阿婆怎么发落你。

果然如此。祖母佯装生气，一巴掌拍在小古德生的头上：“小孩子不会说话，不要乱说！不准乱说。不听话，以后就不带你来了。知道吗？”古德生望着阿婆，忍不住张着嘴，调皮地笑起来。

回忆起这段经历，古德生院士的脸上一直微笑着。在山间溪水旁，祖母和她格外疼爱的孩子轻松地嬉闹着，那是一种多么质朴和纯真的快乐啊。

古德生四岁以前，家里的日子对祖母和母亲来说是很满足的。古院士说：“虽然耕田种地很辛苦，但祖母、母亲回到家里见到两个天真的小孩，什么辛苦都忘了，过得很幸福。”

但是，天有不测风云，“那是 1941 年年底吧，从毛里求斯回来的‘水客’带回那封信到我家里以后……”说到这里，古院士的话语戛然而止，笑容慢慢地从眼角的皱纹里消失。

第三章

风雨童年

第一节　家里塌了顶梁柱

1937 年 7 月 7 日，日本挑起卢沟桥事变，抗日战争全面爆发。同年 12 月，日军疯狂地在南京进行大屠杀。次年 10 月，又侵占了广州。在这残酷的战乱中，百姓颠沛流离，乡村哀鸿遍野。

在抗日战争的过程中，有一天中午，古德生看见日本飞机从家乡屋顶飞过，然后在丙村镇的上空盘旋而去。虽然没有投下炸弹，但关于时局的坏消息，却不时从那些“江湖人”的口中传出来。最让人们揪心的是“侨汇路线断了”的消息。春节年关临近，侨眷家属叫苦连天。

据《梅县建设》记载：1941 年太平洋战争爆发以后，日本南侵，侨汇路线受阻，但仍有些“水客”暗藏黄金，由暹罗辗转河内、海防、昆明等地，然后兑换成国内货币以解付侨汇，让侨眷能得到海外亲人的接济。

因为战乱，毛里求斯的“水客”几乎一年也回不来一次，古德生的祖母房良妹盼得心急如焚。有一天，终于得到“水客”已经绕道回来了的消息，全家兴高采烈。房良妹知道儿子古巧彝一定会托“水客”带钱物回来，便顾不得梳洗打扮，匆匆赶去丙村镇，刚走到村口，正好与“水客”相遇，便高兴地把客人迎回了家。

回到家里，话还没有多说，“水客”就不紧不慢地把一包钱交到了房良妹的手里。一接手，房良妹就觉得有些蹊跷，为什么这次带回的钱有这么多呀？“水客”吞吞吐吐地转告了古德生父亲古巧彝不幸病故的消息，并转交了在毛里求斯的同宗族长写的一封信，信中详细讲述了古巧彝得病经过和店铺财产处理的事情。

这好似一个晴天霹雳，把房良妹打得天昏地暗。她当即放声痛哭，几近昏厥。她嫁过来的时候，古家本就穷困，是儿子古巧彝在毛里求斯挣到的钱，辅以自己和儿媳养猪种地积攒些钱，日子才刚刚过得好了一点，现在家中轰然塌了顶梁柱，一家老小谁来养活呀？

老年丧子是一大悲剧，是令人难以承受的痛苦。房良妹久久地坐在房间门口的长凳上，长时间撕心裂肺地痛哭。邻居知道可能出大事了，便前来探望、安慰。几个平时相好的老太太，也一直陪伴着房良妹，聚在一旁，不停地流着眼泪。

古德生的姐姐古捷英，见阿婆哭得已经不能自持，被惊吓得没有主意，急急忙忙去把正在稻田劳作的阿妈叫了回来。廖琼昭还没进入家门，就已经听到阿婆的哭声，当即就一身无力、站不住了，在女儿古捷英的搀扶下进了家门，又在众人的簇拥下步入房间。坐下后，又泪流满面，失声痛哭。对于这个突如其来却在半年前就已成事实的噩耗，遭受打击最大的莫过于古德生的母亲。在毛里求斯岛上四年多的美好时光，从此再也无法复制。心里的百种思念，即使书写千万遍，那边却再也没有收信人。

已经四岁的古德生，从未见过父亲一面，也永远不会有机会了。因为年纪太小，不清楚也不会想到父亲去世对往后家里会带来什么影响，但见阿婆、阿妈长时间痛哭流涕，如此伤心，他感到害怕，不知如何是好。于是离开众人的视线，躲在大厅角落堆放杂物的八仙桌底下，远远听着阿婆、阿妈的哭声和族中亲人的劝慰声，自己也流着不明不白的眼泪。直到夜幕即将降临，他才从破桌底下钻了出来，轻手轻脚地走进阿妈房里，依偎在阿妈身旁。阿妈停下哭泣，紧紧地把儿子搂抱在怀里。

在此后的一些日子里，古流祥、古德生兄弟俩一直处于不时高高低低的哭声和长长短短的叹息声中。祖母经常晚上无法入睡，时常在夜半时分从床上爬起来，坐在围楼屋廊檐下的长板凳上嚎啕大哭。这时，古德生的妈妈就会起来陪伴祖母，之后便扶祖母回房睡觉。

古德生说："阿妈一听到阿婆撕心裂肺的哭声，也总是跟着默默地流泪。阿妈在极度伤心时会嘤嘤嗡嗡地哭泣。但她很坚强，从不在他人面前宣泄内心的悲伤。"那一年，孤儿寡母就这样在悲伤与哀愁中度过了漫长的旦夕晨昏。

当时，抗日战争已进行了五年，极大地破坏了中国的经济。天文数字的军费，让国民政府的财政濒临破产。金圆券大幅贬值，地方上兴起流通米票，老百姓的日子实在难以为继。

孤儿寡母的家庭经济拮据，除了种田之外，只能依靠养猪、养鸡、种菜卖菜、进山挑运煤炭变些钱来维持日子。为了填饱肚子，除了过新年，一年到头都是喝稀粥。青黄不接时，三餐只能吃上青菜稀粥。说起那些日子，最让人心酸的是可怜的祖母和母亲。她们把家庭的希望，完全寄托在两个小小年纪的宝贝身上了。在她们眼里，缺衣少穿都还是其次，小孩正在长身体，怎么能忍心让孩子跟着挨饥受饿呢？所以，每次煮好稀粥后，祖母一定要先给两个孙子盛留两大碗稀粥，再往锅里添加两大瓢清水，继续煮。然后，把已稀释过的清清米汤，再舀出两瓢来拌和猪食去喂猪，盼望小猪快快长大，好变出钱来支撑这个家。

祖母和母亲的含辛茹苦，深深地铭刻在古德生兄弟俩幼小的心里。苦难的家境和祖母、母亲的爱，使两兄弟变得比同龄孩子更早懂事。他们特别懂得祖母、母亲的喜怒哀乐，并慢慢明白要与阿婆、阿妈分忧。

两个孙子天真、聪明，对房良妹家来说是最大的安慰。孙子是家庭的未来和希望。在客家根深蒂固的"崇文重教"传统的影响下，祖母、母亲认定两个孩子将来一定要多读书，"书中自有黄金屋，书中自有颜如玉"，只有读书将来才能有出息。古德生的妈妈和所有客家人的母亲一样，都寄望于小孩长大后能读书成才。孩子出世之日，母亲就承载着首要天职：教孩儿唱客家童谣。从母亲哄婴儿睡觉，到孩儿牙牙学语，再到小孩接受启蒙教育的全程中，客家孩子都是在吟唱“好好读书”的童谣中长大的。

蟾蜍乐，咯咯歌，不读书，没老婆。

月光光，秀才娘，船来等，轿来抬。

这类童谣每个客家孩子都会唱。但在古德生的阿婆、阿妈心里，“读书”两个字，对自己家庭的未来更显深切和厚重。要摆脱家庭困境，要想未来兴旺，就只能指望两个孩子好好读书了。

古德生才两岁多，姐姐古捷英就给弟弟买了“人、手、刀、牛、羊、狗、马、鸟、书……”的识字本。姐姐时常拉着两个弟弟，考一考能认出几个字来，有空时就给弟弟讲讲李文固赶考的故事。

就在古德生父亲去世后的第二年，哥哥已经8岁，到了上小学的年龄。但小弟才5岁多，不到上学年龄。祖母想：家里除了种田外，还承包了祖上一口鱼塘，里里外外有多少事要做啊。大门前有一口大鱼塘，若弟弟一个人留在家里，谁来关照和保护他呢？无奈之下，祖母决定让弟弟跟着哥哥一起去上学。

小学报名那天，祖母房良妹带着两个孙子去学校。校长当即就嫌弟弟年纪太小了，他说：“满八岁再来吧。”祖母执意要两个孙子一块上学，但左说右说校长都不同意。最后，祖母还是固执地带着请求的口吻说：“年纪是小了点，这样吧，到时候如果我这小孙子的学习真的跟不上班，我一定把他领回家，行不行？”校长心中有点无奈，但学生的家境确实让人同情，不好推却了，便微笑着说：“好吧，就算试读吧。”古德生就这样以“试读”的名义进了小学。

两个孩子一起开始上学，这给家庭的未来带来了希望。祖母和母亲长年含辛茹苦，日出而作、日落而归，就是指望孩子们将来能把塌了顶梁柱的家庭再次撑起来。如今，她们已开始看到了一缕阳光。

第二节　天资聪颖的小男孩

1942年8月溪口小学开学那天，“塘尾角围楼屋的汀叔婆(古德生的祖母)，把两个孙子都送去上小学了!”这一消息很快在村里传开，成为村里关注的“新闻”。一方面是两兄弟同时上小学，村里没有过，引人注目。再就是古德生的祖母在村上人缘好、口碑好，如今两个孙子一起去上学了，叫人羡慕，是很幸福的事。在“崇文重教”的客家传统里，家家父母对孩子的心思都是相同的。

两兄弟天天高高兴兴去上学。每天准时到校，按时回家，非常快乐，慢慢地从失去父亲的阴影中走了出来。每天下午放学回到家里，放下书包，第一件事就是寻找阿婆，是在菜园还是在厨房呀?古德生会提起嗓门四处呼喊，只有找到了阿婆，他才安心地去做作业、去玩耍，或到菜地帮帮阿婆。祖母养了两头猪，种了三块地的猪食菜，每天下午一般都在菜园里浇水、施肥或除草。每当老祖母听到孙子呼唤她的声音时，总是非常开心。她时常拉着长长的语调，用快乐而洪亮的声音回应孙子。

那时的古德生，小个子、大脑袋、圆乎乎的脸，声音清亮，眼睛炯炯有神，像他妈妈廖琼昭，脸上总挂着甜甜的笑容。叔叔阿姨们遇见这五岁上学的小不点，都爱摸摸他的大脑袋、拍拍他的小肩膀。村里大人见到他，总以疼爱的口吻逗着问:“小不点，你又拿了个100分吧?”古德生会抬头咧嘴一笑，礼貌地回一声:“还没有哩。”

古德生上学时年龄小，身体也比较瘦弱。但他上课认真，学习用功，又懂礼貌，很有灵气。老师们都很喜欢并关照他。有一回，古德生课堂上忽然肚子痛，痛得冷汗直冒。上课的余俊平老师(地下党员)是个懂中草药的医师，就把他抱到自己的房间，喂他吃了自制中药丸，等他肚痛稍为缓解后，又把他背着送回家。这件事一直深深地、暖暖地留在古德生的记忆里。

每天放学回家时，小古德生挎着长长带子的青布书包，乐颠颠地跟随在哥哥、姐姐的后面，一路欢声、一路跳，实在可爱。有一天正好遇上爱逗乐的大哥哥，突然挡住他的去路，借口看他读些什么书，不由分说地摘下他的小书包，把它挂在路边养猪屋的门顶上，并回头做了个鬼脸。然后，神神秘秘地躲在远处张望着，似乎在等着看小不点的热闹。当看到小不点怎么跳也够不着书包时，他得意了，满脸笑容。古德生回头见大哥哥一动不动，无奈，只好自己去寻根棍子，准备把书包挑下来。这时，大哥哥以为小不点已经生气，要回家去了，便急着摘下书包追了过来，边追边喊："你这小子，不要书包了?"古德生回头一看，哈哈，送书包来啦！他灵机一动，不找棍子了，拔腿就往家里跑。快到家门口时，他停下脚步，回头顽皮地笑着，接过书包，还撂下一句："晓得你会送来的。"大哥哥知道上当了，佯作生气地说："好小子，下次你试试看!"古德生哼了一声，得意地溜进了家门。

回到家里，他告诉阿妈："大哥哥好坏，把我的书包挂在门上。"母亲笑着说："啊，大哥哥喜欢你哩。他逗你玩的，傻孩子。"

古德生年纪虽小，却有悟性，很乖巧，甚至还有几分少年老成的风度，与大同学相处得很好。他的一个好友、比他大两岁的同班学生，在夏天烈日的一个中午，不在学校午休，偷偷溜去梅溪里游泳，违反了校纪，被老师逮着带了回来。老师在小学门前晒谷坪里用粉笔画了一个圈，罚他站在圈里晒太阳。

罚站时间到了，老师站在校门口高声地喊："时间到了，回来吧。"说罢，就转身回办公室了。古德生从教室窗户望去，见那学生一动不动，满头大汗，还继续站着晒太阳，便赶快把老师叫来。老师再次喊话："你可以回教室了。"那学生还在生闷气，竟然威胁老师说："我就不回去，晒出病了，我叫阿婆来找你算账。"老师知道这是个顽皮孩子，不语，转身又回办公室。古德生看了着急，赶紧从教室出来，不软不硬地对那同学说："你想叫阿婆来跟老师算账呀？好呀，你等着阿婆给你算账吧！"又说："回家后，我就告诉你阿婆，说你中午溜出去游泳了，你就等着挨打吧！"这学生平时在家确实没少挨打，古德生给他提了个醒，他大概明白了，当即就回到教室里。后来老师知道了这回事，说这个小不点还挺机灵哟。

古德生在小学读书时，喜欢唱歌，唱起歌来童音圆润、高亢。音乐课的王普忠老师很欣赏他的灵气，只要看到古德生从办公室门前走过，或下午上完课后，就会喊他进去，让他伴着弹奏的风琴唱上一曲。古德生喜欢唱《渔光曲》《离情别意》《五月的风》等歌曲，尤其喜欢《离情别意》："千尺流水，万里长江，烟波一片茫茫。离情别意，随波流去，不知流向何方。"这首歌仿佛抒发了漂洋过海的客家人绵绵的乡愁，承载着海外游子的家国情怀。唱这首歌时，古德生时常会联想起在毛里求斯去世的父亲，撩起父子从未谋面而深藏于心的伤感。唱到最后一句"不知流向何方"时，他幼小的心中隐隐升起几分苍凉。

穷人的孩子早当家，正如哲人所言"苦难是人生的教科书"。到小学四、五年级的时候，古德生已经知道祖母、母亲操持家庭的艰难。他总想为家里做些事情，以自己的行动来抚慰祖母、母亲心里的忧伤。他很勤快、爱动手，祖母也喜欢叫他做些事。家里的锄头把松了，祖母就喊："万德生，把它修理一下吧。"古德生就拿过来琢磨，削个木楔打进去，便修好了。看到桌子、板凳摇摇晃晃时，他也会主动去修理。家里厨房的屋顶滴滴答答漏雨了，祖母又喊："万德生，你能上去捡瓦吗？"祖母把梯子搬了过来，守在屋檐下，帮扶着梯子，他就立马爬上屋顶，轻手轻脚地检查。二楼房间的木门嘎嘎作响，关不上了，祖母又喊要修理。古德生发现门板有点歪斜，琢磨半天也不知道如何是好。但他喜欢动脑筋、做事有始有终。过了两天，他便设法在门柱上方旋转轴心的磨损部位，垫了一块竹片衬板，终于修理好了。每当做完一件事，他都会自我欣赏一番，心里乐滋滋的，充满成就感。越做事就越会做事，越会做事就越喜欢做事，小古德生在帮助处理各种家里小事中找到了乐趣。

祖母和母亲把孩子做的点滴小事都放在心里，看到孩子聪明、勤快、贴心，感到莫大安慰。在亲人们的鼓励下，古德生在成长过程中，逐渐对家庭萌发了责任心，懂得为家分担忧愁、帮着为家庭排解困难了。

古德生家里，新建了一间用泥砖砌起的柴房。完工半个多月后的一天，邻家婆婆出门不慎摔了一跤，三天起不了床。邻家婆婆躺在床上左思右想：好好的，怎么就摔跤了呢？最后认定是古德生家里修建的柴房不吉利，是柴房的一隅墙角正对着她家的厨房门，“煞气”冲了他们家，因此要求古德生家拆柴房。于是两家婆婆吵起来了，互不相让。第二天，邻家婆婆买了一面大镜子，挂在她的厨房门上方，镜面对着柴房，意思是要把“煞气”返回到古德生家里去。两个婆婆又吵了一架，好在两家的媳妇出面劝阻，才得一时平静。本来相好的两家，现在彼此不说话了。怎样化解这矛盾呢？古德生把这事放在心上。几天过去了，两家婆婆仍在生闷气。双方家里的儿媳妇也都心急如焚，不知如何是好。

那天傍晚，古德生从洗澡房出来，见阿妈吃过晚饭后久久地坐在厨房门口，望着对面的柴房在发愁。古德生走过去对妈妈轻声地说：“阿妈，既然人家说我们家柴房的墙角生‘煞气’，冲了他们家，那就把直角形的墙角削为圆弧形的墙角，好吗？”阿妈不解地问：“你在哪里看到有圆弧形的墙角呀？”小古德生说：“管他别的地方有没有。”阿妈细想：也是呀！墙角是泥砖垒的，用泥工砍刀把墙角削成圆弧形，再粉上一层石灰不就可以了吗？阿妈立即回房去征求祖母的意见。老祖母听后觉得这主意不错，便笑着问：“谁想的主意呀?”母亲回答：“万德生呀!”老祖母乐了，哈哈大笑，很得意地说了一声：“我孙子的好主意。”

在小学里，古流祥、古德生兄弟同时上学、同在一个班，本就很打眼，加上兄弟俩遵守纪律、学习努力，并待人友善，所以在学校师生中的口碑很好。在村里，甚至成为一些家庭教育小孩时常被提起的学习榜样。古德生的祖母、母亲、姐姐还有姑妈，经常听到邻里的称赞，十分喜悦。见孩子天天长大，他们仿佛在贫困的生活中看到了希望。两兄弟已成为他们支撑苦难家庭的精神力量。

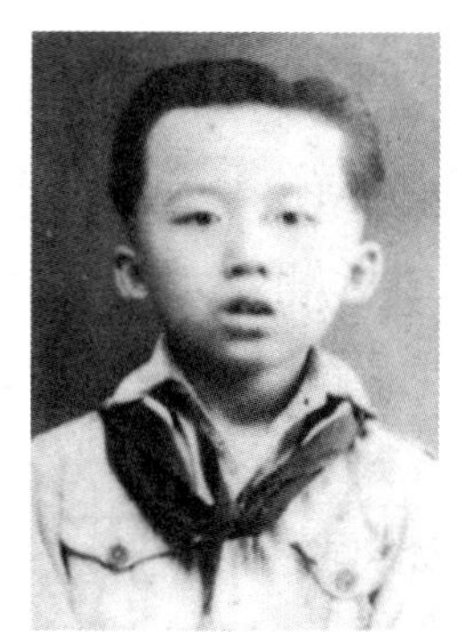
20 世纪 40 年代，读小学时的古德生

关于古德生的童年，他的一个同宗兄弟，也是从小学、中学一直到大学的同学古阶祥回忆道：“我和古德生是同村，两家相距几百米，中间隔着一条梅溪。古德生和哥哥古流祥，都是品学兼优的学生，成绩总是名列前茅。在梅溪一条水的人都知道，巧彛大嫂有两个很会读书的儿子。两兄弟早年丧父、家境贫寒，但古德生的母亲因为有两个优秀儿子而知名度很高，乡亲们都很敬重她。”

关于古德生兄弟俩的性格，古阶祥说：“古德生、古流祥俩虽是同胞兄弟，但性格却不尽相同。古流祥属于比较文静、守规矩、用功读书、不爱打闹的人；而古德生却很活泼、爱交友，甚至喜欢当孩子王。他喜欢在小溪里游泳，爱在溪边的草坪上踢足球。”

古阶祥还谈了一件古德生的童年趣事：“有一天，在溪里游泳，一位小调皮提议到小溪边邻村人的果园里采摘沙田柚，大家一哄就上岸了。古德生在外面望风，五六个小伙伴蹑手蹑脚地钻进果园。正当他们极度兴奋，又特别紧张地胡乱攀摘、边吃边扔的时候，主人出现了。说时迟，那时快，古德生急忙打了一个呼哨，这些调皮鬼吓得魂飞魄散，就像受惊的小猴子，飞快地从树上溜下来、冲出果园，一个个跳进了小溪的深水潭。主人毫无办法，只好望'猴'兴叹。"

听到这个故事，古院士摇头朗声大笑了，他说："加工了，加工了，这个古阶祥呀！我记得当时采摘的不是沙田柚，是番石榴，偷的也不是邻村人的，是我们班上一个同学家里的。记得有一天放学以后，我们几个小伙伴到一个同学家去采摘玉兰花，其间，她偷偷地告诉我，说她家的番石榴已熟，可以吃了，只是别让她爸爸看见就行，这才去偷的。"

不同版本的儿时趣事，随着时光的流逝，难以考证真伪。但是，不管是沙田柚，还是番石榴，抑或是回忆中古德生去那小女生家的果园里采摘香气四溢的玉兰花，都是孩子们在那多年战乱里，在家国破碎、民不聊生的夹缝中，属于他们自己的快乐而美好的稚嫩童年之记忆。

第三节 屋漏偏逢连夜雨

话说 1946 年，古德生正在读小学四年级。那一年，古德生的母亲得了一场大病。

古德生院士说："我爸爸 1941 年病逝以后，祖母觉得天塌下来了。那时我还小，不懂事。时隔 4 年多，我妈妈又得了一场大病。如果再失去母亲，我们家真的不知道会怎么样。当时，心里真有祖母在父亲去世当年经历的那种撕心裂肺的感觉，那真是喊天天不应、喊地地无门啊！"

在漫长追忆的访谈过程中，古院士说这段话时，是最动情的。在中南大学的院士楼古院士家的阳台上，他手里捏着父母的老照片，谈到母亲的病时，这一贯坚毅、刚强的男人眼里闪烁着泪花，好久说不出话来。

如果说古德生的父亲年富力强之时在毛里求斯去世，家庭塌了顶梁柱，是古德生所承受的第一次严重打击的话，没过几年，屋漏偏逢连夜雨，母亲得了一场大病，那就是古德生一生中所承受的第二次严重打击了。

在那兵荒马乱、民不聊生的年代，梅县出现了很可怕的流行性脑膜炎。瘟疫来势很猛。对于平民百姓来说，本就缺吃少穿、缺医少药，又是急性传染病，到哪里去求医呀？村上已有病例，因来不及救治，三五个小时病人就离开了人世……

脑膜炎瘟疫的恐怖弥漫在溪口村，村里风声鹤唳。在那些日子里，祖母吩咐两个孙子："放学后要尽早回家，不要到处乱跑。"

很不幸，就在一天下午，小古德生照例在下课的钟声敲响后，背着书包往家里跑。哪知道，天有不测风云。兄弟俩一踏进家门，就听见母亲房里声音嘈杂。人们神色慌张，进进出出。两兄弟挤开围在床边的亲邻，看到母亲双目紧闭，僵直地躺在床上，已经不省人事，便放声大哭。

听姐姐古捷英说，母亲前两天就说身体没有力气。上午还去田间中耕除草，下午又强打精神下田撒石灰、除草，只撒到一半，母亲的身体支撑不住了，便踉踉跄跄回到家，随即瘫倒在床上，不能说话了。

母亲不幸染上瘟疫，大家慌了手脚。祖母房良妹如往常一样，身临大事不乱。她先前就听说邻村救治流行性脑膜炎的偏方，于是立即吩咐邻居媳妇去抓来一只黄毛鸡仔，另找一人去刮取家中尿缸壁上的尿垢。先将黄毛鸡仔连同皮毛及内脏一起捣碎，然后拌入尿垢，再捣碎，用纱布包好挤出浆水来。单方调制好后，祖母带着同屋的媳妇儿，用金属汤匙撬开病人紧咬的牙齿，将腥臭的浆水灌入口中。然后，家人静静地守在病人身旁，观察病人吃药后的动静。

母亲廖琼昭依然昏迷不醒。两个年幼儿子无助地呆立一旁，内心充满着恐惧，不知如何是好。祖母看到兄弟俩，便吩咐他们快上床去，用牙齿咬住母亲的脚后跟。这样做，从迷信的角度讲，是想挽留母亲将要离开身躯的魂魄；从医学的角度讲，是脚后跟的筋脉发达，有许多神经，刺激这些神经，也许可以唤醒昏迷的病人。

两兄弟连忙爬到床上，趴在母亲的脚下，各抱一只脚，不停地咬着母亲的脚后跟。口水从嘴角边流了出来，牙齿也酸了，还是继续咬，还不时地抬起那泪汪汪的脸庞，注视着眼睛紧闭的阿妈，只想把母亲从鬼门关前拉回来。然而，坚厚的脚跟皮都咬破了，母亲还是没有醒来。两兄弟心如刀绞，坐在床边，拉着母亲的手，两眼紧紧盯着母亲那苍白的脸庞，不停地流着眼泪。

就在前几天，古德生目睹一个与他同龄的邻家女孩古莲香因染瘟疫而离开了人世。这女孩母亲的凄凉哭声，还不时地在古德生耳边萦绕。无论如何都不能让母亲就这样离开！祖母已经老了，如果母亲远去，这个世间去依靠谁呀？可怜这年纪小小的孩儿，就开始承受着大人也难以忍受的痛苦。

一个多小时后，奇迹终于出现了。母亲廖琼昭的双眼微微地睁开了一下。不知道是两个儿子痛彻心扉的挽留，还是祖母的偏方神奇，抑或是廖琼昭舍不得两个幼子的意志力战胜了病魔。守护母亲的两兄弟，看到阿妈醒来，在惊喜中不禁放声大哭，不断地大声呼喊“阿妈！阿妈！”阿妈听见了，但说不出话来，只是眯着双眼，无力地摇了一下手。祖母闻声赶来，喜出望外，嘱咐两兄弟不要离开。她转身就去围楼屋大厅摆好八仙桌，点起香火蜡烛，摆上供品，嘴里喃喃不休地感谢上苍、感谢观音菩萨，终于让儿媳渡过了这一难关。

邻居们听到消息，都十分高兴，前来看望。大家说这个坎一过，就万事大吉了。老祖母听后心中稍稍放松，脸上略显微微的笑容。

然而，母亲遭受急性流行病的折磨，实在病得不轻，体质也虚弱了不少。几天之后，母亲时不时咳嗽，由于家里没有看病吃药的经济条件，只能靠老祖母懂得的一点中草药知识做些调理。一个月后，母亲的身体慢慢恢复了一些，可以起床做些家务，但留下了咳嗽的后遗症。白天稍微劳累一点，晚上就咳个不停。大病是挺过来了，但咳嗽却长期无法得到应有的医治。农活、家务摆在那里，不干又怎么办呢？老的老、小的小，日子还得过下去呀。由于没有治疗条件，咳嗽的日子拖长了，也就习以为常，没把它当回事了，照样下田劳动。无尽的辛酸隐含在生活中，让人倍感无奈。

廖琼昭生病之前，总是早晚不停地忙碌田里的农活：犁田、耙田、插秧、除草、沤肥、施肥、收割、脱粒、翻晒，所有重担都由她一个人挑。即使禾苗中耕之后，也不得歇脚。她经常利用农闲时间，每天清早进山挑运煤炭到梅江码头装船，赚点小钱贴补家里的油盐和小孩的读书费用，日子过得很是艰难。

母亲一场大病后，古德生的姐姐就被迫从初中辍学回家，帮母亲一起种田和料理家务。农忙季节，姑妈也常到家帮干农活。母亲长年拖着虚弱的病体，照样干着繁重的农活。白天的劳动时间越长、劳动强度越大，晚上的咳嗽就越厉害。特别是在下半夜，经常一个晚上只能睡上三四个小时。但第二天，仍然照常下田干活。

母亲晚上咳得太厉害时，隔壁房间的老祖母听得心都发酸了，便三更半夜从床上起来，到儿媳房间的窗下喊话："起来呀，去煮个鸡蛋吃吧。"

那时，鸡蛋也是家中的经济来源之一，想到儿子成长也需要营养，廖琼昭舍不得多吃一个鸡蛋。咳得实在难受时，才艰难地从床上爬起来，到厨房去煮蛋汤。热汤喝下去，当时咳嗽自然会好一点，但热蛋汤毕竟不是药，无济于事。第二天照旧咳嗽，日复一日，年复一年。

就这样熬过了两年。姐姐已经 18 岁，到出嫁的年龄了。经他人做媒牵线，嫁到了井塘的廖姓家。井塘与溪口村虽然只隔一条江，但姐夫在海丰县邮电局工作，所以在成婚办完酒席的第二天，姐姐就与姐夫一起乘船顺梅江而下到潮汕，再转海丰。送姐姐登船那刻，8 岁的古德生站在码头上，一边哭，一边大声呼喊着姐姐，舍不得朝夕呵护自己的姐姐离开。姐姐站在船头一直在擦眼泪，恋恋不舍地回望着弟弟和家人。姐姐走后，一家人郁郁寡欢，屋里也冷清了很多。

如果说母亲的病，让古德生感受到一种母子连心的亲情之痛，而接下来的姐姐远嫁，又让家里少了个相伴的亲人。这种缺失，给古德生幼小的心灵，增添了挥之不去的丝丝惆怅和忧伤。

1948 年夏天，解放战争正烽烟四起，两兄弟刚好小学毕业，面临上中学的问题。那时，国民政府的金圆券大幅贬值，市面已经无法流通。古德生家里经济十分拮据，吃了上顿没下顿。如果两兄弟都去上中学，就要交付两担大米的学费，但是到哪里去筹借两担大米呀？家里也曾考虑让小弟明年再去上中学，但让小弟一人留在家里怎么办呢？祖母、母亲天天为此事发愁。

对一心指望小孩读书、成才、发家的客家人来说，供不起孩子上学是最揪心的事。看到兄弟俩渴望上学的那种眼神，母亲廖琼昭只恨自己病得不是时候。两个孙子真的要辍学了吗？祖母也因此彻夜无眠。

祖母说了，两个孙子一定要上中学去读书。兄弟俩相信祖母会有办法的，但能有什么办法呢？快开学了，祖母和母亲心急如焚。古德生看在眼里，也很无奈。为了安慰焦虑中的祖母和母亲，他想到要帮家里做些事，同时减轻一下自己终日坐立不安的焦虑。于是，古德生经常一早就出门，牵着老牛到田埂上去吃青草。为了排解内心的孤寂，也邀几个伙伴一起上山去放牛和捡拾柴火。

古德生告诉伙伴们，吃早饭后带好竹耙、箢箕，牵上牛，一起上山去。到山上以后，吩咐两人看牛，其他人一起到老松树下，把铺满山坡的松针毛耙拢，装满每个人的箢箕，然后提前挑送到山下。回家时，一群其乐融融的小伙伴，挑上满满的松针毛，赶着牛群下山岗，一路欢声笑语不断。

祖母房良妹将孙子的懂事看在眼里，但孙子上中学的事还没着落，她心里忐忑不安，焦急地盼望着去汕头挑运食盐的女儿古秀英快回来，商量一下外边有没有学费较低的学校，让两个孙子能上学。

古德生的姑妈回来后，随即到了溪口村，说她村里的谢卓云老先生，在丙村镇上办了一所私塾，收取的学费还不算高。房良妹当即拍板，在当年的秋季，将古德生兄弟俩送进了私塾学堂。

私塾学堂有十几个没钱上中学的农家子弟。上课时，孩子们围坐两张八仙桌，老先生拿根戒尺，来回踱步，摇头晃脑地教这批穷孩子《古文》《幼学琼林》等文言文书本。稚嫩的孩子们，天天在老先生的眼下朗读古文："孔子过泰山侧，有妇人哭于墓者而哀。"一群孩子，每天念着似懂非懂的古文，好不乏味。他们幼小的心中一片茫然：这"泰山"到底在哪里？孔子什么时候能过完泰山？妇人会一直哭到什么时候？

谢卓云私塾学堂离丙村中学很近。每天下午放学后，古德生和哥哥及私塾几个小伙伴，就去中学痴痴地看中学生的课余活动：有练习双杠、单杠、吊环的，有荡秋千的，好精彩！有唱歌、跳舞的，令人羡慕极了！但最吸引人的还是中学生队与"放牛娃"队的足球比赛。梅州是"足球之乡"。足球运动在这里有悠久的历史。梅州人对足球是骨子里的真爱。在那个时候，上不了学的放牛娃，一边放牛一边踢足球，买不起足球就踢柚子。“放牛娃”队有时也能踢赢中学生队。

有一说法：梅州足球，是赤脚娃以柚子当足球、对着狗洞射门练就的真功夫。

中学丰富多彩的校园生活实在诱人，而古德生每天面对的却是读不懂、嚼不烂的“孔子过泰山侧”。一心渴望上中学的兄弟，心里百般无奈，但也不愿在祖母和母亲面前提起，怕她们难过。母亲见孩儿的落寞与失望的神情，内心也很痛苦和无奈。半年就这样过去了。

转眼到了1949年春季。丙村中学开设了初中春季班，招生在即。在中学任教的村里兄长古歆祥老师(中共地下党员、中华人民共和国成立后任中学校长)，想起了村里房良妹家两个没有上中学的孙子，便上门告诉了中学将开设春季初中班的消息。祖母喜出望外。为了孙子的前途和家庭的未来，祖母咬咬牙，决心砸锅卖铁也要让孙子上中学去。

那时，梅县还没有解放。学校收取学生的学费还是每人一担米。幸好当年晚稻收成较好，姑妈为了两个侄子上学也凑上一份，后面的日子再勒紧点裤带吧。开学时，母亲、姑妈把两担白米送到了学校，兄弟俩终于得以跨进中学的校门。

这两担大米是母亲和姑妈辛劳耕作收获来的。交不了这两担米，无疑将继续辍学。如果是这样的话，两兄弟及家庭的未来会是怎么样？真不敢想象。这两担大米，不再是普通的粮食，它充满着亲人的温暖爱意和殷殷期盼，并改变了古德生今后的人生轨迹。

曾经徘徊在中学门外上学无望的兄弟，终于上学了。由于曾经有过这样惨淡而几近读书无望的日子，兄弟俩格外珍惜这来之不易的机会。他们不辜负祖母、母亲的期望，笃信“有志者，事竟成”。兄弟俩同在一个班里读书，学习认真、刻苦、努力。晨曦初露，便和伙伴赶路上学；日落西山，则与同学匆匆回家。自习桌上那盏昏暗的煤油灯，陪着他们度过了中学阶段的无数个夜晚。通过那些时日的努力和坚持，兄弟俩在学校如鱼得水，成为老师心目中的好学生，并受到村里乡亲们的赞誉和认可。

第四节　山村风云时节

经过十四年热血抗战，中国终于取得了胜利。1945 年 8 月 15 日，日本无条件投降。

尽管日本人的铁蹄最后并未能踏入梅县这片土地，但在那家国破碎、民不聊生的生存环境下，小古德生除了遭受家庭的种种苦难外，也亲历了社会的动荡和变迁，留下许多苦涩童年的记忆。

在抗战胜利临将到来的一天，中午吃饭时间，三架日本飞机从溪口村老围楼屋的屋顶掠过，在丙村镇的上空盘旋几圈之后，才扬长而去。一时间，日本人要攻打梅县的消息，在小山村传得沸沸扬扬。几天过后，又传日本兵受到潮州丰顺猴子岽一带的高山阻隔，一时还过不来。但是，村上已有不少人在准备逃难了。然而，逃向何方呢？谁都不知方向，大家人心惶惶。

大约一个星期后，突然传来重大消息：日本投降了！人们欢天喜地。十四年抗战胜利了，丙村镇上准备举行庆祝大游行。那天晚上，古德生和小伙伴们早早来到山岗上的晒谷坪，等着瞭望丙村镇上游行的热闹情景。黄昏时节，村上青年举着尚未点燃的松香火把到镇上集合。

天黑后，骤然间四面八方出现长长的火龙，游荡在大路上和街道间，锣鼓喧天，鞭炮齐鸣，欢呼声不绝于耳。十四年艰苦抗战换来的胜利喜悦，顷刻间全部宣泄了出来。小伙伴们也欢腾了一夜。

十四年来，浴血奋战，家国复生，震撼着中华大地和每个人的心灵，人们期盼着美好的未来。在庆祝胜利后的第二天，从湖南逃难过来的男男女女，收拾行囊，纷纷离开。在乡间小路上，北方来的小脚女人，摇摇晃晃，行走十分艰难，但个个都笑逐颜开。她们终于不再流离失所，可以回到自己的家园了。

但是，一个孕育着无限希望又蕴涵着极大变数的中国仍在动荡之中。抗战胜利后，反对专制、实行民主、建立联合政府的主张，已成为各阶层的共识。但国民党政府逆潮流而动，撕毁“双十协定”，并全面发动内战。

面对这一严峻形势，中国共产党肩负起历史重任，要重整山河，建设新国家。这也是饱经战乱的绝大多数人的强烈愿望。在中国共产党的领导下，从 1946 年 6 月至 1950 年 6 月，展开了全国解放战争。

在解放战争中，毛泽东提出的农村包围城市、武装夺取政权的革命道路，使革命队伍不断发展壮大，地下党组织和外围组织如雨后春笋般破土而出。古德生在地下党员、小学老师古克的引导下，在村里红色氛围的熏陶下，幼小的心灵里逐渐孕育着红色的种子。

溪口村背靠层层叠叠的大山，面向梅江畔的丙村镇，中间地带是一片广阔的稻田，有发展红色力量的天然环境。溪口小学很早就有地下党组织和妇女夜校，这里有开展地下工作的群众基础，是游击队经常出入的据点。

溪口村先后涌现出一批党的地下工作者和参加武装斗争的游击队员：古岱、古克、古红、古歆祥、古国威、古楼祥、古莲、古嘉祥、古国干、陈瑛、余俊平、李霞、胡依、曼青、林碧玉、王根忠、王普忠……一共 40 多位。他们为革命出生入死，有的还在革命胜利前夜献出了宝贵的生命。

1945年，古德生在溪口小学地下党员的引导下，参加了小学的读书会。十多位爱学习、守纪律的学生，每天晚上聚集在悬挂着一盏大汽灯的教室里，做作业、写日记，然后，就听林碧玉等老师讲列宁和毛泽东的故事。

林老师个子高高，穿着得体的天蓝色旗袍，总是面带笑容。有一天，她跟学生们讲俄罗斯圣彼得堡的故事，她说："到共产主义的时候，人人有书读，学生全部住学校，楼上楼下、电灯电话，教室门后有个机器，只要按下开关，它就出来打扫房间，同学们也就不用打扫教室了……"大家听得津津有味，很是新奇、向往。

十岁那年，古德生从读书会，转到了村里地下党组织的少年儿童团。

在读书会时，古德生还年纪小，人单纯。随着年龄的增长，进入少年儿童团后，除了上学读书外，还有一些课余活动。随着经历的增加，古德生开始慢慢地了解外面缤纷的世界，走上了自己的思考和探索之路。

有一天，林碧玉老师组织了一次活动。开始，她在黑板上抄一首刊登于小报的诗歌，准备给学生们讲一堂小课。她手里拿着油印小报，在讲台上反复地折叠着，想把这张地下印刷的《五四青年报》的刊头遮掩起来。不料，在老师折叠报纸的过程中，坐在前排的古德生的哥哥古流祥，无意中看到"五四"两个字，并随口念了出来。林老师听见了，便停下来，笑着轻声地说："少年儿童团是优秀孩子的组织，团里有的悄悄话是不能往外传的哟。今天这堂小课，是我们的小秘密，不要到外面去说啊，好不好？"大家齐声赞同。从此，古德生幼小的心里懵懵懂懂地知道了"组织"的概念，并模模糊糊地认识到组织里有个遵守"秘密"的纪律。

少年儿童团经常组织一些课外活动。除了上小课外，十四五岁的少年儿童团团员，有时两人一组，晚上到村外贴标语；有时给邻村游击队传递信息；有的还跟游击队员到丙村镇郊打冷枪。至于古德生等年纪小的儿童团团员，唯一的任务就是白天放哨。在那个年代，村上不管是大人还是小孩，都或多或少地置于红色的洪流中。

在梅县处于国民政府统治时期的红白交错年代里，溪口村作为游击队的据点，红色氛围十分浓厚。那时，村民们由于长期生活在一起，彼此都很熟悉，互相也比较了解。在国民政府做事或有着国民党党员身份的一些村里人，在游击队的影响下思想也逐渐发生变化，开始在暗中支持游击队。

当时，溪口村的村长叫古随祥，从国民党的部队退伍回到了村里。他是个热心肠的人，身体棒，力气大，声音洪亮，做事果断。有一天下午，地下党组织临时得到前方情报，进山“围剿”游击队的一百多名国民党兵，正在返回丙村镇的路上。队伍将从溪口村侧经过，会不会进村还不知道。

在那血腥的年代，不能有任何侥幸心理。为了确保革命队伍的安全，需要万无一失。村长古随祥得到紧急情报后，立即跑到“顺德楼”，把正在发高烧的游击队干部古克(原溪口小学老师)背起来就往村后的大山里跑。天近黄昏，他单枪匹马翻过大山，终于把病人转移到了安全地带。后来，这事在村里一直传为佳话。

解放战争后期，在红白对垒白热化的日子里，驻扎在县城的国民党军队和龟缩在丙村镇炮楼里的保安团，不时集合进山清剿大山里的游击队。那时，驻扎在梅县县城的国民党军的师长叫张光耀，梅县三乡人。山里的游击队队长叫张其耀，是张光耀的堂兄。两人来自同一个家庭，却踏上了截然不同的道路。

为了掌握国民党军队的动态，处于丙村镇前沿的溪口村，居高临下，成为监视镇上国民党军队调动情况的观察点。在古德生家围楼屋后的晒谷坪边上，村中前辈古元祥建有一栋新楼。现在他全家旅居美国，平时只有两人看守这栋楼房。二楼的西阳台是游击队的瞭望哨点。白天，古德生等年纪小的儿童团员，两人一组，每两天轮流值守半个班(上午或下午)。值班人要严守纪律，按时交接班，不能擅自离岗。值班任务就是守望着由丙村镇通往大山的南、北两条大路，监视国民党军队的调动情况，如果发现有国民党军队出入，就要紧急报告瞭望哨点负责人，尽快向山里传递信息，以便游击队及时做好战斗、转移或迂回的准备。事情虽小，但责任重大。参与放哨的儿童团员，都全神贯注，丝毫不敢怠慢。

古元祥建的新楼的下方，就是古德生的堂伯父、毛里求斯归国华侨古顺彜建的“顺德楼”。当时，古顺彜已经去世，其夫人姓郭，人们习惯称她为郭伯母。她虽然没有什么文化，但接受新事物快，思想进步，有胆识，并且很能干。

“顺德楼”地处紧靠大山的偏僻位置，游击队出入此处比较隐蔽。一楼出来有路可通大山，二楼出来是山岗，可瞭望丙村镇。因此，这座楼便成了游击队进村的落脚点。

“顺德楼”里，有一个属于古德生家的房间。因为建楼时占用了他祖母房良妹的一块菜地，双方约定楼建好后返回一个房间作为回报。新建的楼很漂亮，而且很安静，祖母便在房里摆设了床铺和书桌，要兄弟俩到新屋里好好做功课。两兄弟有时候也睡在这里。由于“顺德楼”里游击队员来往频繁，其中有的还是以前溪口小学的老师，他们跟古德生的祖母也都很熟悉。所以，只要游击队一来，古德生兄弟俩就会主动把房间让出来，房门从来不上锁，自己就回老围楼屋去住。

在梅县地区活动的游击队是闽粤赣边纵队的下属。游击队经常出入溪口村，进驻“顺德楼”。有的游击队员一踏进“顺德楼”，就径直进入古德生兄弟读书的房间，把包袱、手枪、手榴弹从腰间摘下撂在床上，就好像回到了自己的家。他们早晨就在山岗的晒谷坪操练，白天经常学习或开会，有时候也会练歌。古德生时不时也跟着游击队员哼唱，听多了，不知不觉也就会唱《解放区的天》和《兄妹开荒》这两首歌了。

有一个星期天，古德生早晨起来，到屋后山岗的晒谷坪去晨读，看见昨晚进驻“顺德楼”的游击队员，二十几个小伙子，一大清早就在操练。操练结束后，队里气氛严肃、凝重。队员们聚精会神地听领队布置当天任务——袭击丙村镇镇公所的行动计划。领队讲完后，他们还低声议论了一番，随后就吃早饭去了。

游击队员走后，古德生知道当天上午游击队要去丙村镇，攻打镇公所。这是打仗啊，他心里有点紧张。特别是听到这二十几个小伙子是“敢死队”的，古德生心头一紧，肃然起敬，半天说不出话来。他为游击队员的安全担心。

当天是丙村镇赶集的日子。知道上午镇上有事，古德生偷偷地告诉身边的两个小伙伴，并要他们一定保守秘密。他们带着局促不安的心情，吃完早饭后，佯作若无其事地拿着书包，聚集在晒谷坪里。9 点钟左右，“敢死队”出发了。他们身着便装，腰间藏着 20 响的半自动驳壳枪，三三两两相继下山，向镇公所进发。古德生和他的小伙伴们，在晒谷坪坐立不安地等候着。

镇公所门口有一片树林，是耕牛交易场所。市场上人头攒动，游击队员装扮成买牛的乡民，在水牛、黄牛、大牛、小牛之间穿行。有人假装让牛张嘴，数齿查验牛的年龄，有人佯做讨价还价。10 点钟左右，镇上响起了零星枪声。游击队击毙门卫后，冲上二楼，抢砸了镇公所的档案。顷刻间，枪声大作，双方交上了火。花了 10~15 分钟，“敢死队”神速地完成了袭击任务。之后，枪声就停了。

隔远眺望丙村镇，只见游击队员一个个从镇上跑了出来。他们分散撤退，通过一片稻田，各自奔向大山。当梅县保安团大队赶来支援时，游击队早已撤到大山里了。事后听说，这次袭击行动很成功，抢砸了档案，并缴获了数条枪。

在红白势力交错的年代里，有游击队攻打保安团，也有国民党兵进山“围剿”游击队。“围剿”与反“围剿”的斗争很激烈。

有一天下午晚饭时分，有游击队员二三十人从大山里出来，按往日常规，仍进驻在“顺德楼”里。当晚，古德生兄弟把“顺德楼”的房间让给游击队员住，自己回老围楼屋去住了。夜晚三更时分，古德生忽然被窗外杂乱的脚步声惊醒，趴在窗台往外看去，只见国民党兵提着枪，小步往前跑，无疑是在包围“顺德楼”。游击队还在楼里吗？古德生兄弟心急如焚，忐忑不安，转到隔壁阿婆的房间，依偎在阿婆的床上，不敢吱声，一直等到天明。到天蒙蒙亮时，听到国民党兵用枪托在撞击大门，大声叫喊开门，但没听到双方交火的枪声，说明游击队早已接到放哨人的信息，翻过大山了。老祖母长长舒了一口气，心中一块石头落地了，她喃喃地说：“阿弥陀佛，谢天谢地！”

“顺德楼”的大门打开了，国民党没有搜到蛛丝马迹，便把郭伯母和她的大儿子抓到后山，捆绑在树上审问，但并没有得到任何有价值的消息，中午就把他们放回来了。

但是，就在国民党兵准备从“顺德楼”撤退时，国民党兵里有人突然问道：“这楼里住的两个学生到哪里去了？”屋主回答：“两兄弟住在老围楼屋里。”国民党兵也没再问别的事了。

游击队觉得这事严重：有人把游击队进村的消息向国民党告密了。这威胁到溪口村地下党组织的安全。因此，决定在没搞清缘由之前，游击队暂时不进村了，要全力追查告密者。

这告密者会是谁呢？游击队分析后认为：这可能是与古德生祖母家关系比较亲近的人，要不，为什么会有人关照他们两兄弟呢？这是谁呢？首先被怀疑到的是古德生姑妈的儿子谢亦谋。因此，第二天晚上，游击队就把谢亦谋带进山里审查去了。

一大清早，古德生的姑妈古秀英就回娘家来，向古德生祖母诉说儿子被带走的消息。古德生的姑妈也是个穷苦人。姑父早年去南洋，一去就没回过唐山。姑妈只有表哥一根独苗，母子二人相依为命。古秀英急得六神无主。祖母也打听过村上与游击队关系密切的人，但没得到任何消息。祖母说："亦谋是小学教员，当过会计，没参加过党派，平时老老实实，是个本分人，不会出什么事的。"她总是安慰女儿："没事，没事，过几天就会回来。"一直等到第 11 天，古德生的表哥谢亦谋平安无事地回来了。老祖母特别高兴，她说："我说了，我们家的子孙，绝对不会去做这个伤天害理的事情。"一场误会，就此解除了。

但究竟是谁暴露了游击队据点呢？这一直是个谜。直至 2015 年 2 月 14 日，古德生院士去拜访他本家堂兄古楼祥时，这个年长古德生八岁、当年的游击队员，才揭开了谜底。原来是邻村一个人的老婆向国民党保安团告的密。后来，她被抓了，才真相大白。

溪口村是游击队的重要据点，而"顺德楼"是游击队驻地。"顺德楼"的主人郭伯母，待游击队员如亲人。她的儿子和女婿都先后参加了地下工作。她在丙村镇上还开有商店，远近名气不小。古德生清楚记得，丙村镇解放时，在全区几千人的庆祝大会上，郭伯母代表全区妇女在主席台上演讲。这在丙村镇是破天荒的。她腰系皮带，身挎驳壳枪，满面红光，慷慨激昂，挥着手、大声呐喊："大家一条心，妇女要翻身。打倒旧封建，建立新社会。"她的讲话很有压倒一切的气势，充分表达了翻身妇女的心声。顷刻间，台下报以经久不息的掌声。这就是她，一个是非分明、敢作敢为的郭伯母。从此，溪口村郭伯母声名大噪，丙村镇人都很敬重她。

第五节　黎明前的黑夜

1949 年 4 月 23 日，南京解放，宣告国民党统治的覆灭。

国民党第十二兵团（俗称胡琏兵团）在淮海战役中被中国人民

解放军打得落花流水，节节败退。1949年6、7月间，胡琏兵团残部自江西、福建窜入广东，以2个军4个师，计25000人，向南逃窜，进入粤东地区几个县。为扩充部队，到处抓壮丁，仅梅县、丰顺两县就抓走壮丁900多人。

据梅县地方志记载：胡琏兵团残部有将近半年的时间在梅州地区四处流窜，这段时间是梅州地区即将解放的黎明之前。

黎明之前，是最腥风血雨的黑夜。

1949年7月初，胡琏兵团溃退的大队伍向南逃窜，进占梅州地区的平远县城。7月6日，又有胡琏残部从江西赣南窜入广东，向梅县进发。当时，还不知晓情况的中共闽粤赣边纵游击队的部分战士和县公安，正准备转移异地，刚走出梅县县政府大门，便迎头遇上穿浅蓝衣服、戴红五星帽，化装成“地方游击战士”的胡琏残部的尖兵。短兵相接，发生了激烈巷战。由于寡不敌众，本已被闽粤赣边纵游击队解放了的梅县县城，又重新落入了国民党手中。

胡琏残部准备打通从汕头出海去台湾的道路。在进占梅县县城后的一天上午，一批往汕头逃窜的胡琏残部途经丙村镇，大概有四五百人，快到午饭时，来到了溪口村。部队进村后，没有闯入民居。不知道是流窜的疲惫，还是因为逃命要紧，下午要继续急行军，所以部队集中坐在塘尾角老围楼屋对面的山上松林里，鸦雀无声，黑压压一片，似乎不是进村来“清剿”游击队的。

当时正是中午时分，他们突如其来，村民们措手不及。村长古随祥等忙个不停，吩咐村里的绅士和有钱人家，出面接待国民党“长官”，不能怠慢，避免士兵下山乱窜，出现意外；要村里各居民片的妇女，敞开厨房门，煮大锅饭，分头杀鸡、杀猪，约定下午3点以前开饭；告诫男青年不要出门露面，避免被抓壮丁；要小孩、大妹子留在家里。红色村里惊而不慌，忙而不乱。下午3点左右开饭，4点半左右胡琏残部朝着汕头方向开拔了。溪口村终于平安无事。

那天，在荷枪实弹的国民党大队伍快要进村时，古德生忐忑不安。由于平时受游击队的影响和儿童团活动的教育，古德生对国民党早存戒备心理，自然就想起红色读书会里林碧玉老师关于“纪律”“秘密”的教导。他首先跑到“顺德楼”自家的房里，看有没有游击队忘带走的东西。然后慌忙找了一个铁盒子，把读书会上记有圣彼得堡和列宁故事等字句的两本日记本，装在铁盒子里，偷偷地埋在自家的菜园中。后来，他看到国民党兵安静地坐在山岗上，知道村里不会出事了，心才稍微安定下来。埋在菜地里的铁盒子，一直到梅州全境解放后才被挖出来。

胡琏残部进村那天，好在村里没有进驻游击队，但也有位参加游击队的青年在前一天晚上回家来了。由于胡琏残部已经进村，他来不及离开，便急忙跑到古德生家的老围楼屋，躲进了大厅外的二楼、存放棺木的公用间里。好在有惊无险。

遗憾的是，一个被国民党抓去当兵、与古德生同村的青年，随胡琏残部回到了丙村镇。他还请假回到溪口村来探望妻子和女儿。村里的一名地下党员、他孩时的小伙伴，到他家里动员他脱离国民党队伍。眼看就是生离死别，他妻子哭得死去活来。但他还是无力摆脱国民党的控制。在家住了一晚，便丢下孤儿寡母跟着大队伍去了台湾，从此渺无音讯。在那动荡的年代，很多家庭就是这样被冲得支离破碎。

这批胡琏残部走后，梅州地区的形势日趋紧张。过了一些日子，又有胡琏残部一个营向汕头方向逃窜，上午 10 时左右到了丙村镇，在镇中学的大操坪与游击队交上了火。

大操坪在梅江边上，操坪两侧有一大片护江竹林。当时，胡琏残部和游击队各据一片竹林，相互对峙、喊话。这一边喊：赶快投降！那一边喊：派人过来谈判！僵持一段时间后，游击队以为对方已走投无路了，那就谈判吧。负责人带了个卫兵，向对方走去。胡琏残部也派出两人相向过来。不料，当游击队两人跨过大半个操坪后，就在双方代表面对面的那一刻，几个胡琏士兵冲过来接应，把游击队负责人抓走了，游击队员见势单力薄，掉头就跑，后来中弹倒在竹林里。

发生这事件时，古德生正在中学一年级教室上课。学生们听到外边枪声大作，都不敢出门。不一会，枪声停息了。放学后，一些好奇的学生进入竹林，围观已经中弹、奄奄一息的游击队员，就在胡琏残部尚未完全撤离的情况下，一个无知的学生居然喊："还有呼吸哟。"胡琏兵回过头来给游击队员补了一枪。见到那凶残的一幕，学生们"哇"的一声，吓得四处散开。

在大操坪被胡琏残部抓走的游击队负责人，是古德生村里人，原溪口小学老师古红(原名古珍祥)，时任刚解放的丙村区区长。被捕后，胡琏残部把他随军押到大埔县三河坝镇。在残部仓促逃命的前一天，他惨遭杀害。古红牺牲时才30多岁，留下母亲和一个弟弟。一个面对反动势力而大义凛然的游击队干部牺牲了，溪口村百姓为失去一个朝夕相见的亲人而痛心疾首。

面对危险的形势，游击队继续奋勇作战，终于迫使胡琏残部节节败退。之后，闽粤赣边纵游击队的主力与中国人民解放军四野在江西会师后，南下进入梅县松口，在丙村首战击溃了"闽粤赣边区反共救国军"陈英杰部，梅县县城重新解放了。

9月30日，胡琏残部得知"闽粤赣边区反共救国军"陈英杰部被全歼的消息后，便沿梅汕公路向汕头方向狼狈逃窜。在解放军乘胜追击下，胡琏兵团的后卫加强营在梅县畲江镇被围歼了。

胡琏残部知道大势已去，便加速向汕头方向逃窜，还在梦想出海逃去台湾。

中国人民解放军调兵遣将，在闽粤赣边纵游击队各路主力的密切配合下，以迅雷不及掩耳之势，提前切断了胡琏残部向海上逃窜的后路。在无路可走时，胡琏残部又掉头返回丰顺，另有一部则沿梅江而上，向丙村镇逃窜。

天有不测风云。一支准备去接收梅江下游刚解放的城镇、坐着几条木船顺水而下的游击队，与沿梅江两岸徒步向丙村镇逃窜的胡琏残部在乌石渡码头相遇了。一场惨烈的遭遇战发生了。经过约一个小时的激战，鲜血染红了江水，游击队战士伤亡惨重，还被抓捕了10多人。

逃窜到丙村镇的胡琏残部，把指挥机关驻扎在溪口村的“顺德楼”。这座游击队的长期据点，闯进了如惊弓之鸟的残部，在这风雨飘摇的最后时刻，企图做着垂死挣扎。

一批被捕的游击队员被关押在“顺德楼”的二楼。漆黑的夜晚，被俘的战士遭受着严刑拷打。凄惨的叫喊声，让相邻的老围楼屋里的古德生及亲邻们不寒而栗。这些游击队员也许以前来过溪口村啊，也许还见过面呢。人们心里十分难过。特别是看到胡琏兵每天下午押解游击队员到丙村镇刑场去的时候，众乡亲倚门相送，泪眼模糊，揪心地痛。老祖母说：“作孽啊，这些当兵的会遭雷打哟！”

在经受严刑拷打的游击队员当中，也有人逃出虎口的，据传是丙村镇井塘温屋人。在半夜受审时，他向提审人说肚子痛，要去解大便。因楼内没有厕所，便从二楼出去，由两名士兵解押到山坡去解手。在漆黑的夜幕下，当走到山坡陡峭的地方时，游击队员趁势向山下滚去，滚到山下的大水沟里。押解士兵连开几枪，不见动静，便惊慌失措地回去报告。而滚到山脚下的游击队员，则沿着大水沟顺水而下。到了梅江，然后泅渡到江的对岸，在生才小学附近上岸，最后迅速撤离，终于脱离了魔掌。

第二天，因昨晚的枪声，这故事在村里传开了。这侥幸脱险的游击队员的真实名字，没有人知晓，但他的坚毅、果敢的精神，一直被人传为佳话。

梅县全境解放时，古德生已经读完初中一年级。第二年，丙村中学来了一位政治课老师，中等个子，说话慢条斯理，看上去是个很成熟、很有故事的人，他名叫温再生。他人很和气，教学认真，关心学生，处处为人师表，很受学生敬重。其间，别人传说，老师曾经打过游击，听说是从国民党手心里脱逃出来的。

“再生”这个隐含着几经磨难、凶险，而后又获得新生的名字，让人感觉到他是一个有点神秘、很有故事、值得敬重的人。于是，学生们坚定无疑地认定温再生老师是个老革命。而知道溪口村有过游击队员脱逃故事的人，则很快就对号入座，认定温再生老师就是当年在溪口村逃脱魔掌的游击队员。由于学生们都以仰视的目光看温老师，所以也就没有人会想及“是与不是”的问题。但这已经不重要了，学生们已经把游击队员那坚毅、机智、果敢的精神，潜移默化在心坎上，并影响着他们今后的人生旅程。

在临将解放的半年多时间里，梅州地区笼罩在腥风血雨、电闪雷鸣的黎明前黑夜里。虽然当时古德生年纪还小，但他身临其境，真切地见证了新旧社会转换过程中的艰苦和惨烈。许多人、许多事，至今仍深深地铭刻在他的脑海中。这些人和事，也已成为他人生历程中永远难以忘却的记忆。

第四章

春天少年

第一节 稚气孩子在成长

1949年8月，古德生还是初中一年级的学生。就在梅州全境即将解放的节点上，丙村中学掀起了一次学潮。那时，中学是由国民党政府委派的校长、训导主任、军训教官等把持。学潮是由中学地理课老师、地下党员、古德生堂兄古歆祥暗中策划和发动的。

学潮的起因是高中部一个学生，由于母亲病逝，在家里穿白衣戴白帽、磕头当孝子，以致四天没到校上课，学校给他记大过处分。学生不服，两次申诉，校方都不予理睬。学生多次反映意见，学校也不同意更改决定。于是高中学生开始“串联”，要一起声援。

在客家人心中，母爱尤其伟大，母亲不幸去世，儿子于情于理应在家中守孝。然而，校方的做法太过苛刻，有悖人伦，不可接受。因此，在那国民党政权风雨飘摇的时节，学生们掀起了学潮。一方面是为学生伸张正义，另一方面，也乘势发动大家向国民党政权挑战，并培养、锻炼学生干部，为解放做思想动员。

一天上午，初中部学生正在上第一节课。忽然间，教学楼的走廊上一片喧哗。高中部学生在齐声呼喊：“大家都到大操场去！不上课了！”同学们一时间躁动起来，七嘴八舌地议论着，并纷纷涌向学校的大操场。

操场上，穿着黑色军训服的高中部学生，坐在草地上，黑压压一片。两个学生正在慷慨激昂地演讲。因距离太远，听不清在说些什么，只听见人们报以热烈掌声。晚到的穿着黄色童子军服的初中部学生，刹那间，像一股洪流，冲出校门，围在高中学生的周围，静静地坐了下来，倾听学生的演讲，并与高中学生一道，等待着校方出面回复学生们的要求。之后，又推举了四个学生到校长办公室去谈判。同学们坚持在大操场静坐，全场鸦雀无声，时不时有学生带领呼喊口号。大家神情凝重，情绪激动，场上的气氛有点紧张。一直快到中午时分，有的学生正准备冲到校长办公室时，面带笑容的谈判学生出现在门口。知道有好消息了，大家热烈鼓掌。学生代表来到人群中，大声宣布：校方同意取消学生的记大过处分。学潮取得了胜利，群情振奋，场上爆发出热烈的掌声和欢呼声。

对于经历单纯的初中生来说，这次学潮，虽然只闹腾了半天多时间，但由于目睹了众人的意志和力量，很受震撼，长了见识。古德生的心中对高中部学生的团结和初生牛犊无所畏惧的精神十分敬佩。这是梅州即将解放时中学生们所经历的一次洗礼。在那炽热的氛围中，这些青少年们不知不觉置身于当时纷繁、动荡的社会，开始经受风霜雨雪，一步步跨越困难，慢慢走向成熟。

1949 年 10 月 1 日，中华人民共和国成立了。全国上下一片欢腾。紧接着，中国人民解放军一鼓作气，于 10 月 3 日解放了广东梅汕地区的丰顺县，10 月 6 日解放了汤坑镇和留隍镇。至此，追击国民党胡琏兵团残部的战斗，最终取得了全面胜利，梅州全境解放。

“解放区的天，是明亮的天……”人人脸上挂着笑容，向往着美好的未来。穷人的孩子有机会上学了，这对古德生来说，是最大的幸福。他像久旱土地上的花草，尽情地吸吮着每一滴春雨，展现出勃勃生机。1950 年 7 月 1 日，在那旭日东升、阳光普照的日子里，丙村中学少年先锋队正式成立。学校把溪口村原地下党组织的少年儿童团团员古德生等人，直接转为丙村中学的第一批少年先锋队队员。在他们手里，擎起了丙村中学第一面少年先锋队队旗。

丙村中学的少年先锋队成立后，新队员一批批进来了。每次新队员的入队仪式都十分庄重。他们在辅导员带领下，举起握拳的右手，在队旗下宣誓。当辅导员带领宣誓呼号“准备着，为共产主义事业而奋斗”的时候，新队员跟着朗声宣誓：“时刻准备着！”那时气氛严肃，新队员充满着激情和自豪。当老队员给他们佩戴红领巾时，个个脸上流露出灿烂的笑容。新队员把这天视为自己生日一样不能忘却的日子，此后便天天佩戴着鲜艳的红领巾，勉励自己做一个有理想的阳光少年。

中学少先队的队伍发展很快。不到一年，校园内到处是红领巾，少先队已从中队发展为一个大队。古德生当选为丙村中学少先队的大队长。回到家里，老祖母特别高兴，觉得小孙子当上大队长，一定是有好人缘，并一再叮嘱：“要好好读书。”当时，大队长右臂上一般佩戴三道红杠的臂章。但古德生头两天并没有戴臂章上学，因为他觉得太出风头了，小小年纪，在别人面前多不好意思。真不巧，上学时被大队辅导员碰上了。当时的大队辅导员是学校团支部书记、高中部学生温素娥。她随即问道：“大队长，为什么不戴臂章呀？”古德生腼腆地抬头笑了笑，知道挨“批”了，便答一声：“知道了。”听到他的回答，温素娥便笑着扭头走了。

时光似箭，岁月如梭。一晃六十多年过去了。在2015年2月的一天，古德生院士再次见到了当年的游击队员、古德生的堂兄古楼祥和他夫人温素娥。两位都是八十六七岁的老人了。屋外的冬阳正暖，院子里的菊花、兰花竞相开放。温素娥一见到古德生，便十分高兴。她问古德生：“还记得吗？当年，是我亲自给你佩戴的红领巾和大队长臂章呢。”

这位昔日的大队辅导员，愉快地谈起了那些往事：“古德生他们，是新中国第一批少先队员。当时是新事物，大家做事都很认真，按规章来。少先队有‘队礼’，行礼时，右手五指并拢，高举头上。这队礼的含义是‘人民的利益高于一切’。那个时候，少先队员远远看见我，不管是在学校还是在马路上，都会停下来，五指并拢，高举头顶，喊一声‘敬礼’。”说罢，她自己哈哈大笑起来。

古德生马上插话：“确实啊，这么多少先队员，路上遇见了都要停下脚步、给你敬礼，你累不累呀？”又说：“那个时候，不管遇到领导还是一般少先队员，都要敬礼。一个大队的少先队员，同时放学了，在经过丙村镇时，满街都是红领巾。这不得了，当时，我只好绕道走小路，要不，一路上都要敬礼，我什么时候才能回到家呀？”随即又是一阵哈哈大笑。

温素娥接着说：“那个时候挺有意思。刚刚解放，少先队里新鲜事多。少先队员除了学好功课以外，还有许多活动。下午上完课或队日活动里，按少先队员的爱好，分别组织练习打腰鼓、扭秧歌、跳集体舞、打大鼓、大合唱、种花种草、美化校园等。这些都是少年儿童很喜欢的活动。看到孩子们积极参加时，心里特别愉快，觉得工作很有意义。”

古德生说：“我当时主要参加合唱团和跳集体舞的活动，这既是自己所爱，也是大队部的安排，因为这两项活动参加的人数比较多。合唱歌曲有《团结就是力量》《咱们工人有力量》《解放区的天》《松花江上》等，合唱起来很有气势，能振奋精神、凝聚人心，是一项很好的活动。大合唱体现的是集体主义精神。大家纪律性很强，很齐心。特别留恋那个年代，学校总是生机勃勃。”

说起唱歌的事，温素娥又联想到当时土改工作队的下乡宣传活动。她说：“古德生的歌唱得很好，我们下乡宣传‘减租减息’‘土地改革’时，都要把他们七八个学生带上。那个时候的乡下人，谁看过台上唱歌、跳舞、打腰鼓呀？节目很受欢迎哟。宣传活动搞得有声有色。”她回头问古德生，“现在还唱歌吗？”古德生摇摇头说：“在大学里，也有合唱团，但要学习的东西太多，没有心思去唱歌了。现在，大家唱卡拉 OK 时，也还哼几句。”时过境迁了，“年年岁岁花相似，岁岁年年人不同”。

时光回到 1950 年春天，古德生刚上初中二年级。国家百废待兴，进入了为期三年的国民经济恢复时期。人们殷切期盼过上安定、富足的日子。但是，1950 年 6 月 25 日，朝鲜内战爆发；9 月中旬，以美国为首的联军国军，直接介入朝鲜半岛的战争，把战火烧到了中国东北的家门口，严重威胁着国家安全。新中国被迫作出了“抗美援朝、保家卫国”的战略决策，于同年 10 月 25 日出兵朝鲜，先后派出 240 万中国人民志愿军跨过鸭绿江，与美军展开浴血奋战。1953 年 7 月 27 日，停战协议在朝鲜板门店签署，持续了两年九个月的战争终于结束。这期间，共牺牲了 19 万余名中华民族优秀儿女。他们谱写了中华民族战争史上光辉的一页。他们保卫了国家的安全，也让世界认识了伟大的中国。

1952 年的上半年，丙村中学接到县里通知：中国人民志愿军归国代表团和朝鲜人民访华代表团到达北京，部分代表团员将在 12~15 天后到梅县丙村区，要区里准备欢迎大会。这消息很快在学生中传开了。在抗美援朝中，魏巍写的《谁是最可爱的人》的报道，让许多人感受到了前方将士的英雄气概。今天，英雄们要到家门口来了，人们引颈期盼。

丙村区政府决定在丙村中学大操场搭建主席台，欢迎英雄们的到来。区政府分配给丙村中学三项准备工作：组织迎接代表团的大鼓礼仪队、向志愿军和朝鲜访华团献花、大会最后表演“抗美援朝组歌”大合唱。

准备工作紧锣密鼓地展开。学校在原少先队合唱团的基础上选拔部分成员，组成了 40 多人的童声合唱团。合唱团选择了《中国人民志愿军战歌》《我的祖国》《全世界人民团结紧》三首，构成“抗美援朝组歌”。组歌分三个声部合唱，手风琴伴奏，由古德生、丘登元等 3 人领唱，音乐课的陈老师指挥。

这三首歌当时大多数人都会唱，但要大合唱就有不少困难了，因为这三首歌要求声部的齐唱能力较强，特别是二声部合唱的音准、节奏、吐字的训练难度较大。由于时间太紧，大家每天下午课余练习两小时，星期天也不休息。人人精神饱满，十分认真，用了整整10天的课余时间练习。后经学校领导检查通过，大家都兴高采烈。

一个阳光灿烂的星期天，欢迎志愿军和朝鲜人民代表团的日子到了。群众早早就集合在中学的大操场，操场上人山人海。上午9时许，一辆飘着红彩带的大客车停在大操坪的入口处，全场一阵热烈掌声。他们相继下车，逐个接受少先队员的献花，随后在大鼓队的引领下和紧跟其后的迎宾队的护送下，走向主席台。此时，贵宾们与欢迎群众相互挥手致意，掌声、欢呼声此起彼伏，场面十分热烈、感人，不少人激动地流下了热泪。

大会由两位志愿军战士和一位朝鲜人民军战士作了精彩报告。他们报告所在连队在枪林弹雨中跨过被炮弹深翻的阵地，英勇反击美国侵略军的重大胜利；报告了战士们在百倍于惊雷的爆炸震耳声中，以血的代价，坚守阵地的英雄事迹。他们还讲述了中朝两军并肩战斗，在装备劣势和补给不足的条件下，顽强抗击美国纠集的“联合国军”的重大战役。报告气势磅礴，在人们心中久久回荡。

抗美援朝战争爆发后，人人学唱《中国人民志愿军战歌》：“雄赳赳，气昂昂，跨过鸭绿江。”如今，英雄们把自己的亲身经历全景式地呈现在大家面前，使人们深深地被前方冲锋陷阵的英雄气概所震撼。志愿军意志坚韧而刚强，胸怀美丽而宽广，打出了军威、国威，奠定了新中国在世界上的地位，让少年们真切地感受到和认同了志愿军是“最可爱的人”。

大会最后是“抗美援朝组歌”大合唱。合唱团团员40多人，服装一律为白衣蓝裤。大合唱之前有一段简短的朗诵词。古德生等四个领唱人觉得责任重大，不免担心。但由于先前刻苦排练，朗诵的声音做到了和谐统一。朗诵开了个好头，当时舒了一口气，心情放松多了。指挥的陈老师很好地把握了歌曲背景和歌词表达的情景，充分调动了歌者的情绪。大家非常投入，随着指挥的手臂挥动，歌声节奏清晰、流畅，领唱与合唱融为一体。三支歌曲终了，台下响起雷鸣般的掌声。大合唱的成功，虽是瞬间的辉煌，却给少年们留下了美好的回忆。

抗美援朝虽然已经是70多年前的事了，但它让中国人刻骨铭心、难以忘怀。这篇惊天动地的史诗，让一个懵懂少年萌发了家国情怀，增长了鉴别“正义与邪恶”的意识。随着视野的扩展，少年古德生纯真清澈的眼神里多了些许深沉，对事物从模糊的感觉慢慢走向思考和探索。稚气少年跟随着时代节拍，渐渐地、一步步地成长起来。

第二节　小荷才露尖尖角

稚嫩纯真的少年时期，是一件新衣就足以高兴许久的岁月。

在读小学五年级的一天，古德生偶然碰上一件新奇的事。放学路上，在他经常光着脚丫踩过的一块石板上，突然有闪闪发亮的东西映入眼帘。他仔细一看，居然发现石板上长着一个指甲大小的宝贝疙瘩，颜色和老太太的耳环一样金灿灿的。他连忙喊住一起放学的小伙伴，心想这莫非是金子？听大人说金子可是很值钱的啊。两人喜出望外，蹲下身体用手指甲去抠，抠不下来，想用石头砸，又怕被砸碎。琢磨了半天，无计可施，但又怕泄露“机密”被别人挖走，只好就近扒来黄土，将这块石板严严实实地遮掩了起来。他们把那疙瘩看得特别宝贵。每隔三两天，两人就神神秘秘地去看一回。

每次去看，他俩的心里总有一些饶有趣味的问题：真的是金子吗？怎么会从石头上长出来呢？还能长大吗？他俩把这事一直放在心里。有一天，古德生和小伙伴又去看了“金子”。回到家里，他把这事告诉了老祖母。祖母说：“真的会有‘出门踢到一块金子’的事呀？那是穷人异想天开的故事，傻孩子！”老祖母根本不理会这回事，认为那是孩子说傻话。然而，古德生却念念不忘：“这真的是打耳环的金子？这块石头哪里来的呀？那座山里有金子捡吗？”抱着无尽的遐想，古德生经常去看一看，久久不能释怀。与“金子”的奇遇和幻想，第一次点燃了小小少年对周遭世界的好奇心。

回忆起小时候与“金子”的奇遇，古德生院士说：“那个宝贝疙瘩是黄铜矿，不是黄金。”追想自己当年的天真，他说道：“我这一生把金属矿业科学技术作为自己的事业，与这次经历恐怕也不无关系。”在懵懂孩子的好奇心里，一个无形的念头似乎在心中萌发。在世间，有些景，有些事，一旦入眼、入心，即便刹那，也可能成为永恒。

天真、好奇、快乐是孩子天性。然而，纷繁世界的不同环境，陶染着少年的品德、个性和心智。穷人的孩子虽然从小就背着家庭贫穷的包袱，但也有着美丽的梦想。古德生的少年时光虽有忧伤，却也有别样的快乐。

那是 13 岁时的暑假。那年夏天，正是抢收、抢种的农忙季节。古德生的母亲，身体本就虚弱。她连续几天在烈日下劳动，已经体力不济，力不从心了。在耙田时，一个趔趄，右脚背被耙齿划破寸长的伤口，鲜血染红了浑黄的泥水。

古德生坐在田埂上，伤心地陪伴在母亲的身旁，百般无奈。

为了分担家忧，当天下午，古德生的哥哥试图接手驾驭耕牛耙田的农活。但是，当耙田到转弯的边角地方，转向困难，耙不动了。古德生逞强，卷起裤脚，也想下田一试，但随即被祖母止住。“不能再出事了。”她当即决定，“耙田的事，请人帮忙或跟人换工，两兄弟就帮着割稻子、打谷子吧。”

两兄弟接下分工后，每天早出晚归。割好一片稻子，堆在一处，然后移动一次打谷机，进行一次脱粒，周而复始。脚踏式打谷机很是费力，也不好用，几天下来，腰酸背痛。当打谷机的踏板踩的力度不够时，脱谷效率低，还脱不干净；力度大了一点时，打谷机又会向后倾倒。古德生一边干活，一边心里嘀咕：有没有更省力、更高效的办法呢？

劳动休息的时候，古德生盯着打谷机发呆，默默地思考着。几天后，他琢磨出三条改进意见：向后加长滑橇的长度，调节踏板受力支点的位置，再就是最好变人力驱动为电机驱动。他相信这样改动可使打谷机更省力、更高效。想出主意后，他高兴极了。这本是不自觉所为，是在接触身边事物的过程中、触动灵感后的思考，但自己竟然想出了好点子。真的是越爱想事，就会变得越聪明啊！他心里涌起一阵自豪感。

事情没有到此为止。虽说是不自觉所为，但既然有了好主意，为什么不给农机厂写封信呢？若能变成现实，那该多好呀！不过，这些主意真的行吗？他左思右想，越想心里就越急切。想到了就做。几天过后，古德生好不容易画出两张设计图(实际上是个示意图)来描述所需的改进，并将其命名为“防倾倒、更省力新式打谷机”，同时写了一封说明信，随即寄给梅县农机厂。

古德生说：“想起来也很有意思，当时，农活都忙不赢，人也疲惫不堪，怎么还有心思、有时间去忙这些事呢？其实不为别的什么，只是好奇心使然，受求知欲的驱使，为了当时发自内心的那种创造性的冲动。”

过了一个多星期，古德生所提的建议被农机厂采纳。农机厂发来一封感谢信，还寄来三元人民币作为奖励。信上说，新中国刚刚成立，国家正需要他这样的创新人才，希望他以后能对厂里的产品多提意见，为国家做更大的贡献。古德生的智慧得到肯定，他受到很大的鼓舞，内心得到极大的满足。他那朦胧的观察、思考、解惑的唯真求实意识，在心中悄然萌发，并在后来经历的一些事情中逐步得到了升华。

古德生看完农机厂寄来的信件，内心激荡，但他那不事张扬的性格，让他既没告诉同学，也没告诉老师，甚至连他哥哥都不知道。祖母呢？她最疼他，并经常为孙子而骄傲。平时分数高的试卷、写得好的毛笔字，她都会在老太太圈里炫耀，何况这件事呢？还是不吱声好。但他告诉了他最为心疼的母亲。

古德生的母亲身体虚弱，为了挣点小钱，她经常起早摸黑进山挑煤。同行挑煤的邻居回来说："巧粦大嫂在回家路上，饥肠辘辘，想买个包子，从蒸笼里夹起包子后，犹豫了半天，最后又放回去了。"可怜的母亲，为了这个家，舍不得为自己多花一分钱。古德生一想起这事，心里就十分难过。现在，得到人生第一份收入，他悄悄送给母亲。母亲露出甜甜的笑容。但是，她执意不收，并语重心长地说："这个钱不是一般的钱，你留着，家里穷，需要时再用吧，要努力读书啊。"这三块钱，一直深藏在妈妈抽屉的铁盒子里。

这是古德生第一次也是他人生唯一一次给母亲钱。母亲在他们兄弟俩大学还没毕业时就离开了人世。她用点点汗水以及透支的生命为儿子铺开了一条通向成功的路，但儿子来不及给母亲足够的回报，这成为古德生心中永久的痛。

因家庭的现实，古德生自幼就知道感恩祖母和母亲，并以此为动力，为自己加油。入读初中后，他的脑海里有着许多的梦。他要求自己好好读书，认真做好每件事，希望不让祖母、母亲为他们兄弟操心，能让她们快乐和平安。

少年古德生小小的身体里，充满着好奇心，灵活的小脑袋里总喜欢琢磨事情。平时做起事来，也是兴趣盎然。

古德生的家距离丙村中学有两三公里路程。他平时自带午餐去上学，吃完中饭后，一般在教室做作业或休息。一天，从报纸的副刊上，他看到相声大师侯宝林趴在地上打弹珠的漫画。虽不甚理解其寓意，但漫画栩栩如生，特别好笑。于是，古德生便模仿着画了起来，一张，两张，三张……第二天中午还在画，越画越像。他还把画传给同学看，内心萌生出一种成就感。从此，他对画画产生了浓厚的兴趣。

新中国成立初期，学校的教室里一般都挂有马克思、恩格斯、列宁、斯大林、毛泽东的头像。古德生的兴趣来时，就提笔照样画葫芦。他望着墙上的头像，琢磨半天，觉得几个大人物中，列宁和斯大林的头像最好画。列宁前额谢顶，谢顶的头额呈半圆形，容易勾画；长胡子的下巴往前凸翘，几笔一勾，列宁像就跃然纸上。再看看斯大林，头发很厚、往上翻卷，下巴较短，八字形胡子，只要几笔，斯大林的模样也就出来了。他发现最难画的还是毛主席像，提起笔来，不知从何下手，很难抓住特点。古德生从找头像特征入手，连续画了几个中午，把伟人像临摹得惟妙惟肖，并收藏了几张，同学们都好生羡慕。

古德生除了临摹人物外，对写美术字也饶有兴趣。在中学里，曾经一度停止开设英语课。美术课的美术字样本，是33个俄语字母。俄语字母的笔画粗细、宽窄不同。对没有学过俄语的学生来说，写俄语字母确有难度。但古德生爱动脑筋，细心琢磨，一丝不苟，因此，交出的美术字作业，老师的评价是“像印刷出来的一样标准”。

古德生读初中时才对画画有兴趣，而上小学时他就已经爱上唱歌了。他那清亮而高亢的童声，总能赢得老师和同学的一片叫好声。上中学后，教音乐的陈老师也很看重他。

陈老师英俊潇洒，并有几分儒雅，还是个男中音，同学们都很喜欢他。在组织学校合唱团的时候，他发现古德生有一副好嗓子，就把这个少先队大队长选入了合唱团，并定为三个领唱人之一。古德生曾领唱过两次组歌大合唱，第一次是中国人民志愿军归国代表团和朝鲜人民访华代表团欢迎大会上的“抗美援朝组歌”，第二次是丙村镇各界庆祝国庆晚会上的“大生产组歌”。因此，年级里有什么活动，都要古德生唱一首。

在初中三年级的时候，恰逢学校组织全校独唱歌咏比赛。消息公布之后，班上同学力推“金嗓子”古德生参加。于是，古德生鼓足勇气报了名。他选唱的歌曲是电影《渔光曲》的同名主题曲：

云儿飘在海空，鱼儿藏在水中；早晨太阳里晒渔网，迎面吹过来大海风。潮水升，浪花涌，渔船儿飘飘各西东；轻撒网，紧拉绳，烟雾里辛苦等鱼踪。鱼儿难捕租税重，捕鱼人儿世世穷，爷爷留下的破渔网，小心再靠它过一冬。……

这首歌曲的旋律非常优美，歌词情境与古德生的家境相似，很容易引起他的共鸣。这也是古德生平时爱唱的歌。

选好歌曲之后，一贯做事追求完美的秉性，让古德生对自己的要求很高。在学校午饭过后，同学们午休或逛街去了，他就躲到大操场边的竹林里独自练习，一连练了三个中午，直至信心满满时才作罢。

歌咏比赛在大礼堂举行。礼堂坐得满满的，气氛热烈。每个选手演唱后，台下都报以热烈的掌声。最后，评议组当场公布了比赛结果：第一名是高中部的男生，唱的是《五月的风》；第二名是古德生，他班上的同学听到他获奖的消息后，情不自禁地欢呼了起来；第三名是初中部的一位漂亮女生。

作为古德生的哥哥，又是同班同学的古流祥，也替弟弟高兴。回到家里，他连忙告诉了祖母。祖母特别高兴，并连声发问：“万德生呢？他回来了吗？”她按捺不住，马上就想见到小孙子，实在掩不住内心的喜悦。

古德生的祖母，是村里妇女中的长者。作为历经沧桑的过来人，她为人正直，乐于助人，村里婆媳们遇有不平事都愿向她倾诉，因此，常有一群婆媳围绕在她的周围。

那天晚上，祖母照样点起壁橱的那盏煤油灯。在昏黄温暖的煤油灯下，老太太、大嫂子一群常客过来聊天，有说有笑。在天南地北的闲聊中，小孙子唱歌比赛得了全校第二名的好消息，自然成为她们的一个话题。当听到别人称赞自己孙子的时候，坐在床上的老祖母十分开心，哈哈大笑，并伸手摸了摸躺在身旁小孙子的头。古德生虽已睡眼蒙眬，但仍听到她们在说自己的事。他不动声色，有点难为情，装作已经进入梦乡。

老太太、大嫂子们对老祖母的孙子在学校“出人头地”很是羡慕，说小孩有天分，说与小孙子脑袋大有关，说与家庭条件有关，甚至说与家庭的风水有关，众说纷纭。

对此，采访时，古德生讲了一个故事：德国化学家奥托·瓦拉赫读书的时候，父母要他攻读文学。不料，一年后，老师的评语是很用功，但过分拘谨，“不可能在文学上有所成就”。后来，父母尊重儿子的意见，改学油画。一年后，老师的评语是不善于构图，又不会润色，对艺术的理解力也不强，“在绘画艺术上是个不可造就之才”。就在老师们都认为他成才无望的时候，化学老师却认为他做事一丝不苟，具备做好化学实验所应有的品质，便建议他改学化学。于是瓦拉赫的智慧火花一下子被点燃了。这位在文学和绘画艺术上的不可造就之才，却于1910年获得诺贝尔化学奖。

古德生认为，人的兴趣爱好就是天赋。任何一个正常人都有与生俱来、与众不同的才能，能否成才就看父母和老师是否有机会及早发现，有没有人引导、培养以及自身是否努力。自己小时候喜欢思考和尝试新方法，这对培养今后科研中的创造性思维很有益处。同时，艺术的熏陶，也进一步培养了自己的观察力、对世界的感悟力，以及与时代和周边人们共情的能力。

第三节　春天里的少年

有一首少儿歌曲，歌名叫作《少年，少年，祖国的春天》。追忆中学时光，古德生院士认为那个年代的少年先锋队队员和青年团团员充满着春天的气息，因为他们本来就成长在祖国的春天里。

从 1949 年 10 月中华人民共和国成立到 1952 年底，是中国国民经济的恢复时期。这一时期，国家采取了一系列方针、政策和措施，一方面制止了国民党政府遗留下来的恶性通货膨胀，稳定了市场物价，恢复了被战争严重破坏的国民经济。另一方面，基本上完成对封建土地制度的改革，解放农村生产力，发展社会主义国营经济，确立了国营经济对资本主义经济和个体经济的领导地位，为有计划地进行经济建设创造了条件。

1953 年，国家开始执行发展国民经济的第一个五年计划。基本任务为：集中主要力量进行以苏联帮助中国设计的 156 个建设项目为中心的、由 694 个建设单位组成的工业建设，建立中国社会主义工业化的初步基础。

毫无疑问，祖国的春天已经来临。少先队大队长古德生和队员们，激情洋溢地开展着各种活动。

抗美援朝的宣传活动中，有志愿军的慰问团到中学来搞宣传活动。得知这一消息后，古德生便和辅导员一起，组织少先队员们搭台子、写横幅、献花，请志愿军战士上台讲前线精彩的战斗故事。他们还准备了歌舞，与志愿军们联欢。古德生还参加了欢迎志愿军的学校仪仗队。他是大鼓鼓手，“咚咚咚，咚咚哒”——六十多年后，古德生院士仍然记得当时的鼓点。

回想起那个时候，古德生院士的眼中依然闪烁着豪情。他说："那时我们很新奇，很兴奋。"

在学校活动之余，少年们也开始了对人生、对社会的思考和探讨。

"老师组织看苏联作家奥斯特洛夫斯基的小说《钢铁是怎样炼成的》，告诉我们，看完之后，要组织讨论。几天之后，在体育场边的竹林里，语文老师、政治老师都到场了，组织我们讨论了两次。重要的是讨论主人公保尔·柯察金的名言：'人的一生应该这样度过：当他回忆往事的时候，不因虚度年华而悔恨，也不因碌碌无为而羞愧……'非常有收获。"

在经历了许多年的人生风雨之后，古德生院士依然记得这句名言，依然觉得它是人生真理。

那个学期，政治老师又提出了一个辩题——"时势造英雄，还是英雄造时势"。这实际上已经远远超出了读书会的文学范畴，变成了哲学观念的渗透，让少先队员们学会辩证地看问题。古德生还记得老师在辩论会之前引导他们说："过去是国民党，现在是共产党，时势变了，英雄是谁啊？"

见学生们不能马上反应过来，老师又引导："毛泽东、朱德，叶剑英这些人，怎么成为英雄的呢？是因为他们代表了劳苦大众的利益。"

古德生认为，那时老师能结合形势进行政治教育，又深化了之前关于保尔·柯察金名言的主题讨论，是很有水平的教育。他那时就已经能领悟到，老师组织这样的活动，就是教育学生怎么树立人生观，如何在纷繁复杂的世界里找到一条有意义的人生之路。

"我当时的想法，也可以说我现在依然这么想，我这一辈子要做有意义的事情，不要虚度光阴。这样一句话，对我们那一辈的人，还是起了很重要的作用。那时候私心杂念很少，学雷锋，学保尔·柯察金，大家都信，都认真去学习，确实起到了激励的作用。"

回忆自己的中学生涯，从带领他们开辩论会的政治老师开始，古德生院士又忆及他的所有中学老师。在他的回忆中，这些老师各有特点，都是很优秀的老师。

据介绍，古德生的中学语文老师兼教历史，能够结合历史故事讲语文，非常生动，不论是历史课还是语文课，都能讲得引人入胜，大家都很喜欢。古德生对文学的兴趣，就是被这个老师精彩的授课触发的。英语老师喜欢讲笑话，是一个可爱的老人。古德生院士回忆说：

“他讲笑话自己不笑，他不笑我们更笑。每节课都先讲笑话提神，看我们学得提不起精神，又来一个笑话提神。我们回答问题后，他的评议也是以笑话的方式。他的课业不但没被笑话耽误，反而效率特别高。我们很喜欢上他的课。”

古德生不喜欢上化学课，觉得很枯燥。物理课的内容却很吸引他。至于教几何三角的邓建三老师，因为其爱生如子，大家都叫他建三伯，古德生也很喜爱他。

“他们的为人，加上这种灵活的教学方法，对我以后从事教育事业有很深的影响。我们搞这么多成果，说实在的，不是一个人能搞起来的。在科研团队中，师生各人的能力有大小，各尽所能，各尽其才，一起才能做成事情。我能一直很顺利地走过来，就是受到了这些老师的教学理念对我一生的影响。”

除了校内的学习活动，土改运动之后，古德生也参加了后续的一些社会活动，从而了解社会，比如到乡下去访贫问苦，看土改过后翻身农民的新生活。

“那个时候，这样的社会活动、学习活动都不少。老师经常教导我们，祖国百废待兴，很需要我们去建设，说得我们热血沸腾。”

从古德生院士恳切的言辞中，可以想见，当年他们读书，在很大程度上，是听从国家、民族的召唤。那时第一个五年计划刚开始，老中青万众一心投入建设。受此影响，少年们也洋溢着激情，

1952 年古德生(前排左 3)与丙村中学同学的初中毕业照

带着稚嫩而朦胧的理想，兴奋地投入学校和社会活动中，如饥似渴地探索着这个世界，期盼自己将来成为对国家有用的人，让自己的人生像春天一样，生机盎然，多彩多姿。

第四节　少先队的辅导员

进入高中的古德生，热情洋溢地投入学校活动中。高中伊始，他便带着期盼的心情和满满的冲劲，活跃在学校的各种课外活动中，直至成为中队辅导员，顺利完成了从少先队大队长到中队辅导员的角色转换。

1955年丙村中学少先队辅导员留影(3排右2为古德生)

多年来，古德生在少先队中慢慢长大，留下了许多美好的回忆。上高中后，他仍保留着少年的纯真，对少先队的情感依旧，并由此热爱中队辅导员这一新角色。

然而，毕竟转换了角色，怎么样才能当好中队辅导员？这对有过多年大队长经历的古德生来说，心中的答案也很清楚：不就是"心相通"、做个少先队员的知心朋友吗？

少先队辅导员应该是最关心少先队员的人，了解队员们喜欢什么、想的是什么、需要些什么，当少先队员碰到困难的时候能及时给予耐心帮助，在收获快乐时能与他们一起分享。如果队员们认可你是他们的知心朋友，你就可以更好地影响和帮助他们。

回顾两年多的中队辅导员经历，古德生认为这段经历使他更加成熟。作为辅导员，他感悟最深的有两点：

第一，在教育和管理少先队员的过程中，要细心，要投入感情，真诚地爱每个队员，尊重和欣赏每个队员。因为人人都希望能得到他人的肯定和鼓励。

第二，在开展中队活动时要有主题，活动要生动活泼，还要特色鲜明，这有益于陶冶情操和扩大视野。

有一次，古德生策划了一个中队队日活动。首先，他鼓励队员们多出主意，提出自己的意见。过了几天，队员们共提出了四个方案。于是，他要求队员们从四个方案中挑选两个大家都认为较好的方案，最后选出了星期天组织登山活动、去远郊参观旅游这两个方案。

接着，他利用一个下午的课外活动时间，召开中队会议。三十多名少先队员按各自赞成的方案分成两个组，并分别派出代表上台宣讲各自推荐的方案及理由，然后讨论评议。当时大家七嘴八舌，十分热闹。

在这基础上，古德生作了总结。首先，充分肯定大家参加活动的热情，表扬队员们的集体主义精神，并对双方代表宣讲的主要论据做了些点评。然后提出了最终方案。具体方案为：活动安排在星期天，清早坐船去松口镇，与松口中学的少先队联欢，下午6点回到丙村镇。并同时布置了要做的具体准备工作。

少先队员们听了古德生的方案后，情绪高涨。顷刻间，一个会心的眼神，一个迷人的微笑，队日活动的方案就达成了一致。大家欢天喜地，热烈鼓掌。

之所以在中队会上很快就能把活动方案和具体准备工作敲定，是因为辅导员古德生预先做足了准备工作。他仔细思考了最终方案，并与大队辅导员梁思明老师认真讨论，还通过梁老师与他在松口中学担任少先队辅导员的妹妹联系落实好了。

初夏的一个星期天早晨，太阳刚刚出来。丙村镇的梅江码头，笼罩着薄薄的迷雾。江上吹来的暖风，带着潮湿的凉意，护送着各路“红领巾们”向梅江码头走去。队员们都穿得比往日更加整齐，个个精神焕发。早到的古德生，也已在船头，招呼大家小心登船。7点半左右，人全部到齐。轮船响起三声汽笛，缓缓地离开了码头，向下游的松口镇驶去。船舱里欢声笑语，十分热闹，女生们还在一遍遍地排练着小合唱。

大约过了半个钟头，小火轮缓缓地驶入松口镇。看见码头上的少先队队旗下聚集了好些少先队员，大家猜想是松口中学的少先队员来迎接了，便挤在轮船窗口，向岸上的少先队员们挥手致意。随后，大家欢聚在一起，唱歌、跳舞、讲故事，并一起去镇上看电影。古德生早已忘记当时看的电影，但仍清晰地记得，那个周末，丙村中学和松口中学的少先队员们，聚在一起，度过了一个快乐而有意义的队日。他们脸上那青春的笑颜，在活动行将结束时，永远定格在那张大大的集体合影中。

初次联谊活动得到大家的一致好评，这让古德生信心大增。在少先队员们的强烈要求下，古德生又着手策划下一个有特色的队日活动。有了这个想法后，古德生要中队长去征求队员们的意见。但大家七嘴八舌，最终也没能拿出具体方案。古德生忽然想起进初中之前，在上学路上发现的“长”在石板上的那块“金子”。现在他已经知道那其实是石板里包含着的一点点黄铜矿了，但是对于如何将矿采出来，却一直没在老师那里寻求到答案。他联想到去县城的路上，离学校五公里左右的地方有个探矿队，就想带少先队员们去看一看究竟。当然，对探矿这件事，他自己的心里也充满了好奇。经联系，对方同意接受他们来参观。向少先队员们一说，大家也纷纷叫好。

“那时候，大家都对‘地质’两个字不了解。我们去地质队，看那神奇的钻机，看他们怎么取岩芯，怎么证明那个地方有矿，是什么矿，有什么用。我对地下矿藏的兴趣与好奇，其实那时就开始了。”

在那个活动当中，古德生和三十多个少先队员一起，认真观看地质队员开钻停钻，将圆柱形的岩芯从地下取出，一段一段排好，分清先后顺序，标好号，然后工程师开始分析每段矿石的金属品位；之后，地质队员又隔一段距离，同样再打一排排钻孔，隔一段后再取岩芯，标号，再分析；接着又在纸上画好每排孔，将所有岩芯里有矿的部分连起来，就形成了一个矿的完整剖面图。

上午实地观看探矿取样分析。简单吃过中饭后，少先队员们都不愿意休息，又请工程师给他们上课。活动中，这些求知若渴的少年们，知道了地球深处有岩浆上升，注入岩石裂隙就形成矿藏；知道踩上去凉飕飕的石头，里面并不都有矿；知道了石头里没有金属的不叫矿石；知道了要把矿石开采出来，并不是一件单纯靠力气就能完成的事情，它需要很多科学技术支撑。

这些神秘又神奇的地质知识，在不久之后，对古德生上大学填报志愿也产生了很大的影响。

担任辅导员的经历，让古德生的组织领导能力得到了锻炼与展示。通过组织少先队活动，辅导和影响成长中的少先队员，古德生领悟到，领导好一个团队，必须有“爱心、耐心、细心、用心”。也就是说，对每一个少先队员要有爱心，对出现的问题要耐心，对繁杂的小事要细心，对学校开展的活动要用心。这些体会和感悟，为他今后在大学任教、带领团队科研攻关打下了坚实的基础。

“高中生活的头两年，是我中学时期的黄金年代。”古德生院士感叹道。

第五节　高考前的平地风波

进入高三，也就进入了紧张的高考复习阶段。辅导员古德生于是暂停了开展得如火如荼的少先队活动，和同学们一起，全力投入学习之中，向着心中酝酿已久的大学梦冲刺。

有一天，语文和历史老师梁思明——这位对古德生格外喜欢，上公开课的时候老是点他的名回答问题的老师，在某节课后神秘地对他低头耳语，叫他午饭后到他办公室来。

中午，古德生饭还没吃完，梁老师又找过来了，将他带到办公室。梁老师这才告诉古德生，他和他的哥哥古流祥都被学校列进了保送推荐名单。哥哥要保送去的地方是航空学院，古德生保送海军学院。梁老师还告诉古德生，他们兄弟俩的材料都报上去了，政审已经合格。古德生心里自是万分高兴，忙问是哪里的海军学院，梁老师告诉他，学校在大连，是参军，也是读书，并要古德生尽早取得家长的同意，做好准备。

那天放学回家，古德生一双赤脚跑得飞快，他还没进门就喊阿婆。阿婆在厨房后面的菜园子里答应着，像往常一样，让他将桌上的鸡蛋稀饭吃了再去做作业。

古德生顾不上吃鸡蛋稀饭，来到祖母房良妹的身边，语速飞快地告知了这个他自认为的好消息。谁知祖母听完后，锄头一放，坚决不同意，说："我孙子不能去当兵。过去当兵是从农村里抓壮丁去的，你读了这么多书，是要当官、当专家的。"

但是，古德生自己想去。他告诉阿婆不是当兵，是读书，读海军学院，读部队的大学。

"我那时候觉得只要读大学就是好事。你想，要不是解放我书都读不下去的，我很饥渴啊。现在班里四个保送名额，就给了我家两个，多好呀！我怎么能放弃呢？”

几番劝说，阿婆终于被说服。阿妈从来都是站在古德生这一边的。况且这么多年来，她柔顺温和，一切都听从婆婆的安排，对待古德生保送一事，她除了微笑，还是微笑。

过了几天，不知梁老师从哪里得来的消息，古德生被告知，他不用参加高考了，免试入学，等体检后就可以去海军学院。

这真是个大好消息。古德生顿时开心得快要飞上天，之前紧张复习的心情，马上放松了下来。虽然天天还去学校复习功课，但不免走神。他日夜沉浸在对海军、大海等美好景象的向往当中。回到家里，他偶尔还帮祖母或母亲种菜挖土，干些力气活，出一身大汗，开心地等待体检时刻的到来。

在古德生看来，他的身体自然是棒棒的。这么多年，他光着一双脚，风里来雨里去，极少生病，自己的身体，不说刀枪不入，至少也练就了铜头铁臂。在那段心情激动的日子里，他全身奔涌着用不完的力气。他想，区区一个体检，自然能顺利过关。他掰着指头算日子，只盼着体检的时刻早点到来。

离高考只有半个月的时候，古德生终于迎来了体检。

谁知迎来体检之日，就是他深受打击之时。体检第一关——测身高体重，就给了他当头一棒。体检的解放军叔叔告诉他，他的体重不够。

“去体检，结果第一关就被刷下来了。”

真是平地起风波。古德生大失所望。体重不合格，是他之前万万没想到的。只有半个月就要高考了，前面的松懈，加上体检的打击，古德生的心有些慌乱。但高考在即，古德生认识到，必须先让自己的心安静下来，抓紧剩下的十五天认真复习。于是，在高考前的这半个月里，为了将前面落下的功课补上，古德生开始白天黑夜地背书、做题，每晚学到凌晨一点多。母亲心疼他，每晚十点多钟都给儿子做稀饭。远嫁海边的姐姐，也寄来上好的大海虾。母亲将虾皮剥掉，剁碎，用慢火熬制稀饭，每夜如此。

“真的，从此以后，我再也没吃过那么好吃的稀饭。”

即将高考的时候，正是梅县最炎热的季节。加上客家人的围楼屋，本是一种为了安全而设计的建筑，但它只在临近房顶的高处开个小小的窗子，通风不好，房内像蒸笼一样。专心复习的古德生，坐在屋内经常汗珠直往下掉，于是便到围楼屋后院的通风小巷子里，坐在藤椅上读书做习题。

半个月后高考，古德生对最后一门化学考试未能考出应有水平有些丧气。但对考上大学，他还是信心满满。

高考完毕，紧接着要填报志愿了，这个志愿怎么填呢？

第一志愿，代表着考生最向往的职业。自己最向往的职业是什么呢？古德生首先想到了小时候上学路上巧遇的“金子”，以及当初想把“金子”敲下来而未能如愿的事情。接下来想到高二时，组织少先队参观地质队的活动，他一直对那神秘的、能向地球深处探宝的工程师们怀有敬意。地质事业多么神圣，那么，就填与地质有关的专业吧。

就在填报志愿的前几天，他在学校图书馆翻阅报刊时，一期《人民画报》的封面映入眼帘，那是阜新露天矿的照片。照片上，一台威风八面的大电铲，正向大机车装载着矿石。满载的列车奔驰着，仿佛能够听得到轰隆隆的声音。古德生被这一壮观的画面深深地吸引了。当时，国家第一个五年计划刚刚开始，一个向往上大学、正做着金色梦的纯真少年，就这样与矿业结下了不解之缘。古德生毅然在第一志愿栏里填上了“中南矿冶学院”(今中南大学)的“矿区开采与经营”专业。一年之后，他的邻居、同学古阶祥(现在旅居澳大利亚)，受古德生的影响，也填报了同一所学校的地质工程专业。

1955 年 7 月的一天，古德生兄弟俩同时收到了大学的录取通知书。哥哥考上了华南工学院(今华南理工大学)，古德生如愿考上了中南矿冶学院。虽说古德生那一届最终考出去不少大学生，但同时出了两个“状元郎”的，只有他们一家。这个事情，轰动了丙村镇和溪口村，一时间被传为美谈。许多年后，经族中亲友口口相传，又变成了教育后代的励志故事。

第六节　我的未来不是梦

望着两张录取通知书，古德生那辛劳了一辈子的祖母和母亲，心中充满了欣慰和幸福。两个同时发蒙的穷小子，历经丧父的打击、辍学的痛苦、母病的伤痛，却努力飞奔在求学之路上——从中华人民共和国成立前跑到中华人民共和国成立后，从红区儿童团员跑到少先队辅导员，从瘦弱的小男孩跑成英俊少年。几经波折之后，兄弟俩终于双双考上城市里的大学，全家都沉醉在了幸福当中。

经过十几年的盼望与坚持，祖母房良妹终于愿望得偿：家里出了两个“状元郎”。如今她白发丛生，皱纹满脸，可忍不住盈盈笑意。她在祠堂里燃点鞭炮，一是告慰祖先的在天之灵：她的孙子古流祥、古德生如今考上大学，实现了光宗耀祖的梦想；二是向邻里族人报喜，多年来，他们对自己孙子的喜爱和赞扬，都实至名归了。

母亲廖琼昭，依然用含笑的泪眼来迎接盼望已久的幸福。她默默地替儿子整理行装。只恨家里太穷，不能给儿子多准备一双鞋、一件御寒的冬衣。小儿子将去的地方据说冬天很冷，她只能拆了自己的毛衣与古德生过小的毛衣，加长加厚，重新编织，希望能够抵挡住长沙冬天的寒冷。油灯下的千针万线，织不尽心中的高兴与不舍。她遗憾不能陪着这个一直很依恋自己、总是缠绕膝前的小儿子，不能一路照看他，走上新的路程。

姐姐古捷英，为了两个弟弟能继续学业，初中毕业就辍学远嫁，一直将弟弟的成功视为自己的骄傲。弟弟们进入高中以后，每次回娘家，她都要陪着母亲去阴那山，在那始建于唐代的灵光寺内烧香拜佛，祈求能让心爱的弟弟学有所成、前途无量。得知弟弟们双双考上大学，她赶回了娘家。除了烧香还愿之外，她还偷偷送给了小弟弟古德生一支金星钢笔。这支钢笔，古德生一直舍不得用，放在抽屉深处，珍藏了许多年。

至于古德生，那些天的晚上他兴奋得心潮澎湃，难以入眠。累了，浅浅睡着几分钟，又在梦里笑醒，浮想联翩。

第二天，太阳刚出来，他就跳下床，约上几个要好的同学，去分享他心里满满的幸福。

“我们那届，村上考取了七个大学生，分别考上了工学院、医学院、师范学院，想着马上要离开天天相处的小伙伴，我心里不免有几分惆怅。”

中学的时候，古德生有几个很要好的同学，都是一起玩大的伙伴，男的女的都有，又同时考取了大学。这天早晨，他们就相约在村口那株柚树下的一面断墙上。多少年来，每天早晨，他们总是不约而同地等在这里，然后一起去上学。放学后，大家等齐了，又一起回家。在半路上，还一起去摘玉兰花。小巧的玉兰花吊在胸前，香气袭人。古德生和他的伙伴摘了以后，总是送给别人。这株玉兰花他们摘了多少年，也就送了多少年。他们长成了英俊少年和窈窕少女，树也长得挺拔葱茏。

当问及古德生院士，这些青梅竹马当中，当初有没有情窦初开、相互表白的，古德生院士哈哈大笑，采用他一贯使用的含蓄风格回答道：

“那时候我们都没有早恋，就像亲兄妹一样。我呢，对人倒是

1955 年高三乙班的共青团员留影(古德生前排右 1，古流祥中排右 3)

很真诚，但是很单纯，全没有这样那样的想法。”

在那个梅县丙村镇溪口村的幸福清晨，他们坐在树下的断墙上。鲜艳的三角梅一丛丛开得异常夺目。芭蕉树叶迎风招展，大而长的叶子下，芭蕉果实青涩涩的，初具雏形。再往下看，是一望无际的稻田，稻谷金黄一片。小溪里的水丰沛清澈，像根玉带挂在这个美丽村庄的腰上。即将各奔东西的青年男女，动情地回忆了他们共同的青葱岁月。

好多年来，一直要好的几个同学，每逢周末都必去其中一家聚集。他们聚在一起，做功课、打扑克，玩丢石子的游戏，说笑话，甚至一起去放牛，到山上捡松树针做柴火，等等。大家嬉闹打趣，很是开心。

古德生要离家上大学了，他想起身边的大山都没有攀登过，于是提议：

“我们去爬山吧！走之前，要把足迹留在家乡的高山之巅。”

这些面向未来的青年男女，便相约着去叶剑英元帅故居附近的阴那山攀登五指峰。恰巧他们一个同学的妈妈家就在阴那山，于是决定头天晚上赶到这个同学的妈妈家，第二天一早起来，就可以登上最高的五指峰看日出。

阴那山山高一千三百多米，是梅州的风景名山，又被称为粤东群山之祖。山巅上五峰并聚，形似人手，因此被称为“五指峰”。山峰挺拔峻峭，需要攀 3824 级石阶才能到达主峰。天气好的时候，在山顶还可以看到潮州和梅州。

2015 年 2 月 15 日，古德生院士、秘书谭丽龙一行人，按照六十年前那群少男少女攀登的路线，从他出生的围楼屋出发，经过那个见证了少年们友谊和成长的老晒谷坪，去往粤东名胜阴那山。

一路上，古德生院士不时看着车窗外，想找到能远望五指峰的角度。他说，小时候，站在村里的后山坡上就能看见那五个神奇的手指。

无奈雾气太重，大家与古德生院士心中那座神圣的五指山无缘相见。不仅是五指山，就连他一路所介绍的溪里、江里清澈又丰沛的水都没有见到。六十年沧海桑田，城市化进程越来越快。记忆中的故乡，历经沧桑和时光的洗礼后，徐徐变迁。过去的山水景象慢慢变得模糊，却变成了暗藏在心中的、挥不去的清晰印象。

时间再次回到六十多年前那个云雾缭绕的清晨。溪口村的准大学生们登上了直插云霄的五指峰。旭日东升，渐渐照亮故乡梅州那美丽的田园。看着喷薄而出的朝阳，他们憧憬着美好的明天，同时又滋生出比云雾更缠绵的离情别绪。此去千里，故乡的山水，故乡的人，会永驻心中。

他们紧紧拥抱，泪水湿润了眼眶。

去大学报到的日子终于来临。八九个同村伙伴到镇上照了一个集体相，第二天，大家就聚集在古德生家，帮他母亲收拾房间，抢着提行李。祖母和母亲把古德生送到村口大路边，依依不舍，谆谆叮嘱。古德生在伙伴们的簇拥下，走向丙村镇的汽车站。等到汽车开动时，车下的伙伴们声声道珍重。古德生不禁两眼湿润了，不舍地向他们挥手。

少年们各奔前程，不知何日是归日，再见又会在何时。但前方，一个迷人的、未知的世界，吸引着热情的少年们。带着洋溢的朝气和朦胧的理想，古德生踏上了去长沙的路途，开始追求心中那些憧憬已久的梦想。

第五章

韶华时光

第一节　千里迢迢赴长沙

古德生与他那年长两岁的哥哥古流祥，上大学之前，一直是同一个锅里吃饭，同一盏油灯下、同一张桌子前自习。从小学、私塾直到中学毕业，都是同一个班的同学，如今又在同一年考入大学，却不再是同一个地方。兄弟分别在即，由于心中都充溢着喜悦与豪情，两个小男子汉并没有表现出任何的离别感伤，只是互相看了一眼，便带着各自的理想与抱负直奔前程。

哥哥古流祥考入的是华南工学院，报到的时候被告知，他只需要学习四年就能毕业，而古德生考取的中南矿冶学院则要五年的时间。后来国家急需人才，古流祥他们这一届又再提前一年，三年时间便毕业。哥哥古流祥比古德生年长两岁却同时上学，可巧的是，在大学毕业的时间上，又被命运调整回来，大两岁的哥哥终究还是早两年走入社会。大学毕业之后，古流祥被分配到位于北京的中国科学院力学研究所。早在毕业分配之前，古流祥与中学的同班同学、同年考入中山大学的梁思畯相恋。这个被古德生和同学们唤作“阿闹”的姑娘喜欢唱歌并且音调很高。她的哥哥是古德生和古流祥的中学大队辅导员，更值得一提的是，她的爷爷参加过辛亥革命，是黄花岗起义的革命先行者。毕业分配的时候，这个乐观开朗的“阿闹”姑娘便随古流祥去了北京，就职于中国农业大学。在北京，二人从同学变成了夫妻，并一生恩爱。“阿闹”同学成为古德生的嫂子之后，给古家添了一子一女。大侄子出世时，古德生还去了北京的哥嫂家中看望过。此后，他一直关心侄儿、侄女，以及后来侄孙的成长，为他们的前途作出引导，并出谋划策。中国科学院力学研究所后来又迁到了武汉，古流祥随之举家南迁。此后，古流祥成为该所的高级工程师、技术骨干，所里很多大型机械设备便是以他为首研制而成的。

哥哥古流祥先古德生一天去广州报到上学。送走了哥哥，古德生做了一件重要的事情——将鞋子洗干净、晒干。

这鞋便是那一担谷子换来的绿色解放鞋。这双高中已经穿了两年还是半新的解放鞋，随着古德生从广东到了湖南，从山里到了城市，并有幸跨进大学校门。妈妈买的这双解放鞋，跟随着古德生的学习生活节奏，在异乡的校园里，沿着宿舍—饭堂—教室这三点一线的轨迹，风雨无阻，来回奔跑，矢志前行。

走的时候，家人与邻里都来送别，他不忍看母亲眼里的万般不舍，一路上只喊：

“回去吧，回去吧，别送啦。”

激情万丈的青年，心里自然只朝向美好的明天，那时他以为自己无论走多远，母亲与故乡都会一成不变地在原地等着他，来日方长，又不是不见面了，上大学是好事，何必这么悲悲戚戚？

谁知这一别竟成永别。再回来时，母亲已去了另一个世界。故乡的山、水和大树，都已面目全非。

穿着有点挤脚的绿色解放鞋，提着母亲一样样清理好，放在藤篮子里的不多行李，古德生与七个一同考取了湖南的大学的中学同学一起，在丙村镇汽车站登车，向广州的新生接待站前行，他们将在那里转火车去长沙。

这是古德生第一次走出梅县。汽车在梅县到广州那坑坑洼洼的泥路上开动。从早晨开到黄昏，广州城还在遥远的前方。他们只得在途中借宿一晚。就在这个看不到一点星光与灯光的漆黑夜里，古德生心生感慨。他想，汽车开了整整一天，灰尘漫天、凹凸不平的泥路似乎还没有尽头，看来贫穷落后的远不止梅县，这种普遍存在的困境的改变，责任就在我们这些大学生肩上了，自己以后要好好努力。

第二天，汽车又颠簸了大半天时间，下午终于到达了广州城。下车一看，广州的市民们果然都穿着鞋子。故乡的小伙伴不约而同低头看了看各自的脚，相视而笑，有些庆幸自己的先见之明。

正当他们低头看鞋的时候，空中突然响起了轰隆隆的声音，惊得他们连忙抬头看，一架飞机正低空掠过头顶。

就在他们成为大学生的1955年5月，中南军区空军司令部改称为广州军区空军司令部，领导机关也从武汉市迁至广州市。少年古德生和他的老同学，看到的正是刚刚迁来的广州军区空军的飞机，是中国自己的飞机。十年前，在他的故乡梅县溪口村，童年的古德生只看到过一次有膏药旗的日本飞机。

“我记得到广州的第一件事就是看到了飞机，我们自己的飞机，轰隆隆的一架飞过去，头刚低下来，轰隆隆一架又来了。我们坐在草地上，都顾不得说话，老是抬头看飞机。”

进到广州城，古德生印象深刻的第二件事，便是吃香蕉。其实在他的故乡梅县丙村镇溪口村，也种着比香蕉小一号的芭蕉。

“那时候芭蕉有很多，菜地里长的，下半年就有吃。但我们那时候田地少，稻田宝贝，不肯种芭蕉，只有一两株吧，种在地头，我们小时候好像也吃过。后来上大学到广州，好多香蕉，金黄的，又香又甜，还很便宜，我们好高兴，一整天不吃饭，光吃香蕉。吃饱了，还带了许多在路上，剩下的准备送给湖南的同学吃。”

来到广州城的第二天，古德生的一个在广州城做工的老乡又带着他们几个准大学生参观了中山纪念堂、越秀山的五层高楼，以及英国人留下的海珠大桥，也看到了当年为防止日本飞机轰炸而将外墙涂得乌黑的爱群大厦。他们只是用眼睛打量着这些自然与人文的景观。至于广州城那琳琅满目的商品，囊中羞涩的他们也只能想一想、看一看。第三天清晨，古德生一行七人便登上了去往湖南长沙的火车。一路上，他们听着列车广播里传来的《东方红》的歌声，充满激情地憧憬未来。未来憧憬得差不多了，有人用客家谚语结束这个话题：

“人心高过天，想哩皇帝想神仙。”

于是他们又回头去念及故乡梅县的好。出发前阿妈们放在行李箱里的客家吃食——仙人粄、腌橄榄等吃得也差不多了，这些离故乡越来越远的青年们便用他们目前为止唯一会的语言唱起了客家山歌。

车窗外风景不停地变幻，他们小声地唱：

> 㖠（我）唱歌就唱歌，
> 㖠织布就丢梭，
> 㖠撑船就使桨，
> 随你撑到哪条河。

又有人提议要唱难度系数高的双关语山歌，调皮的男孩子随之唱了个情歌：

> 新做大屋四四方，
> 做了上堂做下堂。
> 做了三间又两套，
> 问妹爱廊（双关，廊喻郎）唔爱廊？

不知是谁吃了阿妈准备的最后一颗腌橄榄，随口接道：

> 榄树打花花榄花，
> 郎就榄上妹榄下。
> 掀起衫尾等郎榄，
> 等郎一榄就归家。

榄是广东、广西、福建等地常见的橄榄，嚼橄榄初觉酸涩，但细细品味，又似苦尽甘来，满口生津，回味无穷。这里的榄是双关语，以榄喻揽（拥抱）。这首山歌看似咏唱男女共同收橄榄的劳动场面：男子爬上橄榄树打橄榄，女子在橄榄树下扯起衣角，接住掉下的橄榄，实则借谐音双关，隐喻热恋中的女子热切希望得到意中人的深情一揽。

充满智慧的客家山歌让这群客家学子笑开了花。笑罢，有女生半开玩笑半认真地谴责歌者唱歪歌：

“心不正往歪处唱！”

又是一阵清脆的笑声。

当大伙儿说说笑笑、打打闹闹的时候，古德生却静静地走到了一边。看着车窗外广袤的田野里那匆匆闪过的辛勤劳作的妇人，他不由得想起了自己的阿婆和阿妈。

他觉得自己跟同行的六位同学不同，他没有资格单纯地欢庆。同学们的家庭里，都有阿爸在外洋按时寄钱回、写信回，而他的家庭没有。回想童年，阿婆、阿妈终年劳累，病了不能歇脚，老了也不能歇息，万般艰辛将自己养大，为自己和哥哥挣来上学的机会，如今，他们长大成人，却与她们天各一方。

火车轰隆隆从白天开到黑夜。每个时辰，古德生一边听着同学唱山歌、讲笑话，一边望着窗外想：

晨曦照亮了田埂，阿妈这时候应该从秧田里挑起秧去插了吧？

午饭时候了，阿妈怕回家耽误工，一定是在田埂上吃点咸菜、喝点茶水。

天黑了，阿婆有没有做好稀粥，等阿妈回来吃呢？今天，阿妈有没有挑菜到集市上换油盐？

我就是在你们“生哩——生哩——”的声声叫唤中，一寸一寸长高长大的。如今你们又费尽心力打点行装，将自己送走。进了大学，自己能学好吗？跟得上吗？如果不出人头地，怎对得起年迈的阿婆与多病的阿妈？

火车走走停停，古德生的思绪也停停走走。这个晚上，他终于听到列车广播在喊：

“株洲站到了，株洲站到了！”

他和伙伴们都趴在窗玻璃上朝外看。

传说中的工业城市株洲，一片漆黑，只有几盏煤油灯亮出的几个红点。这哪是城市啊，他们不禁有点失望。

火车又行了约两个小时，终于到达目的地长沙。他们一起朝窗外看，依然没有看见几盏灯。一行人下了火车，早有解放牌大卡车等在车站。大卡车载着这群叽叽喳喳说客家话的山里孩子，由五一路，到湘江边坐浮桥，至水陆洲(橘子洲)，汽车再摆渡过河。上了岸，古德生听到接待他们的本地工作人员好像在说到了岳麓山边。古德生再次四处张望，还是没有一盏灯。汽车在泥路上慢慢吞吞、摇摇晃晃地行驶，许久还没到学校。这个时候，古德生心里不禁有点疑惑。他想，自己从山区来，怎么好像又到了山里呀？经历了四次大战的长沙城，真的成了废墟吗？

到了九十点钟的样子，接待人员叫大家下车，心中朝思暮想的大学，终于展现在眼前。

第二节　初入异乡大学

对于古德生院士而言，客居地长沙如今已经成了他住了大半辈子的第二故乡。他在这里娶妻生子，建功立业，现在已经完全融入了这座城市。不过回想起初来长沙的那段时光，古德生院士还是心有感慨的。他们这些初来乍到的学子，刚开始不可避免地经历了些磨难。

古德生院士还记得他们来长沙的那个晚上，学校并没有马上安排他们的住处和床位，而是将他们先送到学校的招待所，说是得等到第二天报到分班之后，才定下住哪里。因此这个晚上，他还没有太多的异乡感。但是第二天报到，接触的就不是梅县人了，古德生顿时傻了眼：一个个讲的什么话呀？重复说几遍，手势加表情，还是互相听不懂。

古德生院士解释说，他们上大学的那个时候，并没有大力推广普通话，还是各地说各地的方言，各地吃各地的特产，交通不发达，人流、物流都不畅通。古德生在中学的时候，老师们都用客家话教学。进了大学，物理和外语老师讲的都是长沙话，他只能听懂百分之三十，另外几门课程的老师教学语言稍好，也只能听懂七成，而他自己讲的客家话，老师全都听不懂。因为语言不通，古德生的一个大学同学还放弃了学业，打道回府了。但古德生对于这来之不易的大学生活，从未想过放弃，他咬牙坚持了下来。

也许是老师查阅过他的中学档案，开学第二天，老师就让古德生担任班上的生活委员，管买饭票、福利、清洁卫生等生活上的杂事。古德生不怕管事，因为早在中学的少先队组织里就锻炼出来了。他只是有点畏惧与语言不通的人打交道，觉得很是麻烦。但碰到问题总是迎难而上的古德生没有跟老师讲条件、提要求，而是想尽一切办法埋头学习起了长沙话。走在校园里，他听广播学；上街，湖南本地人讲话也留心听；没人的地方，他总是揣摩着念报纸上的社论。这样不到半年，本地话他基本能听懂了。又半年，口音逐渐改变：

“到现在，别人听我口音，总说我是湖南的普通话。这就是当时进校的时候刻意学习的结果。其实客家人一听，就知道我有客家的普通话尾音在里头。”

山里人进城，住进了宿舍，现代生活让古德生这些异乡学子们觉得新奇，但又犯怵。古德生院士回忆说，开学之初，他们搬教科书、收拾床铺弄得满头大汗之后，便想去澡堂冲个凉。一进去，看见一个小格子一张门，门里面是一个从没见过，也不知道叫什么的东西，流着细细的一线水。很久以后，他们才知道流水的器物叫莲蓬头，也才晓得这种洗澡的方式叫淋浴。在家乡，他们都是烧了热水一桶桶地从头往身上浇下来，非常痛快。这时候，他们都不知道怎么洗，只得用脸盆接，想接满后，像在家乡一样，从头往脚下浇，结果半天还没接满，外面的同学就拍门催，他们只得作罢。一个月过去了，还没洗过一个痛快澡。

不仅是洗澡，有“火炉”之称的长沙城夏夜也让这些初来乍到的山区学子彻夜难眠。他的同学，湖南师范大学中文系毕业的王贤传这样描述：“热死啦，没风，就是刮一点风，风也烫人，睡下去，床铺上的凉席也烫人，完全睡不了。”

另外，对于广东籍的学子而言，湖南的冬天也显得特别寒冷。虽然每间教室里都用木炭生火取暖，但看着教室外，屋檐上的尺余长的冰凌，这些出生以来从没看见过下雪也没穿过棉衣的青年感到了彻骨的寒冷。离开家乡的时候，古德生只带了几元钱和几件单衣、一件毛衣来长沙。刚进学校的头三个月，学校的助学金还没有发放下来，带来的钱早已用完。他只得向教务处的一个同为梅县客家人的副处长老师借了点钱糊口，棉衣、棉鞋等御寒用品更是无钱购买。为了对抗寒冷，古德生将所有的单衣都穿在身上，每天清晨起来坚持跑步锻炼身体。他也给母亲去过一封描述长沙寒冬的信件。心疼他的母亲立即给他寄来了一顶不知来自何处的旧军帽。虽然军帽有点破旧，古德生无法戴出去上课，但母亲的一番心意，还是让他感到了温暖。

不久，学校每月九块钱的助学金发下来了。这九块钱，他用来吃饭、写信和买邮票、买牙膏牙刷衣袜鞋帽等。一个月后，发现不够用，他只得调整生活开销计划，节省开支。因为没有余钱，他几乎不进商店，不逛街。

“无钱消费商品，我们就消费大自然。”

每个周末，古德生几乎总与在长沙的十几个梅县老乡约着去岳麓山玩。那时候的岳麓山上还有许多从前国民党兵修建的军事防御工程掩体。几个穷学生在掩体中模拟战斗，跑累了就在爱晚亭下看看书。秋天的红枫飘落，翩翩落到他们的头上、翻开的书页上，令人想起杜牧的“停车坐爱枫林晚，霜叶红于二月花”这样美丽的诗句。那时，古德生很想在这样的美景里拍个照片，寄给梅县的亲人看一看，但将口袋翻个底朝天，也找不出这个闲钱。他只好把这些美景收入眼底，放在心间，想着某日回乡，再跟她们一一细说。

古德生进大学之初，国家发出“向科学进军”的号召，并着手制定科学发展的远景规划，推动国内重要的科学和技术达到国际先进水平。在这样的氛围影响下，即使穷得无钱外出亦无钱回家，古德生仍满怀热情，决定将心交给自己精心选择的专业，憧憬着将来成为这个专业的领头人、总工程师。当时的他认为，这才是一个学生的本分。

第三节　一往情深总工梦

回首往事，古德生院士认为，人生之路是越走越清晰的。

如果说小学上学路上发现石板里的“金子”以及中学带队去参观地质队和看到阜新煤矿的大画报这三件事影响了古德生人生之路的走向，那么，如愿考上中南矿冶学院，真正接触到专业之后，古德生的理想与抱负才逐渐清晰起来。

古德生院士记得，他是在进学校第二天分班领教材的时候，才对自己的专业有所了解。古德生考取的是中南矿冶学院五年制的矿区开采与经营专业，五年一共有两千多个课时，扫一眼课程表，他发现每天上午、下午的课都排得非常满。

据古德生院士介绍，当时他所学专业的教材、教学计划与专业名称都是照搬苏联的，也是当时国家非常重视的一个专业。专业面很宽，涵盖了地质测量、选矿、矿山开采、机械设计、工程电气、工业设计、矿业经济、企业管理等课程，每一门课程对应一个教研室，而现在，这些教研室都独立成了一个个学院。

“我们当时所学的专业覆盖面很宽，是按照苏联教育计划，实行大学本科五年制，培养高级工程师、总工程师的专业。了解这些，对后面我们能刻苦学习，是一种原动力。”

基于此，在当时，当一名总工程师，就成了古德生和他的同班同学的远大理想抱负。

志存高远，方能努力奋进。定下奋斗目标之后，古德生浑身充满了力量，想着有朝一日成为总工程师的理想，忽然觉得自己真正长大了，再也不是妈妈身边那个受人照顾的中学生了。他认为自己现在已经成长为具有独立思考能力，能够自主安排自己生活的大学生了。这种转变让古德生的内心笃定，心无旁骛，一头扎进了专业与基础课程的学习当中。

当时，学院一般上午上大班课，下午上小班课。上大班课的时候，一个年级六个班共 180 多人挤在大礼堂里。因为那时没有扩音设备，老师讲课的声音很难传到教室后面，再加上语言不通，大学的授课方式又与中学完全不同，使得古德生的学习困难重重。

面对这些困难，古德生没有退缩，并自此养成了勤记听课笔记、巧用听课笔记的好习惯。为了能听清老师的讲课，看清老师的板书，古德生每天吃饭都是匆匆忙忙的，因为他要早点去教室，才能坐到前头的座位。如果课堂上有没有听清的地方，他下课之后一定找同学对笔记，将笔记补充完整。下午的小班课，是 30 个学生一起上。小班课是习题课，每天留的作业特别多。古德生给自己提出要求，今日功课一定今日毕，绝不把问题留到第二天。除此之外，他还在老师的指导下，养成了预习功课的好习惯。每周与老乡同学约着去岳麓山游玩，都会带上课本和笔记，按照来之前心里的计划，或是背几个外语单词、记一则语法，或是将物理等课程提前预习，以备下周老师上课讲授新知识前的提问。有时在登山累了或与湖南师范学院的老乡分手之后，他常常会一个人静静地坐在亭子里或云麓宫下的“飞来石”上，眺望远方，仿佛在透过时光的帷幕，遥想着未来……

如此教室、食堂、寝室“三点一线”的生活，看似机械而枯燥，但古德生却认为这是他学习生涯中的黄金时期。他倍感充实，总觉得时间不够用。那时候，他们学校也有文工团，许多同学都积极参加，但古德生全都顾不上，因为此时他“恋”上了他的新专业。上大学之前学会的拉二胡、吹笛子的特长以及中学时培养的对唱歌和画画的爱好，他也统统放弃。就连从图书馆借来的中国古典名著《三国演义》《水浒传》《红楼梦》，他都只是翻两页就放下了。他那时认为，将时间放在与自己所学专业无关的事情上，都是一种浪费。

因为进大学之初萌发的当总工程师的理想，在诸多的课程中，古德生对机械制图和工程制图两门课程学习得格外用心。他认为：图纸是工程师的语言，一切工程技术靠工程图纸表达，这是工程师的基本功。

喜欢独立思考的古德生那时候就有了这样的认识。也是从那时候起，他练就了不凡的制图与鉴图的本事。直到现在，他的本科生、硕士生、博士生，都有些畏惧将自己的图纸拿给古德生院士评定，因为很难得到他的赞许，他总是一眼就可以看出图纸的问题所在，然后要求学生们修改、提高。

除了看重制图，古德生院士还经常教导他的学生说，对于工科生而言，去生产第一线实习，从实际出发来发明创造，是非常必要也非常重要的。他的这种思想的建立，最早可追溯到学生时代的数次实习。

大学五年，古德生经历了认识实习、生产实习和毕业实习这三个阶段的三类实习。认识实习安排在大学一年级，古德生所在班级实习的地点是武钢大冶露天矿——一个他早有耳闻的大型矿山。他们在这里实习了一个月。

古德生去实习的时候，大冶铁矿正处在新中国重建开采、国有经营的阶段。古德生临行自是期待满满。

“那个矿山是我向往的矿山之一，比较现代化，但没有我填志愿时，看到的《人民画报》上的阜新矿那么现代化、那么壮观，不过还是很不错的了。那个场景我还记得，它也是一层一层的，用电机车运输，电机车一弯弯绕下去，下面有电铲，一边是五个立方一铲，一边是四个立方一铲，装完后，又爬坡返回来，再铲。”

除了电机车运输，古德生院士记得还有汽车运输，细看便知晓这些设备都来自苏联。古德生的班级去大冶铁矿认识实习的时候，正逢这个火炉城市的三伏天。从热辣辣的太阳下走进安排给他们教学用的仓库里，古德生和他的同学、老师觉得更热。因为仓库狭小而不通风，闷热得几乎让人晕过去。古德生还记得同去的有个叫张永高的老教师给大家讲课，天气太热了，也没有电扇，古德生和几个学生干部就轮流给他摇扇子，好让老师将他们期待听到的知识顺利讲完。

在这次认识实习当中，古德生的老师主要介绍了矿山的基本情况，并联系现场，结合课本里面的内容，做了些分析、讲解，因为是认识实习，大学生们就以参观为主，没有自己动手操作设备。

他们这次去大冶铁矿实习的时候，苏联援建的武汉长江大桥正在如火如荼地施工当中，这是长江上的第一座大铁桥。实习结束的当天，古德生去华中师范大学邀了他的中学同学余展深一起，到不远的长江边看这座气势恢宏的钢铁大桥的建造。

“我其实是不愿意在师范大学学生物的，我真心希望自己能当一个会建铁桥的工程师。”同学余展深那时向古德生说出了这样的心里话。

是啊，工程师，多么崇高而神圣的称呼！那天，他们顶着烈日，在武汉黄鹤楼下，在长江堤岸上坐了整整一个上午，听着轰隆隆的机器声在耳边鸣响，感受着精良的设备与先进的科技在他们年轻的心中激发的震撼。

一桥飞架南北，天堑变通途。

这是当年毛主席面对雄伟的武汉长江大桥时直抒的胸臆。古德生的心里，当时也充溢着同样的豪情。他摩拳擦掌，只想尽快用自己所学的知识，为国家的建设贡献力量。

及至一年后的生产实习时，他们就亲自动手了，这也是古德生盼望了很久的事情。

“后来去安徽铜陵的铜矿，那里比大冶小一点，也是苏联的设备。当时我们国内机械比较落后，那时候看着什么都是苏联的，心里就想，我们自己要尽快有这些设备就好了。”

中华人民共和国成立初期，新中国经济建设所面临的严重问题之一就是缺乏科学技术人才。当国内经济建设大规模铺开时，国家就决定以苏联计划经济模式为主要学习对象，优先发展重工业。第一个五年计划实际施工的 921 个大中型项目中，由苏联援建的有 156 个项目。3000 多名苏联顾问和专家，不仅为中国的建设带来了技术与设备，而且也影响了中国一代科技人员。虽说这些援助是有偿的，日后也出现了变故，但当时是真诚的，也是有效的。

在铜陵的这次生产实习中，古德生亲自操作的，就是苏联援助过来的旧设备——牙轮钻机。面对从苏联过来的这个设备，作为操作助手的古德生觉得新奇和神往。他看着师傅熟练地操作，钻机的钢丝绳通过滑轮转上去，然后松开，钻头便呈自由落体往下钻。牙轮的钻头钻下去，泥土、石头全都变成泥浆，然后把泥浆提出来。

古德生几次告诉师傅，他已经学会了，要求由他自己来操作一次。师傅瞥了他一眼，没有理会，继续忙自己的。就在这时，钻头脱落，陷入矿石里，师傅着急了，助手古德生认为自己应该也着急，不知为何，他这时却是咧嘴一笑。他这一笑不打紧，师傅就撂挑子生气了："我都急得要死，你笑什么啊，有本事你来干。"

接下来，古德生花了两个多小时，才把钻头接起来，再从地底下抽上来。然后，古德生就开始自己操作设备了：

"很大的设备，咚咚咚。扯上去，落下来，打这么大个孔。我记得到了晚上，这么吵的现场，那些累极了的工人还能打瞌睡。这些苏联的设备，当时似乎先进，现在看来是很落后了。这次学到了怎么放钻头、打孔打到什么深度合适、怎么量尺寸等实际操作的技术。"

这次实习，除了对设备的操作，古德生也萌生出了自己设计设备的想法。他想，苏联专家撤回去后，我们不是应该自力更生吗？别人能做的，中国人也可以做得到。时机成熟时，他一定要设计出更好的设备。

由于一心扑在学业上，对于当时兴起的"大鸣大放"等运动，古德生从不参与。他从未写过任何人的大字报，也不去说人是非。安静平和的心态，良好的学习习惯，使古德生成为班上的佼佼者，也为他毕业之后的留校任教打下了基础。

当总工程师的梦想，就在前方，低头耕耘吧！那时的古德生经常这样勉励自己。

第四节　至爱慈母远去了

1959 年 10 月下旬，正上大学四年级的古德生收到了一封信，让他的心里掀起万丈狂澜。信是他哥哥古流祥寄来的。拆开信封，里面是一张家乡风俗出殡的照片，只瞄了一眼，古德生的心便狂跳起来，再阅读哥哥简短的文字，他的眼泪旋即狂涌而出。

世上最爱他的人，也是他一生挚爱的母亲，于 1959 年 10 月 16

日，永远地离开了他。

这天正好是周日。拿到信之后，古德生去了空无一人的采矿楼阶梯教室，在空空的教室里失声痛哭，整整哭了一个下午。

他边哭边看照片，看一眼心里便一阵刺痛。他想起临出发时，母亲与他依依惜别的情景，想起母亲看着自己嘴角不时泛起的微笑，想起她到晒谷坪喊自己吃饭，轻轻柔柔的一声："生哩——"

这个温柔勤劳的妈妈，才活了61岁，受了一辈子苦，没有享过儿子一天福的好妈妈，再也回不来了。他想起邻居的阿婶告诉过他，她看到他的妈妈，在街上卖完菜，闻到了油炸摊子飘过来的香味，走过去，拿起一个油粑粑，想想，又放回去，再拿起，又放回去。他的妈妈，以孱弱多病之躯，供他们兄弟上学，供养全家的衣食住行，却连给自己买个油粑粑吃都舍不得。

一个勤劳、善良、贤淑的客家女性，为了孝敬婆婆和养育嗷嗷待哺的孩子们，一直在飘飘荡荡的生活中挣扎着、努力着，一场大病后又积劳成疾转为重度支气管扩张。此病一直伴随着她那忙得不堪重负、难以歇脚的余生。

外出求学四年，因为没有路费，他就这样狠心地让母亲盼望了四年。他连一次老家也没回过。早知母亲这么早过世，就是走，就是爬，他也应该回去见上最后一面。

古德生的思亲与思乡之情骤起，他盼望着自己拿工资的那一天早点到来。

在母亲去世之后的第三年，1961年夏天，刚刚留校任教的古德生到江西赣南的大吉山钨矿出差。因为此处离老家梅县不远，他终于得以回家看望祖母。

衣锦还乡，是儒家所推崇的，同样也是客家人的传统。但是，每月九元的生活费，仅仅让古德生吃饱和有基本的学习条件，他已经四年没有添置过一件衣物，进大学时候的衣服裤子，早已穿破，如何衣锦还乡？

临行的时候，他看到了来自兴宁的同学身上穿的中山装，便硬着头皮过去和他商量，看是否可以借给自己穿着回老家。他拍胸脯保证，从老家一回到学校，马上就会洗得干干净净还给他。

这个同学毫不犹豫地答应了古德生。古德生心里既感激又高兴，他寒酸的样子终于可以不让祖母看到了，见到穿着体面的大学生孙儿站到面前，祖母就可以少却不少担忧。

衣服借到了，古德生准备出发。谁知一个坏消息传来，大吉山钨矿前面的大河通往对岸的桥被大雨冲垮了。

古德生冒雨前去探问消息，被告知会找人抢修，让古德生等两天再说，但两天之后，桥仍然没有修好。归家心切的古德生觉得自己不能再等了，他怕再次错过与祖母和故乡见面的机会，于是决定绕远道过河。

那时，大吉山钨矿在深山里。古德生沿着泥泞的山路，从清晨走到黄昏，还没有找到可以歇息的小镇。早晨出发时带的两个馒头已经吃完，此时的他又累又饿，双脚疼痛还是其次，主要是心里着急起来。他这一路过来都是荒无人烟的穷乡僻壤，这泥路哪里是个尽头？何处可以问到方向？古德生只能咬牙继续往前行。到晚上九点来钟的样子，他才找到一个有些微灯火的小镇，在镇上的小旅馆胡乱吃些东西，澡都没有力气洗，就倒在床上睡着了。

第二天，古德生按照当地人指引的方向，走了大半个上午，才坐上了直达梅县县城的汽车。

一路上连走带坐车，古德生于第四天傍晚终于“衣锦还乡”了。

大学生古德生“衣锦还乡”的时候，正是国家困难时期，梅县还在吃大食堂。据古德生院士后来回忆，当时他从大食堂端稀饭回来吃，钵子里的稀饭一路上照得见天空和他的脸。

能干的姑妈体恤亲侄子，看他好多年没回，回来吃稀饭似乎很过意不去，便抓了一只兔子做好送过来。同时带来的，还有一瓶白酒，让古德生每天喝一点。

回溪口村的路上，古德生发现，当年几人都合抱不过来的松树、河边的大柳树都不见了踪影，植被茂密的山岭被砍得光秃秃的，小溪里清澈丰沛的水流也干枯了，心里便难过起来。走进家里，再也看不到母亲的微笑，听不到母亲的呼唤。祖母也是风烛残年，行动不便。这些境况让古德生觉得苦闷和压抑。虽然古德生从未喝过酒，但既然姑妈拿来了一瓶酒，为了浇愁，也为了填饱肚子，他便每天喝一点，希望借此暂时忘掉生活中的忧伤。

那段借酒浇愁的省亲日子，十分难熬。家里没有了母亲。家乡变了，人的精神面貌也不一样了。乡里乡亲，阿叔阿婶，以前见了很亲热，很多话。那次回去，也许是时代的氛围，也许是心情的低沉，古德生觉得大家都变得很生疏，去别人家里，别人就一句：回来了？他答：回来了。便再无二话。

因为情绪的低落，古德生这次回家，谢绝了中学同学的相邀，执意每天都睡在母亲曾经睡过的床上。漆黑的夜晚，古德生睁大眼睛望着房顶，母亲的笑脸似乎就在房顶上闪现。他不禁眼泪长流。

隔壁房间，姐姐和她带回来的四个孩子陪着老祖母睡在一起。孩子偶尔哭闹、磨牙，在那时的古德生看来，竟然是久违的温暖的声音。在这个房间里，母亲和祖母就是将自己从那么小的孩子带大成人。如今母亲走了，风烛残年的祖母多亏姐姐的照顾。古德生瞬间觉得姐姐成了这个世间最亲、最可依靠的人。如果没有姐姐回娘家来照顾，古德生是绝不放心老祖母一个人留在家里的，但显然他也不能将老祖母带到长沙的大学，要不是姐姐过来解这燃眉之急，他还真不知如何是好。

“我祖母在我临行前的那个晚上，一直留我坐在她的床边，老是抓着我的手不放，一遍遍重复，我不知还能不能再见到你。送我走的时候，也是这样。我挺伤心，所以特意到镇子上，请人过来照了个全家福。”

照完相，祖母房良妹的情绪明显好转。古德生搀扶着她，从

1961 年，赴长沙读大学后第一次回乡，不见母亲身影，欲哭无泪；姐姐(后排左 2)拖儿带女回娘家照顾老祖母(中)，右 3 为姑妈

刚才拍照的村医务室门口贴着的“毛主席万岁，共产党万岁”的标语下起身，往家里走去。他们走得很慢，一边走，祖母一边唠叨着往事。

古德生一路听着祖母的唠叨，本来无比凄凉的内心，顿时有了温暖。想想这位八十多岁、走路摇摇晃晃的祖母，是自己在老家最后的牵挂，心里又觉悲凉。他想甩掉这种感觉，于是便不断和祖母说话。

临走的时候，姑妈还告诉古德生，他母亲还在的时候，祖母也八十挂零了。上面政策放开可以开自留地，祖母便开了半边山。她一个人在山上，把杂草烧得干干净净，挖成梯田，一层层的，种木薯。

就在古德生返乡省亲的第二年，古德生的祖母房良妹，在八十六岁的高龄时，也追随自己的儿子、儿媳而去。

古德生认为，如果不是那个大饥荒的年代，她的母亲和祖母，是能够陪伴自己走过更长的岁月之旅，能够更多分享自己生命中经历过的那些灿烂的。

“树欲静而风不止，子欲养而亲不待。”古德生将这些遗憾埋在心里，把对祖母、母亲的爱，迁移到年长他十岁的姐姐身上。此后每年返乡给故去的亲人扫墓，他都要绕远路，去海丰看望他的亲姐姐，几十年来，从未中断过。

“这是上大学五年后的第一次回乡，永生难忘的一次回乡。”古德生院士感叹道。

第五节　准教师的日子里

从大学一年级开始，古德生就一直担任班干部，是老师的好帮手。

入学之初，他担任的是班上的生活委员。对待这个服务性很强的工作，古德生的自我要求是，要别人做的事情，自己先做到。每天清晨，他都是先做好自己班上的卫生，认为彻底干净了，才带着检查的队伍去另外的班级检查。检查的时候，他做到了一丝不苟。评比的时候，他召集大家先开会，再授牌，做到了公平公正。这种认真公正的作风得到了老师和同学的好评。第二学年，他因此被推选为团支部书记。

担任团支部书记的时候，古德生对自己又有了更高的要求。他认为对待老师交给的任务，不应该只简单地传达下去，而是要先通过自己的思考，拿出实施方案和具体措施来将任务完成好。比如对待老师交给的团支部发展工作，他首先将发展对象的情况逐个摸清，再研究、分析各对象的优缺点。在这个基础上，又分析谁更适合成为哪个发展对象的联系人，然后公布，再组织学习团章。一系列的工作下来，古德生和团组织里的老师、同学对这些发展对象就有了深入的了解。这时候，他又召集团干部开会，讨论在所有的对象中，谁可以先得到批准，谁可以再放一放，大家对其进行帮助，待其进步了，下一批再考虑。

清晰的工作思路，周密的安排，让老师看到了古德生的领导才能。大学三年级的时候，他又被老师和同学们推选为班长。

成为班长的古德生，责任感和自主意识更加强烈。他认为，答应的事情，不管遇到什么困难，都一定要做到，即使遇到什么不可抗拒的原因，也要及时汇报并说明情况，切不能拖延推诿。在古德生担任班长的这一年，他们班被评为了先进班级。学校宣传部通知他们说要宣传报道，需要他们班级提供一份宣传文稿。古德生代表班级接受了这个任务。但当时期终考试在即，班上的宣传委员和其他班干部都不愿意耽误复习的时间写稿子，古德生便将这个任务担了起来。在紧张的复习当中，他断断续续挤出时间，用了一个星期反复修改，最终按时完成任务，稿件的质量也得到了学校宣传部的肯定。

1960 年 7 月，大学毕业，古德生怀着金色梦留校任教

五年的大学学生干部工作，培养了古德生严谨细致、实事求是的良好工作作风。他认为，那时培养起来的对待工作的责任心，让他受用了一辈子。也正因为这些，1960 年毕业前夕，老师找他谈话，让他写入党申请书。不久，他成为中国共产党预备党员，并于第二年转正。

1960 年大学毕业，班上全体共青团员合影留念(前排左 1 为古德生)

古德生的这些性格特点和工作能力，被教研室的老师和领导看在眼里。因此在大学五年级即将毕业的时候，他被告知留校任教。正式任教之前，古德生还被老师选中参加了一个重要的项目设计。

“1960 年，我们的设计对象是鞍钢大孤山铁矿。它是鞍钢最大的露天矿。鞍钢有很多矿山，中华人民共和国成立前是日本人开起来的，没有武钢大冶铁矿那么大规模。”

当时，新中国接收这个矿山才不过十多年，这是座高品位的磁铁矿山。大学毕业生古德生，期待着利用自己五年来所学的专业知识，小试牛刀。

“那时候差不多搞了两个多月，才把设计图纸搞完。工作量比我想象的要大。对我自己来说是个很好的业务建设。从前我搞的是露天开采，此后就专门从事地下开采。”

大孤山露天矿离地表比较近，是低凹的露天开采环境。矿块一层一层、一个台阶一个台阶往矿坑下延伸，用通俗的话来说，其形状就好比向下延展的梯田，或者是密集一点的盘山公路倒映在水中。这个形态与性质的露天矿设计对当时还是学生的古德生来说，难度系数是很大的。

“如何采？采到什么地方最合理？如果采到某一点，走另一个路线，形成的安息角多大？这些都必须算得很精确。角度小了会垮，大了会采到很多废岩石，提高了成本。这不是沙子，设计要陡峭一点，陡到什么程度，跟它的岩石质地有很大关系。是否坚硬，有没有裂纹？如果有裂纹，台阶不能太陡，太陡它就垮下来了，你的设备都在这里工作，那就掩埋了。”

最优角度、最佳深度决定了可行的最终境界。测量、分析、计算、设计，怎样才合理，怎样才最佳。测量之后，再根据力学参数，通过力学实验定下图纸。除此之外，成本是多少，要到什么时候能盈利，所有参数都需要精密计算。但那时没有计算机，测量工具都是手摇式，一个矿块一个矿块地算。因为这是古德生参与的第一个工业设计，不像以往仅仅是纸上谈兵地完成作业，所以他干得格外认真，格外小心。他知道，工业设计的图纸，都是大比例尺，图上差之毫厘，实际就相差百倍甚至千倍，一定不能掉以轻心。

“这种工业设计，经济损失或是盈利，都在你的笔下，马虎不得，所以这种设计工作最能培养工程设计能力和严谨的科学精神。”古德生院士介绍说。

如此一来，等设计完毕，他们留下的图纸都有厚厚几大摞。古德生在大学前两年用心学到的制图本领，在这次得到了全面的检验与提高。他和同学陈德太一起苦干了两个多月，终于圆满完成任务。

出色完成了大孤山露天矿的设计任务之后，古德生和同学李中郎被抽调到广西望高砂锡矿，开始为编写砂矿开采教材做前期的准备工作。

“我实际上早早就进教研室帮忙。上半年是编教材，但还不是老师，没工资，也没编制，但老师能将这个重任交给我和李中郎，也是对我们极大的信任。”

这是当时中南矿冶学院露天教研室接受的一个重大任务。因为砂矿床里多为稀贵金属，稀贵金属又多为高技术产品的原材料，砂锡矿专业当时对苏联来说，也是个新专业，所以带有一定的保密性，没有资料可以借鉴和翻阅，就靠着他们从无到有地去矿山实地收集第一手资料，再汇编成教材。

初生牛犊不怕虎，艺高人胆大。怀着成为总工程师的梦想，凭借五年来的专业知识，古德生和李中郎在教研室孙老师的带领下，信心满满地踏上了征程。他们来到广西平桂之后，主要在望皋砂锡矿、珊瑚砂锡矿、水岩坝砂锡矿三个露天矿做调查，了解矿上的各项工艺指标以及生产过程，为编写教材收集了详尽的资料。

据古德生院士介绍，那时候砂锡矿主要分布在广西，矿床一般都在老河床里头。而老河床里头的矿，大部分是来自河流上游的岩石。岩石天长日久风化了，变成小颗粒。小块的砂石被雨水与河流冲向下游，被泥巴覆盖经年沉积，就形成了大面积的矿床。古院士说，这样的矿床就可以搞露天开采，用重力选矿。因为矿石中各种金属元素的比重不一样，锡的比重比较大。因此在河滩上安设一个摇床，破碎得很细的砂石比重轻，浮在上面，锡的比重重，就沉下去了。通过几次选矿，锡就被挑选出来了，开采成本很低。因此，当时的苏联和中国都在大力开采，也对高等学府的相关专业特别重视。

“能完成这样一个重大任务，事后看来，对当时作为学生的我来说，还真不是一件易事。”

古德生肩负重任，在这里连续工作了四个月。他中途还替学校的砂矿开采班及矿山机械专业的大一、大二的学生联系和辅导了实习。也是在这里，他认识了砂矿开采班的新生谭幼媛。七年后，谭幼媛成为古德生的夫人。两人相互扶持、共度一生，当然，这是后话。

四个月后，古德生和李中郎一起回到学校。李中郎毕业后被分到外省的一个铀矿，古德生则被宣布留校任教，直接进入露天教研室，继续整理从广西砂锡矿采集来的资料，编写教材。如前所述，这是个全新的专业，当时国内没有砂矿开采一类的教材，图书馆里的相关资料也很少见。古德生以大学正式教师的自我要求以及高度的责任心挑起了这个重任，光是手稿就写了尺余厚。

“如果说之前想当总工程师是一个模糊而遥远的理想，但现在当一名大学教师，却是近在眼前的明确目标了。我对自己的要求也因此变得不一样起来。”

大学生古德生自此变成了大学教师古德生。三尺讲台，他一站就是一辈子。

第六章

高校岁月

第一节　路途中的良师益友

长沙岳麓山，因南朝宋时《南岳记》中“南岳周围八百里，回燕为首，岳麓为足”而得名。山中绿树葱茏、风景秀丽，幽静中浸润着浓郁的文化氛围。历史悠久的中南大学，便坐落在岳麓山下。大学的前身是中南矿冶学院，成立于1952年。学院的矿科素有中国“矿冶黄埔”之称，闻名中外。古德生于1955年进入该校，成为学院早期的学生。1960年大学毕业后，他留校任教，成为一名大学老师。

回顾自己半个多世纪的从教经历，桃李满天下的古德生院士说：“学高为师，德高为范。当老师和带科研团队，执着与奉献的精神缺一不可。而这点上，汪锦章和黄存绍两位教授对我的影响很大。他们是我的老师，更是我忘年交的朋友。”

在古德生刚进采矿教研室担任助教的时候，汪锦章是采矿系的系主任。因为古德生做事认真负责，有什么重要工作，汪锦章特别喜欢交代给古德生去做。也因为勤恳好学，古德生获得了系里的很多奖励。对于汪锦章老师的栽培，古德生非常感激。言传身教之间，古德生不断成长，直至成为行业的领头人。

汪锦章是广西人。1952年，他被公派去东北大学，在苏联专家的指导下学习了一年。当时，高校的许多专业缺乏教材。从东北大学回来之后，他就开始组织学校进行采矿专业教材的翻译和引进。在那个白手起家的年代，汪锦章对学校采矿专业的学科建设做出了很大贡献。

在古德生院士的记忆里，汪锦章教授是一个对教育事业既热心又执着的好老师。他经常到年轻教师的队伍中去，告诉初登讲坛的年轻人如何做好自己的业务建设，怎样才能给学生们上好课。他还经常强调毕业设计的重要性。他告诉年轻教师，带好学生的毕业设计，对自己也是一个很好的业务建设。这些话让古德生受益终生。在以后的教学、教改和科研工作中，古德生总是围绕着自己和团队的业务建设来开展工作。不仅如此，汪锦章教授还叮嘱古德生要多看书，提醒他不能只满足于阅读教材，要阅读教材之外的书，头脑才能丰富起来，才能触类旁通地解决问题。

据古德生院士回忆，汪锦章教授也是一个非常关心学生的老师。自己从教之后的第一篇文章，就是他主动指导的。汪教授看过那篇文章后，还特别建议再找有关力学老师把关，嘱咐古德生将事情做得尽善尽美。

不仅如此，汪教授还是一个紧跟形势，不断学习新知识，永葆年轻心态的知识分子。他年过六旬的时候，学校从德国进口了一台有一间房子那么大，还处在电子管级别的计算机。按常理，在行将退休的花甲之年，汪教授应该放松心情，准备回家颐养天年了，但他有别于常人，一头扎进了计算机房。从简单的操作开始学起，先逐渐学会了编程，然后结合自己的专业，琢磨露天采矿系统的计算编程、优化。退休之后，他仍然继续钻研，并试图总结出书。

“书山有路勤为径，学海无涯苦作舟。”古德生认为，老师汪锦章一辈子都在践行这句格言。老师的这种精神也潜移默化到了古德生的思想里，他也像老师一样，活到老，学到老。更难能可贵的是，传承自老师的这种学习钻研精神，古德生不仅仅用在专业和教学方面，就是在生活中，他也与时俱进——七十岁学开汽车，用新软件做演讲用的 PPT，微信、QQ 玩得顺溜，高兴的时候也会来张自拍。

“八十岁的人，四十岁的心态”，古德生的学生们都这样评价他。

另一位与古德生感情深厚的老师叫黄存绍。他命运多舛却毫不怨天尤人，总是对工作充满了热情。

古德生还是学生的时候，黄存绍就在系里教授采矿方法的课。1957 年他被打成了“右派”，下放到学校照顾家属就业而建的水泥厂劳动改造。

“一个老教授下放去劳动，勤勤恳恳从事简单的体力劳动，很快就熟悉了水泥厂的生产技术。半年后，像当总工程师一样，厂里生产技术全由他安排指挥。厂里的生产蒸蒸日上，深得大家的信任。”

但这个状况持续不久，就被有关方面发现了。担心“右派”指挥生产不安全，黄存绍被调回教研室打杂，负责做一些油印工作和抄抄写写的事情，不准他带学生。因为黄存绍为人一贯热情和善，教研室的老师都跟他关系很好。有一次，黄存绍从老家弄来一头羊，为了感谢这些老同事对自己这个“右派”的照顾，他亲自动手把羊给宰了，请大家去他家做客，吃羊肉。但是，在他请的这些客人中，有好些是党员，黄存绍因此又被扣上了一个“腐蚀党员干部”的“罪名”。

这个事情，让黄存绍的妻子还有几个孩子都受到了牵连，他们被全部下放到湖南桂东乡下老家务农。走投无路之际，黄存绍准备投河自尽。

“刮着寒风的冬天，他走到湘江里去。走到湘江深水区快沉没下去的时候，附近的菜农看到了，把他救起，送回学校。这下子更不得了，说他这是跟组织对抗，又罪加一等，让我们大家将他看管起来。”

求生不得，求死亦不能，这真是人间最大的磨难。可让古德生院士最为敬佩的是，黄存绍老师受尽了磨难，却从来没有半句怨言，对工作也从没有半点懈怠，不仅没有意志消极，相反，他更加玩命地工作。

古德生院士记得，还在“文化大革命”的时候，黄存绍老师就已经得了肝硬化，他却依然争着要去下矿。古德生怎么劝都劝不住，他就是要去，而且一去就不愿意回来，一直在矿上，跟工人共同劳动。不仅矿上的劳动，还有科研项目上的事情，他只要听说自己能帮上忙的，就争着去做。多少年过去了，古德生院士还记得关于黄存绍老师的一个画面——因为脚不好，他走路一瘸一拐，加上体虚的缘故，就是大热天，他也穿着抗美援朝时流行的那种翻毛皮鞋。

“他比我大八岁，是我的老师辈，摘了‘右派’帽子之后，他马上找我说，古老师，我摘了帽子，到你那里来干点活好不好？我说当然可以。”

来到古德生主持工作的教研室以后，黄存绍与古德生渐渐成为无话不谈的好友。不论是在办公室，还是出差途中，古德生从来没有听到黄存绍说过抱怨组织的话，也从来不提他以前当“右派”的苦，反而工作更起劲。究其原因，黄存绍这样告诉古德生：“过去浪费了那么多时间，我现在要把那些时间争取回来。”

就在黄存绍老师争分夺秒地工作的时候，命运却再次将他抛弃。1992 年，他的肝硬化恶化成肝癌。在那次去北京申报科研项目回来以后，只三个多月时间，黄老师就永远离开了人世。

“黄存绍老师的精神，深深打动了很多人。学校和采矿系专门开了一个报告会，介绍和表彰他的事迹。作为一个典型，他后来还被追认为有色金属工业总公司劳动模范。”

随着国家对“右派”平反相关政策的逐步落实，出于对黄存绍老师的深深敬佩，此时担任系主任的古德生对黄老师的家人特别挂心。他担心一般办事员做不通黄存绍老家地方领导的工作，便亲自去桂东黄存绍的老家，将他的妻子和几个孩子接回城里，并安排就业。

除了汪锦章和黄存绍两位老师，古德生院士还特意多次提及了几个名字，他们是王启宇、潘长良、王惠英、李觉新这几位先于古德生留校任教，后来又一起搞科研的老师。这几位老师的工作作风和为人处世，都对古德生产生了很大影响。比如王启宇老师，“文化大革命”期间，大家都停课闹革命，或者是闲下来图个轻松，他却在身患直肠癌的情况下，和古德生一起，为研制第一代振动出矿机殚精竭虑，上下求索。他的这种对科研事业的执着追求与无私奉献的精神，一直激励着古德生在科研与教学的道路上砥砺前行，终达成功的彼岸。

“我们这个团队出了三个劳模。王惠英老师是湖南省劳模，我和黄存绍老师是有色总公司的劳模，这些称号，绝不是投机取巧得来的，而是实实在在苦干出来的。”回想起这些共过事的老师们，古德生院士如此感叹。言语中既有深情，也有自豪。

1989 年，国家“七五”科技攻关项目部分参与者
（从左到右古德生、王裕民、潘长良、黄存绍）

第二节　魂系专业改革

20世纪80年代中期，中国实行改革开放，各行各业在市场经济的大潮中大胆试水。采矿界也兴起了一股海外并购风，用当时流行的话来说，就是“采矿不如买矿，造船不如租船”。采矿界的不景气，导致了国内的一些矿业公司业务萎缩甚至关门歇业，员工发不出工资，大批矿工下岗、待岗，一些专业技术人员也纷纷离开矿业自谋发展。这样一来，国内高校的矿业教育也受到了很大的冲击。冲击首先体现在学生毕业分配率骤降，而毕业分配的困难，也让生源受到了影响，选择该专业的新生越来越少。

面对分配与招生的困境，一些高校的采矿专业顺势而为作出了调整。有的高校将采矿专业调整为隔年招生，有的高校将采矿专业并入了其他专业，还有的高校甚至将这个专业停办。这种调整下的连锁反应是，相关高校此专业的教师们工作量越来越不饱和，甚至是无课可上。一时间采矿工程专业的教学与科研队伍人心涣散，这个一早就设立并红火一时的高校老牌专业，似乎就要日薄西山了。

此时，古德生于“文化大革命”末期研制出的颠振型振动出矿机，由于从根本上解决了出矿低效率的问题，获得了国家技术发明奖，其相关的振动出矿技术也在矿业界开始推广。他本人则刚刚被破格评聘为中南工业大学采矿工程系教授，并从该系的系副主任转为系主任。面对这个老牌专业遇到的首个低谷，以及当时业界盛行一时的“矿业已经成为夕阳工业”的论断，作为采矿系系主任的古德生，并没有采取一些兄弟学校的做法。他不赞成停办采矿工程专业，更不忍心看到好不容易建立起的采矿工程专业的教学与科研队伍因此而解散。泱泱中华正在深入进行改革开放，怎么会不需要矿呢？矿业不景气，只能是暂时现象。为此，他还深入调查研究，发现造成矿业不景气的深层次原因是国内矿山技术装备落后，矿业仍处于劳动密集型产业，工人劳动强度大，劳动生产率低，采矿成本自然比国外那些用先进设备武装的矿山高，这才造成了采矿不如买矿的局面。

“没有夕阳工业，只有夕阳技术，国家不能没有矿业。”

大会、小会上，古德生再三提到他的这个观点。他的这个观点，得到了业内有识之士的认同，并流传开去，被人反复引用。

既然是技术装备落后导致的采矿成本高，那么，高校就更不能停止和削弱对采矿工程技术人才的培养。专业招不到新生，是因为毕业分配率下降。毕业分配受到影响，是矿业不景气所致。矿业不景气，是技术装备落后所致。技术装备落后，固然与国家对矿业的经济投入有关，但究其根本是国内相关技术人才匮乏所致。现在，从矿业到矿业教育都陷入一种恶性循环中，古德生认为，作为国家人才培养基地的高校，就不能只顾眼前利益，不能因为这个恶性循环而解除采矿工程的科研与教育队伍，相反，应该高瞻远瞩，从保住这个专业的科研与教育队伍入手，逆水行舟，大力培养采矿工程专业高端人才，以此来推动国家采矿工程技术与装备的研发，使得从矿业教育到矿业的循环向良性发展。同时，结合国家改革开放的成果和相应的政策，矿业一定能走出低谷，中国的矿业工程人才也能成为国际尖端人才。有了这样的思考，古德生便与领导和同事商讨，从保住中南工业大学的采矿工程专业开始，力求找出行之有效的对策，以逐步稳定和发展采矿专业队伍。

经过反复思考，古德生找到了走出困境的第一条出路：扩大专业适应面，兴办“采矿与岩土工程专业”。

据古德生院士介绍，之所以会想到将采矿专业拓宽到“岩土工程专业”，是因为采矿学科和岩土工程学科的知识点，有百分之八十是相同的。实际上，采矿的岩土工程力学及相关知识，涵盖了民用建筑方面的岩土工程，甚至比后者更为复杂深奥。之前的采矿系，也办过岩土工程这个班。但当时受从前计划经济时代旧有观念的影响，招工单位只看毕业生所学专业的名称进人，全然不了解采矿工程专业的毕业生实际上能胜任如高层建筑、铁道地下工程等民用岩土工程的相关岗位，所以如果不改变专业名称，采矿工程专业的毕业生，就不能分配到这些矿山之外的民用岩土工程领域里去。为了解决因矿业低迷而带来的采矿工程毕业生的就业问题，古德生就想出了这样一个对策。

找到对策之后，古德生深知孤掌难鸣，便联合当时设有采矿工程专业的西安冶金工业学院、北京钢铁学院、东北大学、重庆大学四所高校，召开了一个隆重又严谨的论证大会，其论证报告、教学计划、培养目标均由古德生提出并亲自起草。

这个由古德生亲自组织并主持，五所高校、业界五十多人参加的论证大会开得非常成功。大会论证了将“采矿工程”专业改造为“采矿与岩土工程”专业的可行性与诸多益处。大家一致认为，它们的工程对象都为岩土，专业基础都为岩土力学，专业课有许多相似之处，因此专业改造具备了基本条件。这种专业改造的益处是，首先，符合当时教育部推行的扩大专业面的原则，这样做既稳定了国家需要的创办五十多年的采矿工程专业，又满足了国家对岩土工程人才的需求；其次，跳出了过去的行业限制，专业不再只面向矿山，拓宽了专业服务面和毕业生的就业面，将受到学生的欢迎；再次，拓宽了专业发展空间，进一步扩大和优化了知识结构，使服务范围更宽，让教师有更多施展才能的空间；最后，此举还改造、充实了专业内涵，为专业的进一步发展创造了良好的条件和环境。因此，会上这些采矿界的老将与新秀们一致赞成将“采矿工程专业”改造为“采矿与岩土工程专业”。五个高校都在呈送教育部的报告上郑重地签名盖章。

但报告送到教育部之后，古德生等到的却是这样一个回复：

“你们这些高校的采矿专业能领悟教育部关于‘扩大专业范围’的精神，这个思路是对的，你们有色金属矿的采矿工程专业与岩土工程专业高度近似，这也是事实。但煤矿怎么办？煤矿是软岩，与金属矿和岩土工程的硬岩相比相去甚远，他们不需要凿岩爆破，他们有瓦斯的问题，但他们也叫采矿工程专业，显然他们是不能改成采矿与岩土工程专业的。我们教育部不能有两个采矿专业。”

没有得到教育部的直接支持，古德生虽然有些失望，但并没有气馁。从教育部回来之后，他与当时的校领导商量，既然教育部也肯定了我们的思路是对的，那我们就在本专业的毕业证上，将名称改为采矿与岩土工程专业，让学生能找到工作是首要的，学校采矿系能开得出课，保得住专业人才和队伍是首要的。于是，关于专业名称，校内行政一律启用“采矿与岩土工程”的专业名称，招生简章用“采矿工程(含岩土工程)”名称。中南大学(当时还叫中南工业大学)采矿系毕业生的毕业证书，也是从那时起，开始有了“采矿与岩土工程”的名字，民用建筑工程等用人单位也是从那个时候开始，大批招进该专业的毕业生。虽然六年之后，在教育部的要求下，这个名称又改回“采矿工程”，但其影响已经扩大，用人单位已经了解到采矿专业毕业生的实际才能，所以这个专业的分配早已不成问题。在六年后的总结大会上，业界同仁与学校领导充分肯定了这次专业改革的成果。他们认为，此次专业改革是内涵的扩展，体现了科学性，既符合教学改革的精神，又因势利导，适应了人才市场的需求。业界同仁和学校领导也充分认识到了这一改革的意义——使得专业从求生存、求稳定的迷茫阶段走了出来，并过渡到了求发展的新阶段，开创了新局面。古德生和他的同事们都认为，此次改革大局已定、前景广阔，要坚定地走下去，不断扩大改革成果。

这段经历，古德生的博士生、后来留校任教的刘敦文教授也记得清清楚楚：

“由于那时矿山不景气，我们这个专业的人越来越少。但是古老师利用他在采矿界的威信和公信力，召开了这个专业扩大改名的论证会议，我认为他是为我们的专业学科着想的。在那个采矿界陷入低谷的时候，能保住我们的采矿专业就很不容易了。古老师作为学科带头人，开拓新思路，扩大了我们的队伍，我认为他是非常了不起的。”

“当时我的本科毕业证上，就是盖的‘采矿与岩土工程专业’的章子。古老师的思路总是很清晰的。后来，我们这个采矿与岩土工程专业的学生，包括我自己的学生，有很多都分到了土建行业。”

中南大学的采矿专业于矿业低潮中稳立潮头，一时在业界传为美谈。虽然矿业低谷之初不少学校的人才流失严重，专业队伍也因人浮于事而解散，因此恢复的过程会更加漫长和艰难，但中南大学的成功经验还是促使设有该专业的兄弟学校争相仿效。

古德生推行改革，稳定教师队伍的第二个步骤，也是最重要的一个步骤是大力发展科研，提高队伍的科研能力。

早在 1973 年，“文化大革命”尚未结束的时候，古德生便致力于改变矿山出矿低效率和矿工半手工出矿高危险的技术与装备的研究。在 1978 年，邓小平主持召开的全国科学大会上，他的研究成果“颠振型振动出矿机”获得了大会的国家大奖。学校采矿系的科研队伍，也是成果丰硕、频频获奖。在推进改革、稳定了教育科研队伍之后，采矿系的老师们更是紧密地团结在古德生的周围。大家都抛弃名利思想，不计得失，摩拳擦掌，向着承担国家科技攻关项目进军。在此基础上，从 1985 年开始，古德生便带领他的科研团队率先申报了国家重大科研项目。其中他主持的“地下矿连续开采工艺技术与装备”项目，吸引并带动了铜陵有色金属公司、中南工业大学、北京矿冶研究总院、长沙矿山研究院、马鞍山矿山研究院5个单位参加，并以突出的成绩于1992年获得了国家科技进步一等奖。

与此同时，古德生所在的中南工业大学校长王淀佐，也从本校采矿与岩土工程系的改革成效和科研成绩里看到了希望。由于“文化大革命”以来一直没有职称评定，像古德生这样的年轻教师毕业留校之后，十几年来都是以助教的身份在教研室工作。而中华人民共和国成立初期的老教授渐渐步入退休的年纪，学校的教育、科研队伍不能断了档。看到以古德生为首的青年教师从矿业低谷期的逆境中突围成功，继而又进入了高水平的科研“国家队”，王校长就叫来了古德生，让他总结自己的科研成果，找齐这些年写的论文专著，申报副教授职称。

古德生的副教授职称很快批了下来。王淀佐校长喜出望外，如果古德生能被评为教授，那采矿工程专业博士点就很有希望了。此前，中南工业大学的采矿专业曾两次向教育部申报博士点，但由于没有教授资历的老师而均未被批准。现在，古德生的教学科研成果如此突出，从材料与实绩来看，评教授应该是绰绰有余。在王淀佐校长清晰的人才梯队培养思路的指引下，古德生于半年之后被破格提升为教授。这样，系里有了古德生和孙宗颀两位教授，加上许多重大科研成果以及学术论文与专著，教育部的批文很快下来，中南工业大学的采矿工程博士点顺利开设，使得该专业达到了新高度，也为后来古德生这一批教师、科研工作者申报院士打下了坚实的基础。据了解，当年学校的工程院院士的人数仅次于清华大学。究其原因，古德生和他的同事们丰硕的教育成果是先决条件，同时校领导的远见和大力扶持科研团队建设，也使他们能抓住机遇，走在各自科研领域的前列，并获得国家的肯定。

获得博士学位授权点的第二年，采矿工程专业又因为成绩显著被评为国家重点学科，为此后学校晋升为“211”“985”工程高校创造了条件。

在那段时间，矿业界也在探索发展新的模式。当时，中国有色冶金总公司的费子文总经理按照“减少员工、增加设备，降低成本、提高效能”的新思路办矿山，在安徽的安庆铜矿蹲点三年，验证了现代化矿山新模式的可行性。新模式办矿的成功探索，给中国矿业的发展带来了希望。此后，中国的矿业逐渐走出了低谷。

随着矿业界形势的好转，一些之前停办采矿工程专业的高校重新开始招生，但当年教学与科研人才的流失使他们遇到了瓶颈。由于中南工业大学采矿系的队伍在低谷中不仅没有解散，反而在教学中得到了稳固，在科研里得到了提高，人才未减反增，因此，他们在国内学术界的地位得到了大幅提升。此后，古德生带领的团队更以不断出成果、出人才的实绩在业界一直名列前茅。

第三节　创建资源与安全工程学院

20 世纪 90 年代初，中国矿业低谷的后期，古德生所在的中南工业大学采矿系曾经和地质系、建筑工程系三系联合组成过名为“资源环境与建筑工程”的学院。这个简称为“资环建院”的学院只存在了三个年头。随着学院三个系的飞速发展，大家都感觉到这个覆盖三个一级学科、六个博士点、十个硕士点、两个重点学科、三位院士的学院体量太大，难于运作，于是，地质系与建筑工程系便分离了出去。

之后，资环建院只剩下采矿工程一个系。显然，古德生是不愿意看着所在的专业团队并入其他专业的名下而逐渐分散的。此前，在采矿工程专业成为国家重点学科的时候，古德生就有了“以采矿工程专业为主，组建学科群，成立新学院”的思路。按照规定，成立新的学院必须具备三个专业、两个博士点、四个硕士点的基本条件。比照建院条件，古德生必须再组建两个新专业才能达到要求。至于组建什么新的专业，古德生早已心中有数。在从采矿工程到采矿与岩土工程的专业改造之初，他就论证过采矿工程和城市地下空间工程的相似之处，其专业内容是足以涵盖城市地下空间工程的。现在国家正在大力发展包括地下交通空间、地下商业空间、地下存储空间、地下物流处理空间、地下管线空间等地下工程，如果在采矿工程专业里派生出“城市地下空间工程”专业，则既能适应国家大力发展地下工程的人才需求，又能挖掘采矿师资的潜力，并寻求更大的专业发展空间。

由于组建理由充分，且此前已有基础，城市地下空间工程专业很快就成立、开课。到资环建院解散，以采矿工程为主的新学院成立之初，城市地下空间工程专业已有八年的开课记录。因此，古德生很快从教育部领回了批准专业成立的红头文件。文件到手，古德生和他的团队非常开心。此专业的成立是古德生创建新学院的第一步棋。

在城市地下空间工程专业成立之后，采矿系的通风专业也向系主任古德生提出成立“安全技术与工程”专业。当时考虑到学生的毕业分配问题，古德生没有马上答复。随着学校形势的发展和国家对安全的重视，古德生便着手将这个专业的成立提上了议事日程。由于此专业依然是从采矿工程专业派生出来的，他的教学科研人才之前都在古德生带领的国家项目里历练过，也获得过国家级的奖项，且有教授职称的老师在队伍里，所以这个专业成立之后，便马上有了自己的博士点和硕士点。这些条件，为“安全技术与工程”成为国家重点学科奠定了坚实的基础。

因为古德生的未雨绸缪，及至资环建院解散之际，系主任古德生带领的采矿工程系的学科群已经组建好。此时他的队伍，已经开设了采矿工程、城市地下空间工程、安全技术与工程这三个专业，有两个博士点、四个硕士点，其中采矿工程专业亦是重点学科；另有包括教授17人、博士生导师9人的近50名教师的专业人才队伍，完全符合新学院的创立条件。因此，以采矿工程专业为主的新学院——资源与安全工程学院顺时应势地成立了。

学院成立之后，有些老师提出是否三个专业“分灶吃饭”、自主管理。经过再三考虑，系主任古德生没有同意。他说，成立新学院的初衷，就是为了更好地组织、落实重点学科建设和新专业的组建，让老牌的采矿工程专业带动两个新的专业，使三个专业紧密结合在一起，成为一个彼此关联、相互涵盖、协调发展的学科群，这样才能互相借力，达到同步快速发展的目的。如果“分灶吃饭”，则削弱了力量，会违背初衷。

为此，他在新学院的成立大会上强调：“资源与安全工程学院三个专业的教学科研任务由现有的一支教师队伍承担。现有队伍需要进一步扩大与优化知识结构。”

“学院下设三个系，虚设采矿与岩土工程系、城市地下空间工程系和安全技术与工程系，以便对外交往；各系不设下属办事机构；系主任分别由正副院长挂职。学院下设七个研究所，原则上保留‘采矿与岩土工程’专业现有建制，把原专业建制提升为学院下属的教学科研建制。三个专业的教学任务由七个研究所共同承担；三个专业的教学计划由学院统一组织有关研究所共同制订，教学工作由学院统一管理；各研究所的教学科研内容有所侧重，但不绝对分工，各研究所有较大的发展空间。在科研工作中，提倡各研究所协同作战，提倡在教学、科研实践过程中，在自愿的原则下力量整合。”

以后的实践证明，古德生关于新学院的建制方案是科学且高效的。其成效体现在：将一支教师队伍统一协调，服务于三个专业(学科群)，充分发挥了已有师资队伍的潜力；原则上保留现有建制，稳定和发展了现有研究所(室)日益凸显的学术优势；落实了国家重点学科建设的任务，保持了重点学科国内领先的优势，带动了两个新专业的长足发展，使得两个新专业在两年时间内，都先后成为国家重点学科。

“一个学院三个专业都进入国家重点学科的情况，是很少有的。”

在古德生的引领下，经过多年的努力，中南大学的矿业工程教育走上了不断创新、多方位培养高素质矿业人才之路，并在世界矿业教育领域成为一颗耀眼的明星。2021 年软科世界一流学科排名中，中南大学在矿业工程学科领域夺得世界第一。

遥想当年自己的抉择，漫漫岁月中的激情，路途中的艰辛，再看看今天充满蓬勃生机的矿业工程教育，年过八旬的古德生院士笑了，眼睛中闪着光，瘦削的脸上充满着自豪。

第四节　言传身教师生情

从教六十周年，古德生对“教师”这一职业有着自己深刻的解读。他说：“好的教师应该是热心人，是在教学中能体验到快乐的人，是有科学知识、富有创造精神、有良好素养的人。他不仅喜欢不断进步的学生，而且喜欢所有的学生。”

正因为古德生对学生的真诚关注和尽心指导，他的学生们也爱戴这位德高望重的恩师。2016 年 10 月 12 日，他的一众学生自发地举办了一个主题为“古德生从教 60 周年”的隆重而朴实的庆祝晚会。当天，一百多位不同年龄层次的学生，从海内外赶到了枫叶正红的岳麓山下。他们聚在一起，感念师恩、畅谈友情、论道矿业、感怀人生。在这个晚会上，他的博士生、北京科技大学副校长吴爱祥教授，代表同门师兄弟作了题为“德馨九州，生遍天下”的即席发言。面对恩师与同门，他饱含深情地回忆古德生与学生们共同走过的岁月，并心怀感触地说：“先生60年风雨兼程，无私奉献，自信乐观，为我们树立了人生榜样。即使在矿业形势低迷时期，先生也总是以饱满的热情对我们说‘一切从矿业开始，未来仍属于矿业’，这是激励我们，鞭策我们，同时也是鼓励我们，采矿的曙光仍在前方。先生的精神品质已经成为后学晚辈的宝贵财富，先生的人格魅力就像中南校园里的醉人桂香，长久留芳。我们要像恩师一样，胸怀振兴矿业的情怀，为我国的采矿事业努力奋斗前行！”

吴爱祥教授的发言结束时，台下响起雷鸣般的掌声。那一时刻，古德生院士笑了，笑容谦逊而愉悦。而台下许多学生的眼里，却有了潮润。大家仿佛又回到了中南校园。那段时光里，他们和恩师古德生相处的点点滴滴以及自己的成长经历不禁浮现出来。

在60年从教岁月里，古德生像他的老师汪锦章当年那样，真诚地关心每一位学生。对学生的论文、参评材料等，他都要亲自过问并把关，检查修改精确到每一个标点符号。他经常叮嘱学生，论文要修改三遍以上，结论要修改五遍以上。有许多学生参评长江学者或是工程院院士等荣誉的评选材料，他也要亲自把关，并叮嘱学生一定要学会提炼出学术思想的精髓，并上升到专业的制高点。他带出的学生，也都培养出了做事认真仔细的工作作风。他因材施教，对于不同梯队的人才，采取不同的培养方法。比如研究生的培养，他认为导师应该从学位选课、专业阅读、研究选题、研究方法、论文写作五个方面进行指导。而研究生的培养质量，古德生院士认为，主要体现在学术研究能力和创新精神上。他说，一个人的成长过程，很容易形成思维定式，创新则要求善于运用逆向思维，学会多角度、全方位思考问题，不但要敢于反思甚至否定自己从前的思路、想法，更要敢于向权威挑战，跳出传统求飞跃，而不能投机取巧，从人家的论文里找漏洞，或是证明前人的命题、方法正确。古德生总是批评那些不愿意动脑筋的学生，面对这些向自己讨命题、讨方法的学生，古德生总是反问："你自己想过没有？你是怎样看待这个问题的？我只能与你探讨你的思路，而不是简单地告诉你答案。"

他就是用这种方法，促使学生去思考，并挖掘他们的创新能力。古德生的一个硕博连读的学生，在他的鼓励下，积极探索新的领域。面对深部开采中高应力致裂的问题，古德生不断启发他如何变害为利来解决这个普遍存在的采矿难题。这位学生没有辜负古德生的厚望，研发了一台名为"静、动加载三足压力机"的设备来测试矿井深部各种动态状况下的高应力。在攻克这个难题的过程中，他不时与古德生探讨，师生共享创新的乐趣与成果。

古德生老师对学生的教育又绝不止于关心过问，而是既有思路，又有措施。在指导学生选择研究课题时，他总是能做到尊重学生的意愿，而不仅仅局限于导师的专业特长。因为他早在自己做学生的时候就知道，一个人的兴趣点就是他天赋的表现，应该让它尽量发挥。至于怎么发挥，他认为要结合国家的需求和学科的发展趋势，带向前沿，这样才有利于培养出真正的尖端人才。像他的一名来自西北矿冶研究院的博士研究生，脱产投到古德生老师的门下时，研究的方向是充填技术，成绩也不错。但毕业的时候，古德生院士发现，他做的却是侧重于管理经营的毕业论文。这有些出乎古德生的意料，他问学生为什么选择了这个方向而不是做出了一定成绩的充填技术方向。学生坦诚地告诉他，充填技术方面虽然也做得不错，但并不代表他真心喜欢，只是自己的责任心使然。之所以选择管理方向来开题，是因为他觉得自己不善于处理人际关系，却又有志于提高这方面的能力，现在他课余看了许多书，应该是有所长进了。另外，在西北矿冶研究院时，他就在关注矿业等国有资产的管理问题，也对这方面有自己的思考，他还拿出许多管理、金融数学等方面的参考书籍给古德生看。古德生老师看了他的开题报告后，发现他思路清晰，有自己的想法，就觉得学生的兴趣点真的在管理方面，便支持他的选择方向。该学生毕业后，如愿从事了一家国营单位的管理工作，不久，因为工作出色，被提升为北京市某区专管国有资产的副区长。

在人才培养方面，古德生老师还特别注意传授科学研究方法。他有个研究生，成绩不错，做事也很认真，在课题准备的时候，古德生发现他许久都没有进展，一问，才知道他花了将近一年的时间准备资料。浩如烟海的资料充塞着头脑，让他一头雾水，找不到方向。古德生便提醒他查阅资料一定要适可而止，要及时整理思路，根据自己的思路提出研究的纲目，明确研究重点及技术路线，之后，再回到资料里，这样才能有的放矢，将相关的资料分门别类地归到拟定的纲目里去，如此，效率方能提高，研究也就才能有深度。

结合自己从学生到院士的成长经历与多年对教育规律的调查研究，古德生还总结出了优秀工程科技人才的七个成长条件。他认为，职业道德是优秀人才成长的首要因素，是他们追求成才的主要动因。优秀工程科技人才应该在肩负重担的岗位上，培育爱国、敬业、勤奋、奉献的职业道德，只有在这种道德力量的感召下，才能完成常人不能完成的工作任务，直至做出卓越的成果。德行之下，便是才能，古德生说，随着科学技术的发展，知识呈爆炸式增长，学科交叉不断增强，新生学科不断涌现，因此，优秀工程科技人才的知识结构是个不断调整、创新的动态平衡系统。当然，优秀工程科技人才也必须在科技工程实践中培养创新素质和创新精神，承担创新团队的重要角色，培养担当和协作精神。不仅如此，古德生认为，重大工程项目的技术难度大，组织复杂，是有效地提升工程科技人员综合能力的重要载体。因此，一个优秀的工程科技人才，应该参与或承担经济社会建设中的重大工程项目，参与越多，研发经验越丰富，水平也就越高。另外，由于工程学科的集成性、交叉性、复杂性和实践性，优秀工程人才的成就需要较长时期积累。他告诉那些急于成才的学生，要踏踏实实做事，逐步在自己的领域里打下良好基础。大学本科毕业生一般有10到15年的成长期，然后成为重大项目负责人，再经过5到10年的积累，取得突出成就，才能真正得到科技界的肯定和社会认可。

以上这些教育观念，对优秀工程科技人才的培养、评价起着导向和激励的重要作用。古德生从教60年以来，共培养了博士后12人、博士研究生54人、硕士研究生15人。这些学生毕业之后，带着古德生言传身教的做人与做事的风格，走上了不同的工作岗位，对国家和社会做出了自己的贡献，让古德生很是欣慰。

在如何成为一名优秀的教育工作者方面，古德生也以身作则地带出了一名好学生。这个学生名叫林韵玲，生前被评为湖南省优秀教育工作者、优秀共产党员。她去世后，中南大学为她出了一本名为《用一生诠释师魂》的书。这本书生动再现了林韵玲老师三十多年如一日，坚守在思想政治工作一线，兢兢业业、无私奉献，辛勤呵护学生成长的感人事迹。这本书由当时中南大学的党委书记高文兵亲笔作序，书里也收录了古德生院士为她写的四千多字的回忆文章。在这篇题为《守望一颗闪烁的星星》的文章里，古德生院士用细腻而又深情的笔触这样回忆他的学生林韵玲：

小林是我的学生，又是我的同事，我们曾经一起相处几十年。她很纯朴，脸上时常挂着灿烂的笑容，她心中装着一团火，待人、做事、对工作，总是满腔热情、竭尽全力、乐观向上，好像从没有不快或记挂的事。

自她大学学习年代，到毕业留校从事大学党务与学生工作以及退休后在学校担任老年大学校长，一直都是那样刻苦努力、勤勤恳恳、任劳任怨，在平凡的工作岗位上，做了超出平凡的成绩。

1961年，古德生当助教的第二年，林韵玲便成了他的学生。后来，古德生老师与学生林韵玲，从师生关系转变为同事关系。他们都在一个系，在科研方面获得全国大奖的古德生老师当时已晋升为该系的系主任，而林韵玲老师，则负责主持一千多名学生的管理与思想政治工作。她务实而有个性的管理方法，为采矿工程系甚至中南大学赢得了许多荣誉，也让系主任古德生格外欣赏。

哪知道，在那满脸笑容后面，她却在默默地长期承受着病痛的折磨。就在我出差北京的时候，她竟然一别于人世，着实让人刻骨揪心地悲痛和惋惜。愿昨夜星辰今犹在，永远闪耀于世间。

这是爱生如子的林韵玲给老师古德生留下的最后的生之记忆。

像古德生受到了亦师亦友的黄存绍老师拼命三郎似的工作作风的感染一样，林韵玲对教育事业的忘我投入，也是受到了古德生的深刻影响。

在古德生担任系主任的七年时间里，他一直透支着健康在工作。短短七年，他争取到了两个博士点，使得全系的学科建设步入了一个新的高度。他还亲自主持建起了“振动出矿技术”等实验室，并和同事们四处奔波，筹集了几十万基金，设立了“开拓”奖学金和“金钟”奖教金，为提高教育质量开创了新局面。同时，他亲自筹建了“资源开发工程研究所”和“采矿与散体工程研究所”，为承担“七五”“八五”“九五”等国家攻关项目组建了稳定的、学术水平较高的研究队伍。根据市场经济对人才的需要，他大胆倡议、充分论证并组织实施了对传统采矿专业的改造，使得单一的采矿学科拓宽了专业面，为培养厚基础、宽专业的复合型人才奠定了基础。

就这样，他科研、教学、行政工作一肩挑，长期的超负荷劳动，使他心力交瘁。愈来愈严重的腰椎间盘突出，让他两次跌倒在地上，不能自主站立，只得住进医院。病情稍微好转，他又赶回系里上班。面对职称评定的矛盾，国家科研项目难题的攻克，他绞尽脑汁，直至浑身无力、视物模糊，也没有时间去医院看病。因工作繁忙，病情没有得到及时有效的医治，逐渐发展到他骑车去学校上班，连道路也看不清楚的地步。即使那样，他仍然未抽出时间去医院检查，只是放弃骑单车，早早出门走路去上班。如果哪天实在走得没有力气，就扶着树干歇一歇。终于有一天，他双眼模糊到无法工作，摸到医院去检查，就在排队挂号的时候，实在支持不住，昏倒在地，这才知道自己患上了严重的糖尿病。护士在他的病床前挂上了重症病危的红色号牌，并告知他的夫人谭幼媛以及学校的领导："如果熬得过今晚，可以保住命。熬不过今晚，那就很难说了。"

所幸，最终古德生脱离了危险期。从医院回来之后，古德生开始积极锻炼，自学了太极拳，早上也坚持跑步锻炼身体，希望保持良好的精力，继续从事他所热爱的事业。像当年刚进大学时放弃画画、唱歌、器乐等爱好，一心放在采矿专业的学习上一样，这时的古德生放弃掉一切浮名虚利，只为一件事——科研。

"他就是为采矿而生的，他一生只关心采矿业的发展。"这是他的同事、迪迈公司董事长王李管教授对他的评价。

"古老师的生命早已融入采矿事业当中。"他的博士生姚振巩也如是说，说的时候，眼角泪意闪现。

学高为师，德高为范。从古德生的老师，到古德生自己，再到古德生的学生，这种忘我拼搏、无私奉献的精神，代代相传，推动了中南大学在变迁的时代中不断向前，直至成为中国科技行业中勇于创新的佼佼者。

第七章

奋力攀登

第一节　漫漫远行不忘初心

1960 年 7 月，古德生留校任教，开始满怀热情地致力于夸美纽斯所说的“太阳底下最光辉的事业”。从登上讲坛的那一刻起，他就要求自己不忘初心，当一名好教师，做一个杰出的科学工作者。怀着干一番事业的信念，他脑海中常常浮现出各种创新的矿业“海市蜃楼”。然而，在那漫长的、史无前例的“文化大革命”中，纷繁激烈的政治运动，暴风骤雨般冲击着社会，让那个年代的知识分子们内心无比惘然。

1966 年 5 月的一天，“文化大革命”第一张大字报从北京传到长沙。第二天中午，古德生下班途经校办公楼时，见大楼前人头攒动，看大家都仰望着楼上校广播台的窗口，于是便停下了脚步。顷刻间，人们从四面八方聚集而来，三五成群地小声议论，并很快转为慷慨激昂的辩论，各自阐述的观点泾渭分明。古德生当即就联想到 1957 年“反右”之初的事，那时，也是从学生抢占校广播台开始的。莫非十年一轮回？他见有自己的学生也参与其中，便连忙前去低声劝阻。暴雨来前风满楼。没过几天，校园内的大字报便铺天盖地。与此同时，两个政治观点对立的“湖南省高等学校红卫兵司令部”（简称高司）和“湖南省高等学校红色政权保卫军司令部”（简称红保军）相继成立了。在那狂躁炙热的政治气候下，学生和教职工们很快地以各自所持的观点选边站了。两个“司令部”为了壮大队伍，很快就走向社会，与观点相同的社会组织合流，学校已经无法正常上班上课了。

之后，愈演愈烈的派系斗争，使学校完全瘫痪，让很多人受到了冲击。曾经一起兢兢业业工作的陈老师，被剃了半边头；受尊敬的老革命、学校的罗副院长被绳子牵着游校园；采矿工程系的优秀学生、校学生会主席罗同学，在“捍卫革命路线”的武斗中失去了生命。这一切在人们心中留下了沉甸甸的记忆。那个时期，人们感到彷徨、无奈、厌倦和窒息。古德生也曾试图关门读书，以寻求心灵的安慰，但偌大的校园却难觅一角安宁。他常询问自己：“人，为什么不能做点有意义的事呢?”眼前的现实与留校任教时的抱负落差太大了。古德生一遍遍地扪心自问，终于打定主意，不管外面时局如何，但求笃定心志，做点有益于社会、有益于他人的事。于是，每年农民夏收时，他便到市郊的学士公社帮农民抢收、抢插，也曾下到湖南冶金机械厂当过三个月工人。后又下到湖北长石矿当工人，体验矿山的艰辛，挖掘矿山生产技术难题。在工厂停产、学校停课的艰难大环境下，古德生却逐渐开始了对矿山事业的思考。

从哪里打开突破口呢?

在矿山的实地考察中，古德生仔细观察着矿山的操作流程和各种挑战。回到学校，走在校园的枝干粗壮、叶片茂盛的香樟树下，他总是沉浸在思索中。经过反复的观察和思考，他的脑海中总是浮现出这样一幅画面：

在离地表数十米深的井下巷道中，无数大小不一、形态各异的矿石从采掘面滚进一个很大的漏斗里，再落入斗下的矿车中，之后便被运走。突然，一块巨大的石块滚来，堵在漏斗口内，漏斗一下子就被堵死，矿石无法下落。工人便拿根长长的铁棍站在漏斗口去撬小矿石，小矿石会被撬下来，不过，很多工人被这些小矿石砸伤过，有的甚至因此失去了生命。

如果撬动了小矿石，大矿石还下不来，就只能进行二次爆破了。显而易见，手工操作的二次爆破，危险更大。

无论是撬动还是二次爆破，都相当耗费时间。一个出矿口被堵一次就要耗费几个小时甚至一天的时间。而每个矿山有很多出矿口，全国又有很多矿山有类似的问题。

这个普遍性的问题，耗费了时间，带来了安全隐患，降低了矿山的生产效率，影响了国家矿业的发展。

古德生被这样的状况深深地震撼了。他记起上大学的时候，老师就讲过，在金属矿床地下开采中，崩矿和出矿是两项主要作业，而采矿工业的发展史也曾记载，采矿技术的重大进步，往往是由这两项作业中出现新的设备和工艺而引起的。

翻阅采矿工业史，古德生发现，在20世纪40年代，深孔钻机的出现，促使在厚矿体开采中产生了高效率大量崩矿采矿法。此种采矿法的应用，使采矿劳动生产率得到显著提高，矿石开采量大幅度增长。深孔钻机能钻出一排排又深又大的炸药孔，从而放进更多的炸药，其巨大的威力能一次崩落比之前多得多的矿体。但是，与此同时，崩落下来的矿石块度也相应增大。这就导致了古德生带学生实习时，在矿山出矿口经常看到的低效、原始、危险的场面。他明白，出矿口的卡堵，已然成为矿山普遍存在的“咽喉炎”。

像小时候帮母亲干农活，发现了打谷机的不科学之处加以调查和发明创新一样，这次，年轻的古德生又决定广泛调查和查阅资料，来看看是什么导致了这由来已久的困境。

在细致的调查中，古德生了解到，由于矿山沿用的重力放矿方法，不能适应深孔崩矿块度增大这一客观条件，使出矿效率受到很大影响。比如大块率在2%~3%时，一条电耙道的出矿效率每日可达千吨，但若大块率增加5%，二次破碎工作量相应增加，出矿效率几乎降低为之前的一半。同时由于大块的二次破碎，还使采场通风状况恶化，甚至漏口破坏，巷道塌陷，矿石的损失贫化增大，等等。

真是不查不知道，一查吓一跳。这些长期并广泛存在的落后现象让古德生内心焦虑起来。他想，前人难道没有发现过这些采矿工艺的缺陷吗？他们难道视而不见吗？

经过深入的探寻，古德生发现，其实，前人也想过一些方法。他们在生产中改进过崩矿方式，也试图寻求合理的崩矿参数和保证施工质量，以期降低大块产出率，从而提高出矿效率。这无疑能收到一定的效果。但是，产出大块的因素十分复杂，想要完全依靠提高崩矿质量来解决出矿效率的问题是很困难的。事实上，大量崩矿采矿法的大块产出率普遍高达 10%～20%。这是一个实践中存在的严重问题。

还有，采场放矿时，所有大块都要经过断面有限的溜眼，然后再经电耙运搬或格筛溜放。在这过程中，经常发生放矿口的卡块和溜眼上方结拱的情况，其处理困难，带来的后果是显而易见的。首先是消耗大量工时。处理堵塞所花时间一般占作业班的 25%～35%，加上出矿过程中调车和等车的时间损失，实际每班的出矿时间只占 1/4～1/3，甚至更低。因此，电耙的出矿效率仅为每日每台 150～300 t。

为了提高出矿效率，人们还从两方面做过努力。其一是加大矿车容积，采用大斗容电耙，以求增大扒矿块度。这一措施虽然取得一些效果，在放矿水平进行二次破碎的时间有所减少，但并不能减少溜眼的堵塞次数，放矿条件仍未得到根本改善，因此电耙的出矿效率也只达到每日 250～300 t 的水平。其二是一些矿山曾试图尽量增大放矿通道的尺寸来减少矿石的堵塞，但其效果并不显著。因为矿石在溜放过程中要能自由放出，则实际的放矿口尺寸应为块度的 3～5 倍，这在生产中是难以满足的。

实践表明，出矿作业是大量崩矿采矿法中最困难的环节。由于深孔凿岩和大爆破技术的应用和发展，在一个矿块中，一次可以崩落矿石几万吨，甚至几十万吨。但是，矿块的出矿能力每天总共才几百吨。一个矿块的出矿时间，往往延续几年。出矿与崩矿效率的严重不协调，限制了大量崩矿采矿法效率的进一步提高，同时给生产带来了被动局面。古德生了解到，国内某年产矿石百万吨的矿山，采用的是阶段强制崩落法。矿块一次崩矿量为 15 万~20 万 t，但是采场的出矿却要花费一年半到两年半的时间。由于采场出矿效率低，为了满足年产量，出矿采场要经常保持 9~12 个月，存窿矿石达到年产量的 1. 2~1. 4 倍，各个同时工作矿块数多达 27~30 个，致使矿山的巷道维护工作量大，采掘设备多，矿石的损失贫化增大。这种情况所带来的经济损失和生产组织的复杂性是很大的。

在考察矿山整个生产系统过程中，古德生深刻认识到出矿作业是目前矿山最主要的生产环节，又是矿山生产系统中最薄弱的一环。其成本占每吨矿石成本的 30%~40%，其产生的事故量占矿山工伤事故的 40%~50%，并直接影响矿山生产系统畅通和生产工人的安全，是制约矿山产量与效益的症结所在。对于金属矿山作业链中这一老大难问题，绝不能再回避了，一定要攻克这道难关。

过去，人们对出矿技术也做过许许多多研究，但历来均沿着传统重力放矿这条老路去探索。最终徒劳，无路可走。人们固化了认识，也就视而不见，尽管经常发生人身事故。

“这种改变没有质的飞跃，仅相当于农民去买条更壮的牛犁地，或是将锄头磨得更锋利一点儿。我想要的是从锄头到拖拉机的飞跃。”

这是古德生总结前辈方法得出的结论。他认为自己不能再沿着前人的老路往下走，必须开拓思路，创新概念，才能独辟蹊径。

1973 年夏天，“停课闹革命”还在无休无止地延续，学校仍处于无政府状态。古德生却和王启宇、王惠英等几个志同道合的同事一起，为着共同的人生价值，迈出校门，义无反顾地走向了矿山生产第一线，下决心实现自己的理想，为矿业做点有益的事情。在生产实践中，他们和矿工们一起摸爬滚打，以求尽快熟悉采矿工程的每一个生产环节和每一道工艺。同时，他们也深深体验到了矿工们的艰辛，再次看到了之前就发现并致力改变的采矿工程现状。此时，作为一个科技工作者的强烈责任感充溢着古德生的内心，他以宽广的学术视野冷静地思考，在迷惘中苦苦寻求着变革传统采矿工艺和采矿技术的突破口。

经过一段时间的殚精竭虑，古德生终于认识到，被动地依靠重力作用，无法改变矿石的放出特性，必须主动地施以外力，才能降低矿石的内摩擦系数，改善矿石的流动性。经过多次论证，古德生最后选择了通过振动能量传递来活化矿石，进而变革出矿工艺的技术路线。

如前所述，由于出矿作业环境十分恶劣，要有效地改善矿石的流动性，就必须寻求一种能埋设在矿堆下工作的振动设备，只有新设备的诞生才能推动工艺的变革。可是如何去实现呢？当时的文献库在此领域几乎一片空白。为了寻求一条新的途径，古德生认为有三个必须解决的问题：

一是要对矿石施以激振力，采用什么类型的激振器才能把振能传到上部的矿石中去活化矿石？

二是激振器将埋设在上部矿石堆下，所承受的来自上部的压力有多大？设备能起振吗？影响范围有多大？

三是出矿成本有多高？可以盈利吗？矿山能接受吗？

这三问，成为振动出矿机设计要解决的前提。

因为自己要随省委工作组下湘西“学大寨”，古德生于是请本校机械系从事矿山机械研究的王老师和杨老师先到湖南水口山矿去调查。不久，他们回来告知：“搞不下去，水口山矿只是一个漏斗边外挂的小振动器，对我们没有参考价值，很难达到目的。”说完，王老师表示退出研发组。古德生组织的第一个“三人团队”就此解散了。

但是古德生并没有灰心，决定自己把这件事情干起来。他首先通过分散在全国各地的同行与朋友，打听与“振动”有关的单位，然后查明地址。

从孩童时代起就是“孩子王”的古德生，深知团队的力量。从事科研之后，他更知道要巧用集体的智慧。准备工作做好后，古德生便叫上了之前一起下矿山的王惠英和王启宇老师，三人同行，为了回答上述三个问题，开始了艰难的“振动”之旅。这个科研小分队为了开创采矿历史新纪元的振动出矿技术的共同目标走到了一起。在随后将近十年时间里，不管遇到什么阻力，他们都没有放弃过，直至硕果累累。

时间再回到 1973 年那个处于“科学寒冬”的夏天。古德生一行三人，从长沙出发，开始了求索之旅。他们第一站去了株洲洗煤厂。那里的振动设备太小，对他们没有什么启发。于是，他们马上收拾行李北上，去了河南洛阳振动压路机厂。

振动压路机厂的相关设备让古德生和他的同事了解到振幅的高中低频率的取值以及相关参数，对以后颠振型振动出矿机的振幅需求提供了启发性的参考。

离开洛阳之后，他们又转道山西，去了太原钢铁厂。

太原钢铁厂的一个运料进高炉的小型振动运输机是他们寻访的目标。找过去看了看，觉得跟他们所要的功率相差太大。于是他们赶紧再往北行，去了北京振动仪器研究所。

去北京振动仪器研究所的主要目的，是想去看看研究所已有的相关测试要求。因为当时搞振动出矿，还只是一些在古德生脑海里存在的想法，方案还没定下来。他们想找研究所搞振动的专业人士咨询，为方案的制订寻找可行方向。

从研究所出来，他们又往东南去了上海，观看正在海边兴建机场的振动打桩机。

海边实地看完打桩机之后，他们一行又找到了生产这种振动打桩机的厂家。接下来，他们去了武汉钢铁公司，了解那里的热矿振动筛。

武钢的热矿振动筛采用的是定向激振器和螺旋弹簧。这个定向激振器对他们有一定的启发。但这种启发也只是暗夜微光。因为古德生要研发的激振器是埋在矿石堆下的。如前所述，激振器所产生的振能能有多大？到底是采用电池振动还是惯性振动？诸如此类的问题都有待他们去进一步研究论证。

“我们最终选择的是惯性振动。惯性振动比较慢，每小时一千多转，振幅就高，这样对用偏心块来调整其激振力的大小来说，比较容易。关于振幅，我们考虑还是选择适合低中频的振幅，800 到 1200 转为中频，既可以保证一定的振幅，又可以把振能往上传播。太低了也不行，它的偏心块过大，不好安放。我们在太原看的都是电池振动，电池振动对于我们来说不行。”

确定了用惯性振动方式之后，接下来他们要解决的是定向还是不定向激振的问题。最后确定了先搞定向的颠振型振动出矿机，因为它的应用面最宽。古德生一行三人都认为，开始不能搞太复杂，太复杂不容易推广，成本也高。

除了激振器，他们还要考虑用什么样的弹性系统储能。在武钢看到的热矿振动筛用的是螺旋弹簧储能，但古德生要研发的振动出矿机振动的是矿石，矿石容易掉到弹簧里面去。另外，如果上面出现了大块，还需要爆破的话，弹簧会承受不起。再三考虑之后，他们的第一台设备用的是火车弹簧，这是古德生坐火车的时候，每次到站便下去考察得来的。但最后，他采用的还是特制的橡胶弹簧，认为这是最适合矿堆下的振动出矿机的弹簧。

全国兜了个大圈子，他们一边看一边讨论。回来之后，便研究设计方案。

“做方案之前，最大的难度在于不知道出矿机上面将要承受的压力有多大，怎样才能算出来，所以最初的一个方案，考虑是不是可以用杠杆的原理来省力。但分析来分析去，不现实。因为杆子的振能比较小，而且杆子是有弹性的，必须刚度很大，力才能传导到矿石里去，所以不太现实，到时振幅只怕只有一两个毫米，因为杆子的弹性会让力逐渐消失掉，最终这个方案被否定了。"

在此基础上，他们又提了许多方案。从肯定到否定，否定再到肯定，又否定，将近一个月的时间都在讨论方案。最后，才拿出了用弹性系统支撑的平板台面的振动台方案。

可是这个振动台行不行？它的上面压着那么重的矿石，能不能振动得起来？所以当时对这个振动台底面的压力有多大，没有把握。如果振动台上面的压力，相当于盛满水一样的那种恒定压力，那么多的矿石，就是相当大的一个压力了。振动台下面的弹性系统能否起到作用？压力究竟怎么计算？激振力传过去的时候，是否会和矿石的压力相抵消？

"也就是说，振动的加速度和重力加速度有没有差值？如果说弹性系统下降得快，比重力加速度大，那矿石可能会跳起来。"

想到此，古德生就从这方面找资料，花了将近三个星期的时间，在一堆书籍中寻求理论支撑。直至古德生列出一个计算台面上压力的公式之后，他的心里才算有数了。

2015 年，一个温暖的春日，在中南大学院士楼古德生院士的书房里，他拿起一个笔盖现场演示，并讲解了有关的原理。

古德生院士将笔盖放在他平摊开的手掌当中，上抛，然后他的手掌快速下降，速度远远大于笔盖下降的速度，当笔盖自由落体运动到骤停的手掌上，笔盖没有停住，而是狠狠地被反弹开去。

古德生院士讲述道："如果我手掌有些倾斜的话，笔盖就会向侧边弹开，如果我不断地循环这个动作，不断斜向弹跳，笔盖不就是往前移动距离了吗？"

当年，认识到这个原理之前，古德生也想清楚了一个问题，那就是振动台面上将要承受的矿石的压力，不会像水的压力。因为矿石很粗糙，台面也粗糙，落在上面，会有一个反作用力，再加上加速度的差值，就可以实现振动输送了。

在对方案进一步推敲、对公式反复演算时，古德生又发现，因为是斜向跳跃式振动前进，矿石与台面的接触是点的接触，再加上加速度的差值，台面所受的摩擦力也小了很多，破坏力也随之变小。在实践当中，还会附着一些粉矿减少摩擦，台面基本上就没有什么损伤。如此，维修问题也得到了解决。

“振动时候的阻力，也就是摩擦系数，实际上只有静态时候的摩擦系数的30%，振动摩擦力一小，流动性就大了，堵塞就少了，出矿效率肯定就高了。”

如此，振动出矿机的方案终于设计出来了。

但还只是方案，要进行试验，然后再去矿山实地操作。为此必须将方案画成图纸，再把图纸做成设备。虽然不是学机械出身，古德生并未发怵，开始认真地学习机械。

“我的振动出矿机做出来，获奖之后，我专攻机械的哥哥听说了，又惊奇又高兴，对我说，你是搞采矿工艺的，不是像我搞机械设备的，搞机械的人都没做出来，你们却先做出来了。我为你开心。”

在古德生组建的第二轮“振动出矿三人团”里，他主抓全面工作。因此，设计图纸的重任，就落在了他的肩上。

那个时候，古德生脑海里时时浮现各种振幅、激振力、弹性系统，家里到处是满纸的振动台面、弹性元件、惯性激振器等。以至于在凌晨，他常常被自己突然而至的灵感惊醒，然后披衣起床，继续画图。在落实方案、设计草图的半年多时间里，他经常为此如痴如醉，在生活中闹出不少笑话。有一天，爱人谭幼媛出差。学校的铃声使他想起中午女儿要吃午饭，下午还要上课，便急忙从实验室回家蒸饭，刚把没放水的米锅放到煤炉上，灵感来临，又急忙回到实验室。邻居闻到烧焦味，匆忙跑到实验室把他喊回来。回家一看，生米没能煮成熟饭，而是成了焦炭。

不知经过了多少这样晨昏颠倒、寝食难安的日子，古德生最后终于完成了全套单质体、超共振型的颠振型振动出矿机的设计图纸。

从方案到图纸固然不易，但是从图纸到设备，更是难上加难。虽然当时中央“革委会”已经提出了“抓革命，促生产”，很多工厂都上班了，却终归没有完全走上正轨。再加上振动出矿机是由古德生团队自主设计，国内还没有工厂生产过，而他们也没有经费委托机械厂加工，这种种情况决定了他们只有一条出路：自己动手。

于是，古德生和王启宇、王惠英一行三人又来到矿山。没想到的是，这里的机修厂仍然停产关门。他们只好找个学徒帮忙，三人都从钳、焊、车、铣、刨开始学起，向着自行加工设备的方向努力。

在漫长的设备加工过程中，他们三人还总是身不由己，要轮番参加“农业学大寨”“下乡锻炼”“农场劳动”。每次一去就是一年半载，科研工作举步维艰。

但是，在强烈的理想信念的支撑下，他们矢志不移，齐心协力。谁没有下乡，谁就到矿山顶岗。就这样，断断续续坚持了近7个年头，经历各种困难后，他们终于亲手完成了首台振动出矿机的加工。其后，在下矿实习的第一批工农兵学员的帮助下，他们在地面做完了性能测试。之后，再分拆部件，肩扛上山安装，完成了工业试验。

全国科学大会召开之际，古德生和他同事发明的颠振型振动出矿机终于在湖北长石矿试车成功。工人们一摁按钮，矿石就随着振动放矿机的振动，从溜井中流出。当遇到大块时，工人亦是通过操作按钮来调整激振力的方向，大块矿石一个转身，最窄的那一面对准了溜井口。平时要费时半天的卡堵现象，在一分钟内就得到了解决。当时长石矿上下一片欢腾，工人们由衷地感叹：“太好了。我们终于解放了。”

古德生院士还记得，试验的那几天，矿上的工人、干部纷纷涌向现场，观看之前他们难以料想的试验成果。看到欢欣鼓舞的试验场面，他们燃点鞭炮，庆祝矿上飞出了一只金凤凰。从此，全国许多矿山前来参观取经，小小的湖北长石矿成了我国矿业界的“朝圣地”。

面对历尽艰辛取得的重大成果，古德生团队在欢欣鼓舞的同时，也深深怀念着征途中因重病而离开人世的王启宇教授。王教授与大家一起竭尽全力，却未能与大家一起分享成功的喜悦。谈到与自己一起奋斗过的伙伴，古德生动情地说：“老王做起科研来，非常拼命，是一个很优秀的、干事业的人，真可惜他过早离去了。”言谈中，他眼睛湿润，充满着对昔日伙伴的怀念。

回顾人生第一项科研所走过的艰难历程，古德生真真切切地体会到“事无艰难，何来人杰”。这句话从此成为他对待日常生活和工作的警句，成为他人生中不断勉励自己努力奋斗的座右铭。

第二节　日出江花红似火

“文化大革命”十年，我国的科学技术受政治寒冬的影响，其发展水平远远落后于世界。1977 年，随着“文化大革命”的结束，党和国家领导人意识到要“实现四个现代化”，科学技术具有非比寻常的重要性，因此必须给科技工作者、知识分子鼓鼓劲，便拟定召开一次全国科学大会。为此，老一辈革命家叶剑英元帅欣然提笔写了一首题为《攻关》的诗歌，发表于这年的《人民文学》第九期：

攻城不怕坚，攻书莫畏难。
科学有险阻，苦战能过关。

以此鼓励广大科学工作者勇攀科学高峰，为祖国早日实现四个现代化贡献自己的聪明才智。被时代氛围感召着，远在长沙的古德生，一位年轻的中南矿冶学院科技工作者、叶帅的梅县老乡兼校友，加快了科技创新的步伐，终于取得了向全国科学大会献礼的成果。

1978年3月18日至31日，全国科学大会在北京隆重召开。这是“文化大革命”过后，国家落实知识分子政策、拨乱反正的大会。会上提出“向科学进军”的战略决策，确立了“科学技术是生产力”的著名论断。许多党和国家领导人到会讲话并鼓励知识分子们勇于创新。时任中国科学院院长的郭沫若也进行了题为“科学的春天”的激情演说。从此，国家迎来了科学的春天，各路科技人才纷纷启程，投入科研当中。

就在这个大会上，古德生于“科学寒冬”启程，断断续续持续了七个年头，历尽艰辛取得的科研成果——“振动出矿技术”，受到了全国科学大会的表彰，并获得“全国科学大会重大成果奖”，成了中国科学春天到来之际，一枝早开的报春花。

像所有的花朵绽放，其种子必然经历漫长的地下裂变，再到破土而出，然后茁壮成长直至繁花满枝头。古德生对此技术进行的科研攻关历程，同样也经历了低调而艰辛的漫长过程，最终才灿烂地绽放，成为引领行业的美丽风景。

采用振动出矿技术生产出来的振动出矿机，经检验，具有以下惊人的效果：

新型颠振型振动出矿机的诞生，有效地消除了传统重力放矿经常发生的卡、堵、跑矿等事故，把工人从繁重危险的手工放斗作业中解放出来。比如王家滩铁矿，据多年统计，过去采用重力放矿时，放矿作业的工伤事故率约为8.45人次/万吨，采用振动出矿后，事故基本消除。

新型颠振型振动出矿机还大幅度地提高了劳动生产率，创造了采矿 1643 t/d 生产能力的奇迹。出矿效率提高 1.5~4.0 倍，真正实现了古德生老师之前设想的——从“锄头”到“拖拉机”的飞跃。

此外，与风动闸门放矿相比，振动出矿机以电为动力，没有由电能转换为压风能和管路送风的能量损失，能耗小。辉铜山矿使用 12 台振动出矿机取代风动闸门，使得压风机房用电量由每月 13 万度降到 11 万度；一些远离压风机房的矿仓和装矿站，再无须大量铺设风管或专设压风站。

不仅如此，振动出矿适用于多种性质的矿石。金山店铁矿溜井重力溜放黏结性粉矿时，装满 50 t 的车皮需要 30~50 min，采用振动出矿以后一般只要 10~20 min。多宝山矿每年有半年的冰冻期，采用振动出矿后，解决了冻矿装载的难题。

因此，这一技术的成功，在矿业界引起很大轰动，它标志着我国出矿技术进入了一个新时期。

采矿业的春天到了，正如那首古诗所说：“日出江花红胜火，春来江水绿如蓝。”

第三节　攻此难关谁与争锋

自从振动出矿技术获得全国科学大会重大成果奖之后，古德生的科研团队受到巨大鼓舞，决心要让这一成果继续发展，在实践中进一步创新地解决矿山问题，提高矿山的生产力。

江西宜春钽铌矿的科技攻关就是这样一个成功的例子。

江西宜春钽铌矿是我国目前规模最大的钽铌采选企业和钽铌锂原料生产基地。它于 1971 年开始筹建，设计规模为日处理矿石 2500 t，一期为 1500 t。投入试生产半年多时间里，采选日处理矿石一直停留在500~600 t的水平。其问题在于采运矿石的一些环节及部分选矿工艺不过关，其中粗碎车间的原矿仓运行极不正常是根本原因。

一直以来，该厂的粗碎车间原矿仓的出矿口处是安设45DA型电磁振动给矿机，向破碎机喂矿，矿石破碎后通过皮带运输机向圆锥破碎机供矿。但是，由于该矿是风化很深、含长石成分很高的钽铌矿，露天矿采场来的矿不但大块多，而且小于2.3 mm的粉矿含量高达40%，有时为70%以上。粉矿的黏结性强(当含水率为11.9%时，黏结力为0.1 kg/cm^2)，透水性差。同时，露天采矿的含水率与降雨量关系密切，变化幅度大。因此矿仓出矿口经常出现阻拱、结拱和卡堵现象。每班爆破处理堵塞少则二十多次，多则七十多次，根本无法正常生产。另外，仓内矿石流动带呈烟囱状，矿仓堆滞大量粉矿，矿仓容积利用率极低。粉矿含水量高时，又易发生跑矿事故，直接危及破碎设备及人身安全，迫使生产经常中断。还有，原矿粗碎之后，未经脱泥、脱水，直接进入圆锥破碎机，致使经常垮矿，而且影响选矿回收率。

1981年9月，冶金工业部组织国内专家为此进行了改造方案论证。会后，设计院根据论证会议的精神，在粗碎车间用GBZ 1800×8000重型板式给矿机取代45DA型电磁振动给矿机；DEF型颚式破碎机规格由600×900增大到900×1200，将合格矿石块度由500 mm增加到800 mm；在圆锥破碎机前加设SZX_1重型振动筛进行洗矿，并将原水平安装的40 m长的皮带运输机改为3°42′的上坡。

但是，这些专家给出的方案实施之后，仍然存在着许多问题：

板式给矿机无助于改善矿石的放出特性，尤其很难适应粉矿、泥矿含量高的矿石，机下粉矿、泥浆矿大量漏出，清理工作量也很大；

采用板式给矿机所需土建改造工程大、工期长，设备维修工作量也大；

皮带运输机因改为上坡，跑矿及漏矿现象更加严重；

对粉矿泥矿含量高的矿石来说，用重型筛一次洗矿，脱泥很不充分。

因此，专家们对选厂粗碎车间原矿仓的矿石处理问题终究也没能“妙手回春”，矿山一直无法正常投产。

此时，古德生教授的振动出矿机已经在全国金属矿山进行推广了。他也已被推选为代系主任。这一年，即1982年的4月，古德生一行代表中南矿冶学院应邀到现场进行考察。他们发现，这个露天矿之前存在的诸如矿石性状、选厂设备等问题依然存在。因为选厂粗碎车间的原矿仓是矿山的咽喉，在经常出现堵塞和跑矿事故的情况下，露天矿运来的矿石便无法卸入已经装满矿石的原矿仓。矿仓口堵塞，有矿也无法向选矿厂供矿，结果就造成了矿山全面停产。

这是一项事关宜春钽铌矿生产全局的、风险性很高的科研课题，给项目承担者和项目承担单位都带来相当大的压力。

但是，古德生教授在整个露天矿场转了一圈，心里便有数了。随后，他拿着与厂方签订的合同回到学校，向系里的总支书记汇报。谁知总支书记并不支持，想打退堂鼓，对古德生说：

“合同是你签的，你签了合同也并不代表我们同意你搞。”

古德生知道，总支书记这样说，是对他们能帮宜春钽铌矿解决根本问题没有把握，怕出事故才这么说的。不是吗？冶金部组织全国专家进行了集体“会诊”，问题都没得到根本解决，你古德生点子再多，能多得过全国的能人加在一起的点子吗？

但古德生不这样认为，他当时已经胸有成竹了。当总支书记表示不同意他们接下这个项目时，古德生教授仍然面带微笑，心里却暗下决心：

“这个项目虽然有难度，但我依然要搞成。”

那时候，古德生教授经过仔细分析，认为这个采场的钽铌矿分为氧化矿和原生矿，氧化矿变成了泥巴，原生矿仍是大矿石，形状不一样，就应该将运送的通道分开。分开了，胶泥就不会粘连大矿石造成矿仓堵死。再加上自己已经研究出来的振动出矿技术，调整激振力的方向，大块也就能顺利通过。至于如何将氧化矿和原生矿分开，古德生觉得这并不难。只要在振动出矿机上方安装一排水管对着冲洗，胶泥状的氧化矿便能冲到振动出矿机的底槽，再从那里直接流向下一个流程。这样，不光是出矿，连洗矿的程序都提前完成了。

经过充分论证，古德生决定研制振动参数可调的，具有给矿、筛分、洗矿多功能的振动设备，取代安设在原矿仓下的传统的重型板式给矿机，并在原矿仓内安设粉矿破拱设施。这一技术方案要求达到的具体目标是矿石自原矿仓中均匀放出，不堵塞，不跑矿；粗碎前实现大块及粉矿的充分分离与脱泥；处理矿石能力不小于 150 t/h；处理矿石的大块尺寸达到 800 mm。

方案及目标定好后，古德生教授就与另外两个同事商量，将这个振动出矿机命名为振动给矿筛洗机——第一层是大格振动筛，运送筛选大的原生矿石头，使其流向老虎口，进行第二次破碎筛分；第二层是槽道洗矿，边洗边运送富含钽铌元素的粉状氧化矿去选矿厂。

“筛洗”，是古德生教授根据宜春钽铌矿的实际情况量身改良之处。

之后，古德生教授又去了一次宜春钽铌矿，将原有的重型板式给矿机、矿仓等设备的尺寸丈量准确并记下来。为了省时间和材料，他决定就在原有的机器上进行改良。

钽铌，是一种应用于航天工业、核工业、电解电容方面的稀有金属，当时国家非常重视它。板式给矿机效率再不高，也是不能随便停产的。因此，古德生团队搞设备调试，都只能在过春节的那十来天，等厂里放假的时候，才能进去撤旧换新。如果首试不成功，那肯定会要撤新还旧。

果然，首试没有成功。

前两年，古德生教授画出图纸，又做出了设备的关键部分，并在学校的实验室进行了空转测试，效果都不错。

第三年过春节前，古德生教授和他的同事王惠英及新加入的高工李觉新提早来到了宜春钽铌矿。他们首先找到了负责联系的陈技术员，让陈技术员召集选矿厂的相关技术员到场，给他们详细讲述设计的原理，为什么泥矿和块矿要分开，泥矿下去还要不要洗，如何调整激振器的相关参数，等等。说服技术员们，取得初步的信任之后，又让他们找来机修车间的师傅，将原有的板式给矿机的上部拆散，动用大吊车吊出来，等等。这些准备工作花了两天的时间。

然后，机修师傅在古德生教授的指挥下，将他设计制作的激振器、东北铁岭橡胶厂根据古德生提供的压缩参数定制的橡胶弹簧、冲洗水管等大大小小的元件都装到了原有的板式给矿机的底座上。

一切就绪，古德生教授吩咐工人师傅将之前封住矿仓底部的大铁板抽开，矿石通过加了振动设备的矿仓，匀速下泄到刚刚装好的振动出矿筛洗机上，就连包裹胶泥的大块也顺利通过。

与此同时，古德生教授的同事李觉新按动按钮，振动给矿筛洗机也开动起来。

然而新的问题像拦路虎一样，出现在一直胸有成竹的古德生面前：

这些在露天矿里存了好些天的矿堆里，集聚了不少水分。此时振动给矿筛洗机往前推送的、被胶泥包裹的矿石，像事先发好揉好的面团一样，均匀地布满了振动给矿筛洗机，厚度与侧板完全相等了。振动给矿筛洗机变成了一只“牙膏管”，发酵似的矿石胶泥像挤牙膏一样，眼看就要堵塞住下一道工序的老虎口。

这是古德生教授始料未及的。他急得满头大汗，连忙叫停。

在场的钽铌矿的技术人员都不吭声了。旧的设备拆得七零八落，新的设备又是这么个效果，耽误了节后的工期，谁来负责？谁负得起这么大个责任？

这天晚上，古德生教授和他的同事连晚饭也无心去吃，紧张地讨论。

有人提出是不是速度太快了？放慢些速度如何？

还有人提出，是不是给出的矿体太厚了？薄一些的话，是不是就可以达到冲洗开来的效果？

分析来分析去，古德生教授认为机器本身没有问题。振动出矿技术已经在许多不同条件的矿山都运用过，都起到了革命性的效果。因此，放慢速度和减薄矿体都不能解决关键问题。那么关键问题在哪里呢？

他们抛开机器，从矿石性质上找原因。这才意识到，原因就在钽铌矿的性状上。

那么，又如何能将黏结性这么强的胶泥与原生矿石分离，以达到冲洗的效果呢？

重力、速度、角度等相关因素在古德生教授的脑海里不停翻腾。最后，他眼前一亮，何不在第一层的倾斜平面上增加一个陡坡似的台阶呢？

“原生矿石的质量远远超过胶泥，速度肯定要比泥巴快，从台阶上掉落下来，泥矿自然会脱落，加上水龙头的水同时跟着逆向冲洗，这不就分开了吗？而且，只有散开，它的冲洗才能有作用呀。”

古德生教授说完，大家都表示赞同，这才安心上床睡觉。

第二天一早，古德生教授就联合陈技术员，找来工人把昨天留在台面上的“牙膏”矿清理掉，又找来钢板，按照古德生计算出的厚度焊接出一个台阶。第二次试运行马上开始。

第一天装机器的时候，只有几个人。而在“牙膏”矿事件的第二天，在家里过新年的工人和家属都跑来看。

还是由中南矿冶学院的李觉新老师按动按钮。

随着机器的启动，大家都屏息静观。他们看到胶泥粉矿包裹着的大矿石从矿仓匀速下降，落到振动筛洗机上，马上又从新加的台阶上掉落下来。骤然而来的重力使得粉矿抖落，也让大矿石飞快地滚向老虎口，粉矿由于质量小，速度慢了许多，如此，矿石与矿泥成功分开并筛洗干净。

“长石矿本来就白，水龙头一冲，更白了。那天正好首先就来了一块很大的原生大矿块。看它成功抖落了泥矿，洗得白白的滚向老虎口，我心里不知有多高兴！这种感觉，我真的难以用言语来形容，不搞科研的人，可能都体会不到。”

古德生院士说这句话的时候，语气充满了慨叹，眼睛依然闪着笑意。

1984 年的这个春节，冷风乱窜的宜春钽铌露天矿，当洗白了的大矿石成功掉入下一个流程的老虎口时，在场所有人心里那块沉甸甸的石头也随之落下。

随着古德生教授的一声“成功！”，气氛顿时热烈起来。大家意识到，这是个意义非凡的春节。

“三人、三年、三千元，干成了一件厂方不信任、校方不支持的事情。”

回来之后，春节已经过完，古德生教授在他的课题成果总结报告里郑重写道：

宜春钽铌矿粗碎车间的改造工程圆满完成。我们研究开发的多功能 ZGSJ 振动给矿筛洗机及新工艺也取得了成功，破解了致命难题，开辟了一个大块矿和粉矿泥矿含量很高矿石的处理技术与工艺。在工业应用的过程中充分体现了它如下六个方面的优越性：

此设备一机多能。大大简化了粗碎系统的工艺流程，充分显现出粉矿和泥矿处理过程中的优越性。由于矿石破碎之前进行了筛分脱泥，泥矿提早集中，大大有利于有用成分的回收。此外，也大大改善了后续的破碎机和皮带运输机的作业条件。

可调性好，适应性强。可调因素包括激振力、激振力作用和方向(即激振角)乃至振动台面运动轨迹。其调整范围大，对不同性质的矿石和后续设备的生产能力均有很强的适应性，有利于推广应用。

基本上消除了“卡块”“结拱”和跑矿事故。由于振动能在矿石中的传播，显著改善了矿石的流动性和通过性。矿石堵塞事故基本消除。实现了给矿连续、均匀、易控和安全可靠。

有很大的处理能力。由于矿仓出口堵塞事故基本消除，保证了生产的连续性。加上矿石破碎前预先处理了粉矿泥矿，改善了后续设备的作业条件。因此，矿石处理能力很高，超过 250 t/h，班处理能力达到 1000~1500 t。

振动给矿筛洗机结构简单、重量轻、设备费用低。同是日处理能力 1500 t 的设备，GBZ 1800×8000 重型板式给矿机重达 50.95 t，功率为 40 kW，每台设备费用为 144900 元，而 ZGSJ 振动给矿筛洗机重为 5.29 t，设备功率为 22 kW，造价为板式给矿机的 17%。

ZGSJ 振动给矿筛洗机运转可靠，维修工作量小。与 GBZ 1800×8000 重型板式给矿机相比，年维修费可节省约 2.2 万元。

总结好相关材料，古德生教授将振动给矿筛洗机的革新成果上报冶金工业部申报奖项，希望得到肯定和推广。出乎意料的是，这台古德生自认为很不错的产品，部里仅仅给了国家科技进步四等奖。他们随口而出的评语还真是耐人寻味又让人忍俊不禁：

“你们又来了。又是振动，振动你们得奖太多啦，给个四等奖吧。”

古德生也不计较、不争辩。设计背后的艰辛，设计成功之后

首创的振动给矿筛洗机在宜春钽铌矿成功应用

的喜悦，只有科研工作者自己知道。设备搞成了，能够帮助厂矿解决问题就好。其他的，真是可以一笑了之。

有意思的是，十年之后，古德生去云南个旧的云锡矿指导科研时，该矿的厂长，也是古德生带出的博士生高文翔神秘而又得意地对他说："我们进了台好设备。"

古德生跟着他的学生去选矿厂一看，发现设备的样子和原理跟自己当年在宜春钽铌矿设计的设备一模一样。他问学生："你们在哪里进的设备？"

高文翔厂长说："宜春钽铌矿。"

古德生大笑起来，忍不住讲述当年研制振动给矿筛洗的过程，语气中充满着开心和自豪。

第四节　振动出矿引领风骚

在1978年的全国科学大会上，邓小平重申了“科学技术是生产力”的观点。这体现了国家对科学技术的高度重视，也指出科技应该面向经济建设。在这种思想的引领下，古德生团队再接再厉，为了将科研成果转化为生产力，扩大成果的技术经济价值，他们想方设法地持续推进振动出矿技术的发展。

1980年，古德生发表了论文《振动出矿原理》，并于1989年出版了专著《振动出矿技术》，为成果推广提供了理论指导和技术支撑。他们还先后在全国举办了二十多场技术推广会，给四十多家企业和来访者无偿赠送全套图纸和资料，甚至自贴差旅费，派人到矿山企业做现场技术指导。为了适应成果推广的需要，他们还编制出不同类型的振动出矿机产品系列，并与湖北横店冶金机械厂、武汉电机厂等多个厂家合作，大批量生产各种类别、不同型号的振动出矿机，大大加快了全国成果推广的进程。在两年多的时间内，这些成果在全国冶金、有色、化工、建材等行业二千多家企业得到推广应用。他们孜孜不倦地探索、追求，为我国金属矿山的出矿技术开

1987年，古德生在首创振动直剪切仪的基础上，开展散体动态剪切实验研究，为振动出矿新技术提供理论支撑

辟出一片新天地，创造了巨大的经济效益。

1983 年，“颠振型振动出矿机”获得国家发明三等奖。

改革开放的春风为科技工作者带来了新的机遇，也给古德生注入了献身采矿事业的全新活力与动力。在颠振型振动出矿机的开发、应用、推广的基础上，古德生和课题组的同事们在无穷进取心的驱使下，又朝着新的目标进发。他们摒弃功利主义的干扰，锲而不舍，看准方向。在大力推广已有成果的过程中，团队针对散体物流作业环境条件的差异和不同的工艺技术要求，又开展了新一轮的再创新，陆续提出许多新思路。之后，他们相继研发出颠振型、平振型、波振型和摆振型四种不同类型的振动设备。这些设备分别具有装载、给矿、防堵、防跑、破拱、放矿、运搬、给矿、筛分、脱泥等 10 种不同的功能。

20 世纪 80 年代，古德生在后山实验室作报告

仍然是2015年那个春日，在中南大学院士楼的书房里，古德生继续用通俗的表达，兴致勃勃地对这些新设备作了举例说明：

不同的出矿条件，需要不同的振动方法。目的都是使矿石松动，但条件不一样，要求也不一样，最终派生出四种振动出矿机。

比较软的矿，就用波振型振动出矿机，力的轨迹是波纹形的。

“摆振型振动出矿机，一般用于矿仓、粉矿。出矿的时候，遇到矿石有黏性，这时就需要从矿仓壁上切开一个洞，挂一个摆振型的激振器，不断地振动，黏性矿石会不断往下落，就不会堵塞占用矿仓的有效容积。在振动出矿机安装之前，矿仓的容积经常只能用40%；有了振动出矿机，有效容积可增加为之前的2倍。”

“平振型就是要使得它的运动轨迹成一条直线，因为它运动的方向是固定的，所以用于单位时间内大的运量，如大块头的矿石等的振动运输，宜春钽铌矿的振动运输筛洗机就是平振型。”

那枝在全国科学大会上开出的报春花，终于结出了累累的果实。这一系列的新型设备使得物料装载运输中长期以来无法解决的卡块、堵塞、阻拱、跑矿、堆滞等诸多事故基本消除，给矿山和涉及散体物料行业的大块矿、粉矿、泥矿、混合矿的处理工艺带来了一场翻天覆地的变革。

在这场大变革中，古德生和他的团队还根据不同的工艺技术要求，先后在云南建成了“国家新技术推广示范样板”，在湖北创建了井下主溜井振动出矿自动化作业线、露天矿大型振动机与机车配套的装运作业线，并在广东创建了振动破拱-连续给料自动作业线等五项新工艺。

与此同时，根据不同的矿床开采技术条件，与振动出矿工艺配套，古德生和他的团队还创新了振动出矿留矿法、振动出矿阶段矿房法、盘区回采连续开采法等6种采矿方法，并创造了溜井振动出矿技术、振动给矿筛洗新工艺等7项采矿新工艺。当时，对于随后发明的这些系列工艺和技术，他们都没有申请专利。哪个矿山索要图纸，他就马上邮寄去。哪里需要咨询，他都不计报酬，耐心解释，甚至亲临现场“赔本”推广。几年间，全国大面积推广，使用其新工艺的单位由300多家增加到900多家，建成的“国家推广示范样板”年创经济效益巨大。据不完全统计，从1982年到2012年，振动出矿技术成果推广应用累计为国家创造的经济效益超过9.2亿元。

1990年，振动运输列车连续出矿的运转情况

古德生团队在振动出矿理论、工艺技术及振动设备新产品研发等方面持续获得的这一批重要成果，获得省部级科技进步一等奖3项、二等奖6项、三等奖5项。这一系列成果，开创了我国振动出矿技术发展的新局面。在1989年第二届世界非金属矿学术会议上，古德生对这些成果做了专题报告，引起了俄国、加拿大、澳大利亚、比利时等采矿大国的极大关注，得到专家们的高度评价。

因为成绩突出、贡献巨大，1985年，古德生被破格提升为教

1990 年，振动运输列车输送矿石块度最大可达 1.3 m

授，并被中国有色金属工业总公司、中国机械冶金工会授予“劳动模范”等称号。1986 年，被授予“中青年有突出贡献专家”称号。

值得一提的趣事是，在获得这么多国家荣誉后，古德生老师在中南工业大学采矿系又有了一个新的绰号。身边熟悉他的同事们都开玩笑地叫他“古麻子”。“古麻子”的脸俊秀神气，一粒麻子都没有。同事们这样称呼他，全因为他的点子多，总能想出新颖的方法解决问题，并能从不同角度提升技术对社会的影响力。

第五节　问鼎矿业创一流

盛水的木桶是由多块木板箍成的。一只木桶盛水的多少，并不取决于桶壁上最长的那块木板，而恰恰取决于桶壁上最短的那块木板。劣势决定优势，劣势决定生死，这是企业界知名的管理法则。很明显，该短板就成了这个木桶盛水量的限制因素，也称为短板效应。根据这一核心内容，“短板理论”还有两个推论：其一，只有桶壁上的所有木板都足够高，水桶才能盛满水。其二，只要这个水桶里有一块不够高度，水桶里的水就不可能是满的。

在古德生领衔的国家“七五”科技攻关项目——“地下矿连续开采工艺技术与装备研究”的科学命题提出之前，出矿、运矿的低效率成了我国采矿业发展的“短板”，严重抑制着矿山生产的发展。

在传统的工艺里，采场里的矿石要通过溜井进入运输巷道，再用矿车运走。搬运过程繁重，安全系数和效率都很低。在大量落矿采矿法中，采场一次落矿几万吨，而每天出矿只有两三百吨，落矿高效率与出矿低效率的矛盾非常突出。驶入了快车道的国民经济和现代工业生产发展对金属矿物的需求量越来越大。与此同时，由于富矿的大量消耗，矿床开采品位越来越低，从而要求年采掘总量大幅度增加，这是世界矿业共同面临的严重问题。

“20 世纪 70 年代开创的振动出矿技术，局部提高了出矿的效率。但要实现采场产量由百吨级提高到千吨级的水平，发挥采矿系统的整体功能，提高矿井产量和经济效益，最有效的途径只能是变革传统的间断工艺。而大型高效采掘设备及连续作业设备的发展，又为实现变间断开采为连续开采的机械化、自动化提供了技术装备条件。”

正是着眼于此，在振动出矿技术的科研成果上，古德生于 1985 年提出并著文论述地下金属矿采矿连续工艺技术与装备的科学命题。此命题一经提出，便引起了业界的高度关注，也随之列入了国家“七五”科技攻关项目——“地下矿连续开采工艺技术与装备研究”。

何谓矿床连续开采工艺？古德生提出的学术思想是由于矿岩

软硬程度不同，采掘方式随之而异。因此，矿床连续开采工艺可有两种不同的含义：一种为采掘工艺全过程(切割、落矿、装载和运搬等)在同一作业空间内连续进行的采掘系统，如综合机械化采煤和连续采矿机采掘工艺；另一种为在一个矿体或阶段或矿段的回采过程中，落矿、出矿、运矿和充填四大工序依次在不同作业空间作业，各工序间相对独立、相互协调、平行连续进行的机械化采矿工艺系统。

对于金属矿床来说，由于采掘的矿岩非常坚硬，连续采掘设备难以过关，成本很高。加上金属矿床的产状千变万化，连续采掘设备难以适应。因此在当时的采矿科学技术条件下，有现实意义的矿床连续开采工艺指的是后一种含义。国家“七五”攻关项目的攻关目标即属于此。

由此可见，实现矿床连续开采的重要技术思想是把采矿生产过程作为一个多环节组成的系统工程来研究，致力于强化与协调各生产环节的效率，以期最大限度发挥采矿生产系统中各作业链的效能，大幅度提高采矿系统的产能，实现采矿系统的高效率和高效益。

当时，美国、加拿大、瑞典和苏联等几个采矿大国都在进行地下矿连续开采的研究。瑞典的科研人员花了 5 年时间，耗资 1260 万美元也没有研制成功连续开采系统、主要回采工艺技术及有关设备，后因经济原因而中断了这项研究工作。

然而，中国的科学家们没有在险阻面前停步。面对采矿业的“短板”，古德生和他的团队又启程了。

充分调研之后，古德生主持制定了该项目的攻关总体技术方案：

“牙轮钻机钻凿垂直深孔、多排同段爆破侧向挤压崩矿、采场平底结构、轻型组合式振动出矿、移动式分节振动运输列车运搬矿石、原矿振动条筛-碎石机聚集与处理大块、大电机车运矿”。

总体方案的核心是“研制能运输1100 mm大块、技术生产能力为1200~1400 t/h的单质体、超共振、自同步惯性定向振动的分节式振动运输列车”。

显然，采场连续工艺系统的建立，不是出矿与运输设备的随意拼凑。每个矿山都有其不同的开采技术条件以及可能存在的某些技术与装备方面的优势和特点。每项实施环节更是需要因地制宜、因势利导地做出针对性强同时又能提炼出普遍规则的科研。

比如，在出矿、运矿连续作业系统里，因为深孔落矿的大块含量较高，为了防止出矿时频繁出现堵塞现象以及满足采场大量出矿的要求，就需要有较大尺寸的出矿口和激振力较大的宽台面振动出矿机。

面对此种状况，古德生分析，若将采场放出的最大合格块度从0.5 m提高到1.1 m，则振动出矿机的质量将增加为之前的1.5倍，激振力将由40 kN增加到100 kN，设备的功率也将增大，这对振动出矿机的结构提出了很高的要求，工作可靠性无疑会受到较大影响。因此，为了使采场能放出1.1 m的大块矿石，宜采用台面宽度较窄、激振力较小的两台轻型振动出矿机并列安装，以此来满足出矿口要求的台面宽度，达到单台重型机的工艺效果。采用轻型组合机不但可提高设备运转的可靠性，还可降低设备造价，便于安装、拆迁和维护。

但是，要实现采场矿石连续运输有相当的难度。主要原因在于：大孔落矿块度大、矿石坚硬、磨蚀性大；采场运输工作面狭窄，作业点移动相对来说比较频繁。

而作为采场矿石的连续运输设备，从国外的情况来看，可作比较的是可运大块的特殊胶带运输机和振动运输机，二者都是固定式设备。它们的试验研究表明都还存在一些问题。若将两者做一比较的话，振动运输机比特殊胶带运输机的外形断面尺寸小，所需巷道断面小，比较适于输送磨蚀性大的大块物料，且物料的运输距离比较容易调节。但是，既要输送1.1 m的大块，又要满足长距离大运量的要求，在工艺技术上则特殊胶带运输机的把握大。

根据我国绝大多数矿山的资源特点，一个矿块的储量能达到十几万吨、几十万吨的情况并不常有。为了满足矿山年产量，需要若干个采场，若连续运输机是固定式设备，就存在很大的问题，因为人们很难在实践中为每个采场独立装备一套连续作业机组。所以，古德生认为，采场连续运输设备应该设计为移动式，应能随采场出矿的结束而及时转移，在集中作业的统筹中，同时服务于几个采场。古德生指出，采场连续运输设备机动性的大小，直接影响到所研究的采场连续工艺在工业生产中的推广。这是采场连续工艺系统设计中的一个重要决策。

上述种种原因，使古德生决定研制移动式分节振动运输列车。作为采场连续运输设备，其特点是采用由双振动电机组成的惯性激振器、由金属橡胶弹簧组成的复合弹性系统，设轨轮行走机构及机架固锁机构，分节之间采用平接方式的柔性连接。

由于研制移动式分节振动运输列车在技术上有较大的难度，古德生决定先进行实验室模拟实验。

关于这次科研，跟了古德生院士三十年的肖雄老师记忆深刻：

“我们那时候，没有科研经费，也没有实验室。古老师为了这次攻关，发明了一个关键性的设备，叫作移动式分节振动运输列车。这个列车在进矿之前，要先试一下。古老师就想着自己建一个实验室。”

“所谓的实验室，就在学校后面的岳麓山，原来照顾家属就业的一个老水泥厂垮掉了，我们在厂里那个长过道上面搭一个棚子，把古老师的移动式分节振动运输列车运到那里。”

肖雄还记得当年古德生老师和他们一起亲力亲为地建实验室。他们用拖拉机从外面拖一车砖头过来，没有钱请工人，就自己搬上去。砌一个场地，再找来旧木头搭一个简易的棚子。然后将轨道拖过来，抬上去进行铺设。最后把列车装到轨道上。这些准备工作做好后，古德生就指挥大家将从采石场购买的大大小小的石头投放在振动运输列车的车厢里进行实验。

移动式分节振动运输列车在实验室的轨道上，载着大小石头轰隆隆地前行。运过去之后，按照流程落下来。肖雄他们又将石头搬起，重新放到列车上，再从头开始，获取不同的参数。

回忆当年，肖雄说："我们就在这样艰苦的条件下，做一些实验。如果你要等到条件具备了再做，那就迟了，就没有现在的发展了。那时候做科研都有奋斗精神，学校也没钱，顶多给你报销点材料费或者差旅费，劳务费是没有的。"

"古老师真是舍得干。一天到晚，又要想事又要做事。他的糖尿病我估计是累出来的，真是玩命地干。"

采矿是一门综合性学科，涉及很多领域。同时，采矿又是一门实践性很强的工艺，要革新工艺，就必须深入生产第一线。项目上马之后，古德生也成了一台连续振动的"机器"。1984 年当上了采矿系的代系主任后，他一方面要加强全系的学科建设和教学科研的管理，一方面又要带研究生和给本科生上课。作为"地下矿连续开采工艺技术与装备研究"攻关课题负责人，他同时还得花更多的心血进行科研工作。

矿山成了他的第二个家。从 1986 年科研立项到 1990 年工程结束，他先后到安徽铜陵狮子山矿二十多次，每次在矿山待的时间，少则一个星期，多则一个月。学校放寒暑假的时间，则是他投身科研的黄金时间。作为当时在采矿界有名的专家，人们很难想象他在矿山同工人们一起创业的生活：住招待所是三元钱一天的顶层，冬冷夏热；为整理实验材料，夏天饱受着蚊虫叮咬，冬天则常常冻得直打哆嗦，通常是深夜双脚冰凉上床，第二天起床，脚尖仍然没有丝毫暖意；吃在单身矿工的食堂，排队买菜，为了开胃，时常买些榨菜萝卜；有时用电紧张，矿里停水，一身汗，一身泥，不说洗澡，连洗脸水都没有。然而，他却同矿工们一样爬几十米高的天井，摸几里路长的巷道，在现场一忙就是一天。为节省时间，午饭也是跟矿工一起在井下吃。

1988 年，古德生的小女儿要考大学，写了三封信，希望父亲回家为她“助阵”。然而，古德生只是在信中给女儿以精神鼓励。因为当时科研正处在攻坚阶段，他只能留在矿山。他给女儿写的沾着矿尘的回信里，充满了对女儿的歉疚。

贫苦出身的古德生教授，不怕吃苦。不管遇到什么困难，他都能想出克服的办法。长沙是“四大火炉”城市之一，夏天的“伏老虎”发威，让人无处躲藏。为了防止汗水浸湿图纸，他便在手腕上经常系个小毛巾，画完图纸解下毛巾，才发觉痒得厉害，原来是捂出了痱子。

心无旁骛，只为科研。

在矿山、课题组和学校，古德生像“激振力”巨大的“偏心块”，撬开一个又一个矿石般沉重的难题。他的这种为科研拼命的精神，感染着周围的人们。所到之处，学生敬重，同事钦佩，领导赞赏。他成了典型，成了众人学习的榜样。矿领导为了激励工人，常常以古德生作为例子。榜样的力量是巨大的，工人们目睹他的执着和投入，忍不住打心眼里敬佩：

“古教授德高望重，都跟我们一样干，没有半点架子，我们不拼命干行吗？”

1990 年 12 月 8 日，在安徽省铜陵市狮子山铜矿，“七五”国家重点科技攻关项目“地下矿连续开采工艺技术与装备研究”，正在接受来自全国采矿界知名专家的鉴定验收。崩落的万吨矿石，通过古德生和他的团队呕心沥血研制出的振动出矿机、双质体超共振分节振动运输列车、原矿振动条筛和液压碎石机，源源不断地从采场“流”出来。现场的专家和工人在赞叹这套设备操作简便、功能高效的同时，无不为古德生团队的科研精神所折服。

科研组历时5年，耗资304万元，没有花一分外汇，成功地研制出了地下矿连续开采工艺系统。

这次科研取得的成绩，是方方面面的，细分起来有如下这些：

——完善和发展了大量落矿采矿法，简化了工艺环节，创造采场出矿连续化的作业条件。

——研究并采用了先进的深孔爆破技术，提高了矿石破碎质量，创造了采场大量供矿的条件。

——研制了适应于地下金属矿山的新型凿岩设备与钻具，实现高效凿岩，为创造大量连续崩矿条件提供了技术保证。其中，研制的新型三牙轮钻头，其使用寿命远远超过苏联同类型的牙轮钻头。

——研制了具有我国特色的连续出矿、运矿及原矿筛分等设备，为实现采场出矿、运矿连续作业提供了全套国产设备。研制成功的轻型组合式振动出矿机，以双机并联取代重型机，放出块度达到1.4 m×1.2 m×0.9 m。发明了移动式分节振动运输列车和原矿绳架带式运输机，这是两种能实现原矿连续输送的设备。输送块度达到800~1100 mm，生产能力为500~803 t/h，机构紧凑、工作可靠、能耗低。研制成功的原矿振动助流破拱的功能，为有底部结构采场的大块处理提供了一种新的技术手段。

——用计算机多点位移遥测系统进行了大空区下采矿的长期岩移观测，确保了采场作业的安全。

——用全套国产设备，建成了两条连续作业线。第一条连续作业线为采场轻型组合式振动出矿机→移动式分节振动运输列车→原矿振动条筛→采场溜井。第二条连续作业线为采场振动助流格筛→振动出矿机→原矿绳架带式运输机→采场溜井。

——5年间，我国8个大型科研单位在古德生院士的牵头下，取得了“盘区回采振动出矿连续开采法研究”“多排同段挤压崩矿理论及工艺技术研究”“YZY移动式分节振动运输列车的研究”

"JZC 轻型组合式振动运输列车的研究""YZS 原矿振动条筛的研制""双通孔多排同段爆破拉槽新工艺""束状深孔崩矿新工艺研究的设备研制""束状深孔爆破技术研究""SJDY-1200 原矿绳架带式运输机的研制""采场振动助流格筛的研制""KY-170A 型地下牙轮钻机""XM84-165 型地下矿用三牙轮钻头""狮子山铜矿大空区监控及安全开采的研究""TP801 单板计算机多点位移遥测系统""多排同段爆破基础研究"共 15 项部级鉴定的科研成果，其中属于国内首创的有 5 项，达到国际先进水平的有 7 项，获国家专利 2 项。

这个项目的完成，是我国地下采矿技术的重大发展，其成果达到了世界先进水平。它所研究的工艺技术与装备独具中国特色，适合国情，适用于各类大、中型矿山的厚大或中厚矿床。这个项目试验采场的直接经济效益为 300.28 万元，并在狮子山铜矿深部厚大矿体开采中全面推广，推广后的年经济效益为 1243 万元以上。如在全国推广，达到年采矿石量 1000 万吨时，其年经济效益可达 2.6 亿元。

这个项目的研究成功，对推动我国采矿技术进步带来了深远的影响。它使大量落矿采矿法成为各工序效率协调的真正高效率的采矿法。由于采矿方法整体功能得到充分发挥，它促进了开拓和采准系统的变革。同时由于各种连续作业设备研究的成功，它为我国地下金属矿山实现强化开采提供了全套技术装备，促进了我国强化开采技术路线的形成，是我国金属矿科研有史以来的第一项大成果。此项目的完成，使我国在矿床连续开采领域的研究进入了世界采矿大国的先进行列，为我国逐步实现地下矿山现代化开辟了新的途径。

值得一提的是，在北京准备项目答辩的时候，古德生再次病倒，被送到解放军 301 医院。他本想检查一下，拿点药吃了就回宾馆，准备第二天的答辩。谁知检查结果为酮中毒，医生坚决不许

2000 年，已经工业应用的振动运输列车

他出院。

此时的古德生，又出现了视力模糊、浑身无力的状况，但他觉得自己咬咬牙，答辩应该可以坚持完成，到时再来住院也行。因此他向医生再三说明，第二天要进行的是多么重要的国家项目的答辩，他不能缺席。

“你硬要去，那你就要缺席人生了。”医生一语惊醒梦中人，没有身体，还谈什么答辩，谈什么科研呢？

古德生只得叫来项目的另一个参与者——北京矿冶研究院的饶副院长。饶副院长来到医院，古德生便将自己事先准备的答辩材料和注意事项仔细交代，让她代替自己去答辩。

由于前期工作做得充分、扎实，答辩自然是顺利通过。

1992 年，振动连续作业机组经过两年多的试用、改进和完善，使采场出矿块度从最初的 0.3 m 提高到 1.1 m，采场生产能力也再次刷新纪录，达到了 1643 t/h。

“地下矿连续开采工艺技术与装备研究”于 1992 年荣获国家科技进步一等奖。

1992 年，古德生与比利时蒙斯理工大学 J. Brych 教授在实验室合影

著名采矿专家、比利时蒙斯理工大学的 J. Brych 教授欣然评价该成果“对世界矿业是一大贡献”。

第六节　追逐连续采矿新梦想

如果说，20 世纪 70 年代开创的“振动出矿技术”新领域，破解了广大金属矿山出矿过程的卡、堵、低效、高危的技术难题，大幅提高了生产效率，是古德生迈上的第一科研高地的话，那么80年代通过研制单质体、超共振、自同步、定向振动运输机与振动出矿机所组成的采场连续作业机组，实现了“采场出矿运矿连续工艺”，使大量落矿采矿法成为真正高效率的采矿法，则是他跨上的第二科研高地。在这两项成果的基础上，90年代古德生又直面前方，提出攀登第三高地的新目标，就是变革传统的金属矿床“两步骤回采”为“一步骤回采”，即实现“地下金属矿连续采矿”，或称“无间柱连续采矿”。

“两步骤回采”是金属矿的传统采矿模式。即在矿床开采时，沿垂直方向每隔50~60 m将矿体划分为多个阶段，再在各阶段沿水平方向相间地划分矿房、间柱（又称矿柱）。矿山投产时，第一步骤是先采大批矿房，第二步骤是再回头开采留下的大批间柱，如此循环往复，称为“两步骤回采”。

所谓间柱就是用以分隔矿房、支撑顶部和侧向地压的、似墙状的矿段。对于8~12 m厚的矿体来说，间柱（矿墙）的宽一般为8~16 m，长为矿体的厚度，高为段高度（一般为50~60 m）。若采用传统的“两步骤回采”模式开采厚或中厚矿体时，矿山的间柱总矿量很大，占矿块矿量的33%~40%。若采用空场法或充填法回采矿房，这时的间柱总矿量占矿块矿量的30%~50%。由于间柱回采比较困难，矿石的损失率可高达25%~50%。特别是在采场地压比较大、间柱又没及时回收时，矿产资源损失情况将更加严重。

古德生曾考察过许多有色金属矿山，深刻地认识到，由于采用“两步骤回采”模式，留下大量间柱，带来了严重的、关乎矿山生存和发展的三大问题：

第一，间柱形态不可能很规整，在地压作用下被变形破坏，间柱回收十分困难。采矿工艺复杂、安全条件差、回收效率低、作业成本高，致使许多间柱无法回收，资源损失状况十分惊人，直接影响矿山生命周期。

第二，间柱长期承受上部和侧面的地压作用，常常出现变形、破裂和岩移。加上生产经营的短期行为，忽视间柱回收与采空区处理，空区面积越来越大，致使许多矿山存在着大面积空区突然冒落的重大安全隐患。

第三，因为间柱回收往往滞后，作业分散，采掘作业线越拉越长，形成许多阶段同时作业，致使井下许多巷道、轨道、风、水、电管线及设备长期闲置，维护费用越来越高，管理日益复杂，严重影响矿山的经济效益。

古德生说："上述'两步骤回采'的种种弊端，其要害在于矿床开采过程中留下了大量间柱。"但为什么一直没有人去变革这一涉及矿山重大安全和整体技术经济效益的传统模式呢？这与矿山装备技术水平密切相关。因为在装备技术相对落后的客观情况下，若要保障或增大矿山产量，主要依靠的是增加同时进行回采作业的矿房数，而正是"两步骤回采"模式通过留间柱的技术措施，把阶段分隔为一个个矿房，这恰恰顺应了矿山产量调节的需求，所以，"两步骤回采"模式也就亘古不变了。然而，对于金属矿业来说，这是个不能不跨的坎。这个遍及全国新老矿山、大量损失国家金属矿产资源，并造成矿山生产管理粗放的严重问题，一直沉甸甸地压在古教授的心头。

如今已经时过境迁。在国家"七五"攻关过程中，深孔凿岩、深孔爆破与出矿运矿的装备技术水平大大提高，采场出矿运矿连续作业机组创造了技术生产能力 1064 t/h 的奇迹，致使连续作业机组把可存储千吨矿石的采场溜井装满所需要的时间大大缩短。然而，电机车要将溜井千多吨矿石运往井底车场的时间却相对变化不大。这说明原来采场崩矿高效率与出矿低效率的矛盾已基本得到解决，而采矿过程低效率的矛盾已从采场出矿转移到下阶段的电机车运矿作业了。这一显著的变化，深深地触动了古德生企盼创新的心。他已看到了把"两步骤回采"变革为"一步骤回采"

(无间柱连续采矿)的现实可行性。

早在1986年国家“七五”科技攻关立项时，古德生教授已经萌发了摒弃“间柱”、实现以集中强化开采为核心的“无间柱连续采矿”的理念。他当时提出要将采矿过程作业链条视为一个多生产环节组成的系统工程来研究，强化与协调各生产环节的效率，最大限度地发挥采矿生产系统的效能，大幅提高矿山产能。如今，“七五”攻关项目已取得重大成果，终于看到了曙光。古教授由此以更宽广的视野构建了金属矿业的采矿新模式，首次提出“地下金属矿连续采矿”的概念。

所谓“地下金属矿连续采矿”，简言之，就是以大矿段为回采单元，用超前施工的充填隔离体(墙)把大矿段分为多个采区。采矿过程中采切、凿岩、爆破、出矿、充填各工序依次在相邻采区平行作业、相互协调、连续推进，后退式回采，此称为连续采矿。

1996年，古德生亲自起草申报“地下金属矿无间柱连续采矿法研究”的项目论证报告，后被列入国家“九五”重大科技攻关项目。

该项目是在“七五”科技攻关取得重大成果的基础上，为了实现从“采场出矿运矿连续工艺”向“地下金属矿连续采矿”的跨越，即变革传统的金属矿“两步骤回采”为“一步骤回采”，从而进一步扩大“七五”科技攻关成果的接续项目。项目工程依托单位确定为安徽铜陵有色金属公司凤凰山铜矿。参加单位有中南工业大学、凤凰山铜矿、铜陵有色金属设计院和西北矿冶研究院。

古德生针对“地下金属矿无间柱连续采矿法研究”项目提出了大矿段多采区协同作业、集约化连续采矿的技术路线，并做了进一步的诠释。其基本内涵是，以大矿段为回采单元，用超前施工的高强度充填体隔离墙将大矿段划分为五个采区；采矿过程作业链由采切、凿岩、爆破、出矿、充填五项工序组成；五项工序依次分布在大矿段的五个采区，五项工序在各自独立的采区中作业；

各工序间互不干扰，工程进度相互衔接、连续推进；在充填采区的作业完成后，五项工序相继转移到相邻采区，开始下一个采矿作业循环。在开采阶段，采矿工程为后退式回采、连续推进(不留间柱)，实现大矿段的连续采矿。

古院士认为，提出“地下金属矿连续采矿”，对金属矿业来说极具前瞻性和引领性，它反映了矿业发展的大趋势。他坚信：随着采矿装备技术的大型化与信息化，金属矿业的生产过程必然走向集约化和连续化，走上跨越式的发展道路。

该攻关项目持续了五年，获得的主要创新成果有以下四个方面：

(1)首创地下金属矿连续采矿。它变革了传统的“两步骤回采”模式，矿石回收率提高30%以上。通过三维数值模拟，揭示了连续采矿过程中地压活动的时空分布规律。创造了集中强化回采条件，使同时作业的采场数减少了一半，为提高装备技术水平、大幅提高矿山生产能力创造了有利条件。

(2)首创双电机激振分节式振动运输列车。它比原机型性能更加先进：采用了双电机自同步、定向激振和金属橡胶复合弹簧的弹性系统，整机结构更紧凑、槽体重心降低，空车、重车运转更加平稳、可靠；振动运输列车与双台面振动出矿机所组成的连续作业机组使采场出矿、运矿能力提高为之前的4倍。

(3)创新了深孔变阻爆破崩矿与定向致裂破岩技术。通过综合参数的物理模拟与理论分析，揭示了原生、次生爆炸应力波与缺陷共同作用的破岩机理；创新了深孔变阻爆破的崩矿技术，发展了定向致裂破岩技术。在优化爆破参数的基础上，成功地把大块产出率从8%~10%降低到5%以下。

(4)成功开发了复合型高水速凝材料与快速充填工艺技术。研制成功新型高水速凝新材料，并实现70%原料本地化，成本降低30%~35%；在原尾砂胶结充填系统基础上，创新造浆与输浆的技术管理，新材料应用获得成功：早期强度高、固水性强、无细泥污染，为连续采矿创造了良好条件。

提起科研成果，古德生笑意盈盈，充满着自豪。但对于科研过程中的艰辛、遇到的困难，他总是轻描淡写，很少提及。对于当时的科研经历，古德生的学生姚振巩仍是记忆犹新：

“那时候，我已经是我们研究所主任。我带了六个人，中南工业大学共八个人。我们去了铜陵，参加了连续开采的项目。”

“我们住在铜陵冬瓜山铜矿的一个塔上面的小阁楼里。那时候，古老师带着我们天天下井。井下冒顶塌方是常有的事情。冒顶塌方之后，我们跟矿工一起去搞支护。那时候在井下，古老师跟我们一起扛木头、扛管子。那一根管子八米长，古老师带头干。那是很辛苦的，但我没听他喊过累。”

“我们在井下搞充填，一天一搞就是十六七个小时。早上下井的时候，天还没亮，晚上从井下出来，已经是满天星星。”

2001 年，“硬岩无间柱连续采矿技术研究”获国家科技进步二等奖，这项成果影响着中国深部开采技术发展的未来，具有里程碑式的意义。古德生也因此被科学技术部、财政部、国家计委、国家经贸委评为“九五”国家重点科技攻关计划先进个人称号。

古德生认为，开创和推动“地下金属矿连续采矿”是一件大事，因为它代表着金属矿业的未来。由于陆地资源日趋枯竭，世界矿业强国正向深地、深海、深空进发，以争占未来矿业高地。深空、深海的资源虽然远景可观，但其开发利用受装备、技术和成本的制约。人类所需资源，仍然主要依赖于发展“深地矿业”，这是矿业的前沿领域。

国内外已经有一大批“深地”矿业工程，但正面临着种种挑战。我国最深的地下金属矿是会泽铅锌矿，井深已达 1526 m。2016 年，国家就提出“深地探测战略目标”规划，要求“到 2020 年，形成深至 2000 m 的矿产资源开采、3000 m 的矿产资源勘探的成套技术能力”。然而，“深地矿业”处于特殊的开采环境，古院士对“深地”开采环境的特殊性诠释为“三高能”环境，即“高地应力能”“高地热能”“高水势能”。“三高能”是致灾因素，也是可控制、转化与利用的因素，其研究、开发的前景十分广阔。

现今世界矿业的“深地矿业”的采矿模式、采掘装备和环境控制，远不能很好适应深部开采环境。一些深达千米以上的在建矿山，还意识不到向未来迈出的第一步就已落后了。国家对此非常重视。古院士认为，“九五”重大科技攻关提出的“大矿段多采区协同作业集约化连续采矿技术”，对未来深地矿业前沿的发展具有重大现实意义。古院士认为“连续采矿”将是“深地矿业”的主要采矿模式，是实现智能采矿的理想模式。

科研就是一种梦想的追求，不是为了今天，而是为了追逐未来。2017 年，古德生作为国家“十三五”科技攻关项目“深部金属矿集约化连续采矿理论与技术”的科技顾问，依据“三高能”特殊开采环境理念和“连续采矿”新模式，部署攻关课题，构建非传统的“深地开采”的新模式。此项目取得了不少成果。

古院士认为，新的“深地”采矿模式，可以预见的优势至少有下列几个方面：①实现一步骤连续回采，不留间柱，大幅提高资源回收率。②智能采掘设备服务于大矿段，有利于发挥设备效能，实现遥控采矿。③作业集中，推进速度快，有利于控制岩爆等灾害。④在一个大矿段内进行集约化采矿，有利于提高井下通风及降温效果。⑤多采区协调作业，连续推进，与此同时完成“三级矿量”准备，避免采掘失调。⑥实现一步骤后退式回采，人员不再进入已采区域，保证生产安全。⑦采矿全程计算机管理，作业人数少，将大幅提高井下人均生产率。

谈到未来，古院士充满自信地说：“信念是目标。虽然路途有荆棘，但我们与深地连续采矿这道门之间的距离并不遥远。信念就是创造力，虽然还是愿景，但我们与目标的距离并不遥远。只要我们以使命感去追求，为理想努力，坚定信念，就能赢得未来。”

第七节 破解隐患资源困局

我国金属矿业，长期以来采用两步骤回采，留下大量间柱。特别是长期大范围的无序群采，遗留下大量的经受破坏的隐患资源，这些隐患资源一直没有很好地回收利用。这对资源紧缺的我国来说，实在经受不起。除此之外，这些隐患资源还造成生态环境污染，成为安全事故的危险源。如广西南丹矿区，就曾因群采空区失稳而引发坍塌、涌水事故，造成人员伤亡和矿产资源的重大损失。还有云南兰坪和会东的铅锌矿资源、河南栾川的钼矿资源和秦岭的金矿资源等，都存在此类问题，它已经成为我国矿业的顽疾。

1997 年 7 月 11 日，甘肃白银有色金属公司厂坝铅锌矿，由于大规模的无序群采活动，留下数百个采空区，致使上部露天采场大面积塌陷，矿山被迫全面停产。国务院及时派出了联合调查组开展事故调查，随后对矿区的开采秩序进行全面清理、整顿，依法取缔了矿区内的群采活动。1998 年 4 月，由国家计划委员会、国家经济贸易委员会和中国有色金属工业总公司共同组织国内专家审查通过了《厂坝-李家沟矿安全复产和生产发展技术方案》，并立即着手实施露天转地下开采规划。为了回收经受群采破坏的优质矿产资源和消除工程的安全隐患，科技部“隐患金属矿产资源安全开采与灾害控制技术研究”被正式列为国家“十五”科技攻关项目，由白银有色金属公司和中南工业大学为主组织联合攻关。

2015 年一个阳光灿烂的夏日，在中南大学院士楼古德生院士家的阳台上，姚振巩博士谈起了 18 年前的这次事故和随之而来的攻关项目。那时，他正是白银有色金属公司的负责人。

据姚振巩博士介绍，白银公司下属的位于甘肃陇南的厂坝铅锌矿，是在“六五”到“七五”期间，国家投资了17亿元建成的，这在当时是一笔很大的投资。

国家投资如此巨大，一是基于经济发展对矿产资源的需求，二是此矿为富矿。而建矿之初，也正是国家改革开放之初，在“有水快流”的思想指导下，各路人马蜂拥而至。当时的情况是，国营露天矿在上部开采，而地方居民、税务、部队、武警等各方力量均在国营露天矿的底部掏洞开采。一时间，此地便出现了127家小矿。“发家致富”卖矿石，成了那时那地的主流。据姚振巩博士介绍，当时湖南株洲冶炼厂近一半的铅锌矿都是从甘肃陇南的厂坝铅锌矿购买的。如此采了几年以后，露天矿底下就如老鼠掏洞一般被掏成了倒扣的马蜂窝。1997年7月11日这天中午，国营的露天矿终于被挖塌，地面上停着的巨大设备，穿过中部采空区，掉到了下部。

投资了17亿元的矿，就这样塌了，谁也采不成了。动静太大，惊动了总理朱镕基。朱镕基专门批示，成立了国务院调查组，又上了央视《焦点访谈》，后又成立了清理组，才把这些小矿清理出去。

面对塌了的破马蜂窝一样的矿山，怎么办呢？我就请了古老师过去。

“整个方案设计、审查这些过程，我都是拽着古老师一起干的。那些问题处理起来，可说是中国特色的世界难题。”

矿已千疮百孔。环绕着这伤痕累累的矿山，还有一条河流，稍不注意，河水也许会倒灌进矿区。要从此等状况的矿山里继续采矿，用“中国特色的世界难题”来形容，一点都不过分。当时的矿长望矿兴叹：

“我敢说，这个矿山是一斤一两的矿石都出不来了。”

古德生院士前后上下勘查了一番之后，却说：

“三年之内，我保证让它至少恢复成年产一百万吨。”

等于是立下了“军令状”。

“军令状”立下之后，古德生院士便将他的四个博士生——刘敦文、徐国元、黄仁东和吴爱祥派往大西北的厂坝铅锌矿，让他们前去探明“群采空区”的情况，获得一手资料。

按照古德生院士的部署，他们一行四人在采场及相邻矿段，采用摄影调查、探地雷达（GPR）和瑞雷波探测技术，对不同分段上的盲空区分布、空区层位、各空区之间的贯通与隔离状况进行系统探测与较高精度定位，为采矿方案的选择、采场底部结构与采切工程的优化设计提供决策依据，并为消除空区的安全隐患、提高矿石回收系统的可靠性提供技术支撑。

在此技术支撑下，古德生院士又提出了研究多面临空分段的上向扇形中深孔凿岩/露天潜孔钻机穿孔、挤压爆破连续崩矿回采方案。他们还探索强制与诱导耦合崩矿方式形成切割槽的工艺技术；优化底部结构和崩矿参数，确保出矿系统畅通，实现采场生产能力平稳、高效；加强露天边坡监测，及时布设井下地压监测网，进行大爆破地震效应的监控，确保采场生产安全。

在此基础上，古德生团队又进行了多空区环境下采场中崩落矿石的流动规律及贫化损失控制技术的研究。他们采用离散单元方法，研究多空区的复杂开采条件下的矿石流动规律和废石的混入机制；对采场底部结构、出矿方式进行优化；通过科学制定出矿作业制度，控制矿石与废石接触界面的均衡下降，获得了矿石损失率5.8%、矿石贫化率10%、采场生产能力250 t/d的优良指标。

接着，他们又进行了预防群采多空区隐患矿体开采发生大规模地压活动的研究。基于开采地段的连续性和稳定性已受群采活动的破坏，古德生院士十分重视开展矿山工程地质调查、矿岩节理裂隙统计分析与岩体质量评价，并在此基础上系统研究了地压灾害预防技术；加强露天边坡稳定性的监测与预报工作，及时落实边坡危害处置，在坡底形成覆盖岩层；及时布设井下地压监测网，加强井下地压活动的监测与预报工作。

像中医把脉里的望闻问切，对“奄奄一息”的矿山，古德生院士进行了多方位、多手段的探索研究。在他设计的方案里，他们还研究与揭示了厂坝铅锌矿矿岩破坏的声发射前兆特征。通过试验研究，团队获得了典型的声发射率与应力的相互关系，建立了岩体失稳声发射预测预报模型，并实现了预测预报。结果表明：工程岩体失稳破坏是个降维有序、耗散结构的形成过程。声发射参数分形维数的降低是某一岩体产生失稳事件的前兆。这一学术观点，预示着深入研究的发展空间很大。

困难虽多，但经过不懈努力，古德生团队取得了丰硕的成果。在此科研课题里，他们创造了采动失稳矿体安全、高效、低贫损开采的技术体系。他们借助于空区探测与定位技术，掌握空区分布、空区层位、空区贯通与隔离状况；利用矿段多面临空条件作为补偿空间，采用强制与诱导耦合的高效崩矿技术；通过设计互动助流的出矿底部结构，制定了可控的出矿制度，使覆盖层废石与矿石的接触面均衡下降，降低矿石贫损指标；布设井下地压监测网，加强井下地压活动的监测与预报。这套工艺技术为厂坝铅锌矿多回收矿产资源80万吨，在国内有很大的推广应用价值，得到了广泛的好评。

但古德生并不满足，他认为科学是严谨的，容不得半点浮夸和马虎。课题结束之时，他进一步指出了关于工程扰动失稳矿床的开采中有待研究的问题。

他指出，该研究成果虽然为国内采动失稳的矿产资源的开采提供了重要技术支撑，但其研究条件属于浅部开采环境，而不少矿山下部的开采环境经常发生变化。有两个新的问题要特别注意，有待进一步开展研究：

其一是下部群采空区长时间暴露引起的矿岩力学指标弱化问题。在这种情况下，可能导致大规模崩矿的可控性比较差，矿石损失贫化更难于控制，还可能因后续采矿作业诱发关联空区出现连续性动力失稳的趋势。这种情况值得引起重视。

其二，在下部富水矿岩的空区环境中，有压充水的隐患问题。在厂坝铅锌矿的下部中段的富水矿岩中，发现不少群采空区充满有压水，这已成为矿山安全生产的心腹之患。应该采用精细探测与成图技术，要摸清空区、断层与含水构造、渗流与涌水通道的分布状况，更准确地确定这些人为的或原生的潜在灾害源的位置、范围以及开采风险程度，进而研究切实可行的消除危害的工程技术。

被指为“再也出不了一斤一两”的矿山，在古德生院士团队的手中终于“起死回生”。2007 年，该成果“隐患金属矿产资源安全开采与灾害控制技术研究”获得了国家科技进步二等奖。

此后，在研究我国有色金属矿床因“两步骤回采”而遗留的高达 6000 多万吨金属的隐患资源中，对广西华锡集团铜坑锡矿 92 号矿体进行的深入研讨并由此提出的创新采矿方法和技术，是古德生院士破解隐患资源难题项目的又一成果。

广西华锡集团铜坑锡矿是大型的地下矿山，上部的细脉带和中部似层状的 91 号矿体消耗殆尽，下部 92 号矿体成为主矿体。它是一个缓倾斜厚大矿体，其直接顶板是上部空区的胶结充填体以及一些未充填的部分。由于顶板长期受到上部开采的扰动，92 号矿体已成为大范围的隐患矿体。

在古德生院士接手此课题之前，该矿体采用的是传统开采设计方案。在这种沿用多年的传统开采方案中，矿体被划为 7 个 90~100 m 的盘区，盘区被划分为矿块，矿块再被划分为矿房和间柱。正是因为采用这种传统的"两步骤回采"方式，致使留下大量的间柱。铜坑锡矿长期以来在非重叠区采用留有连续间柱的空场法，重叠区采用组合式崩落法。现场实践证明，这两种采矿方法的采场顶板难以控制，容易诱发大规模的地压灾害，间柱回收的安全性差，资源损失大，作业成本高。此外，由于间柱回收滞后，井下作业线越拉越长，井巷与风水管线维护费用高，严重影响矿山生产经营效益。为了破解上述难题，在应用此前取得的"硬岩无间柱连续采矿技术"成果的基础上，针对铜坑锡矿多年实施"两步骤回采"造成的特殊开采环境，古德生院士团队开展了"复杂充填体下顶板诱导崩落连续采矿综合技术研究"。该项目被列入国家"十五"科技攻关项目。由中南大学、柳州华锡集团、长沙矿山研究院和北京矿冶研究总院承担。

当古德生院士团队的各专业技术专家一行来到铜坑锡矿时，眼前的状况让他们倒吸了一口凉气。他们看到，在矿床连续开采过程中，随着回采矿段的向前推进，采场顶板中积聚的能量越来越大，应力集中现象越来越突显出来。古德生院士深知，当顶板应力处于临界平衡时，矿山的工程扰动就可能诱发系统失稳，而在顶板上方形成诱导扰动产生的不连续面的发育区，随后便会出现不稳定的诱导崩落。为了防止顶板失稳给矿山安全带来不良影响，古德生提出了超前采用人为干预、控制的方法，诱导顶板发生一个不可逆的力学失稳的发展过程，以此来实现处理采空区的目的。这种人为的超前扰动诱发顶板失稳，可消除采空区造成的重大地压灾害，降低空区的处理成本，保障连续采矿的顺利进行，并为之开创一个地压灾害防治的新途径。

山重水复疑无路，柳暗花明又一村。这种人为超前扰动，诱导危机四伏的顶板自行崩落的思路让团队的专家们眼前一亮。据此新思路，结合现场工程实际，古德生提出了"高分段深孔崩矿诱导崩落顶板的连续采矿法”科研项目，创造性地开展了“矿岩致裂与诱导崩落的理论与工艺技术”的研究。

为确保项目成功，古德生带领他的团队，在科研试验过程中，首先开展了物理相似模型试验。试验中，他们揭示了连续采矿-顶板诱导崩落处理空区的相似规律；开发了矿体开采条件与地质灾害地理信息与分析计算 GIS 管理信息系统，提高了矿山地质灾害监测与治理的数据综合分析处理能力；采用了多种监测手段，建立了采动与空区的地压监测网络，实现了连续、自动和实时的监测与预警。

试验取得了良好的技术经济效果。采用铲运机出矿，采场出矿能力高达 1200 t/d。整个试验矿块的回收率达 89. 3%，损失率为 10. 3%。

自带领团队开展科研以来，让古德生感到欣慰的是，每个项目都会有一些突破性的创新点，而这些创新点又与新时代各项新技术的发展相辅相成。在这个开采条件恶劣的铜坑锡矿隐患资源回收的项目里，古德生团队又有了许多重要的突破：

如前所述，他们开发了充填体下缓倾斜厚大矿体的“高分段深孔崩矿诱导崩落顶板连续采矿法”，创造了采用深孔连续回采、顶板诱导崩落处理空区技术，以及两侧预裂、中间切顶诱导崩落顶板的空区处理技术，为项目提供了重要技术支撑。

他们集成岩体力学参数极限分析方法和拉格朗日正交数值仿真，用于确定重叠区下开采的安全顶板厚度的方法，为选择参数、提高在重叠区下进行连续采矿的可靠性提供了重要的帮助。

更难能可贵的是，古德生团队还创新了数值仿真和模型试验耦合分析方法，获得了连续采矿过程和诱导崩落的时空规律，揭示了顶板裂隙大量发育与完成顶板诱导崩落的时空关系，并提出了先行预裂爆破、然后诱导崩落空区顶板的时空顺序。

就在这时，古德生院士此前致力研究的数字矿山技术也有了一定的成果。在此项目中，他也将其结合进行研究，最终开发了矿体开采技术条件与地质灾害地理信息管理和分析计算 GIS 管理信息系统，实现矿体的数字化与信息化模型构建，提高矿山地质灾害监测与治理的数据综合分析处理能力。

他们同时还建立了采用多种监测手段的采矿工程扰动与空区地压监测网络，形成了位移、应力、声波和声发射 24 小时远传、连续、自动和实时监测联合预报与预测分析技术。

另外，团队也开发了诱导爆破的精细炮孔描述的数字成像与评价技术。采用孔内电视摄像系统，对顶板裂隙等不连续结构面的发育情况进行实时观测、精细描述，设计并实现了精细化工程爆破，提高了顶板诱导崩落的可控性。

“科学有险阻，苦战能过关。”

古德生院士的校友——叶剑英元帅多年前为全国科学大会所题写的诗句，又一次在古德生的攻关项目里得到了印证。

历经艰辛，古德生团队领导的我国隐患金属矿山资源的第一仗取得了巨大成就。他们成功地完成了复杂充填体下顶板诱导崩落连续采矿的试验研究，变革了充填体下低品位厚大矿体的采矿技术。据多方论证，该成果不仅为缓倾斜厚大矿体开采与生产管理开辟了新思路，创造了新方法与新工艺，还使这种复杂条件下隐患矿体的开采从低效率、高成本开采转变为安全、高效、低成本开采。同时，初步构建了诱导崩落理论与工艺技术，发展了金属矿床连续采矿工艺技术的内涵。

毫无疑问，“复杂充填体下顶板诱导崩落连续采矿综合技术研究”项目的成功，是我国采矿技术的又一重大创新。2004 年，该成果“金属矿床开采矿岩破裂与控制研究及其应用”获得国家科技进步二等奖。

第八章

无边征途

第一节 环境再造创新采矿法

早在当助教时，古德生就曾经有个认识，“下向分层进路回采胶结充填采矿法”是各类采矿方法中，采矿循环工序最多、作业条件很差、采矿效率最低、采矿成本最高的采矿法。他心想：怎么会有这样的采矿方法呢？应该把它淘汰掉。但是对矿岩破碎、很不稳固，甚至含水的矿体来说，在现有技术条件下，还能用什么采矿法呢？这些问题一直存在他的脑海里，促使他时不时地跟踪采用该方法的江西某铜矿和甘肃某镍矿的发展动态。

2003年，古德生接待喀拉通克铜镍矿前来咨询的客人。

喀拉通克铜镍矿区处于阿尔泰加里东褶皱系和准噶尔海西褶皱系接合部位的准噶尔褶皱系的一侧。它资源储量丰富，矿石品位很高，是全国著名的铜镍资源基地之一，也是新疆第一家采、选、冶综合企业和新疆有色金属工业公司的骨干企业。因此，该矿山的稳产、高产对新疆有色金属工业公司的可持续发展具有十分重要的现实意义。但是，因节理裂隙发育，该矿又是典型的复杂难采矿体，开采非常困难，采用的正是古德生一直关注并想变革的“下向分层进路回采胶结充填采矿法”。该矿由于矿体松软破碎，极不稳固。采场允许的暴露面积狭窄，作业环境差，生产效率低，作业成本高。这些因素严重制约了矿山生产规模的扩大。

而且，随着喀拉通克铜镍矿采矿深度不断下降，矿山地压活动也不断加剧，由此引起的问题将越来越严重，采矿成本也将持续上升。因此，研究与开发一种适合该类矿体赋存特征和采矿技术条件的高效、低成本、安全的采矿方法，对于喀拉通克铜镍矿矿石的可持续供应，促进喀拉通克铜镍矿的跨越式发展具有重要意义。

古德生在接受矿方咨询的过程中指出：要把矿区的资源优势转化为区域的经济优势，就要扩大矿山的生产规模。其根本出路在于变革采矿方法。因为采矿方法决定着矿山的生产系统、装备水平、生产安全、采矿效率、采矿成本及经营效益等。

古德生院士一直期盼的变革松软破碎矿体采矿方法的时机终于来了。这是矿业界一直未能解决的世界性难题。正因艰难，才有机会。古德生决定与新疆有色金属工业公司合作开展科技攻关。

矿，怎么样采？一般都会按照传统思维，根据矿床开采条件，即矿床产状、矿岩的物理力学性质、矿床品位、地质构造与水文地质等，在教科书、手册中去寻找对应的采矿方案。一句话，采用什么采矿方法，取决于客观存在的矿床开采条件，即矿业界代代相传的所谓“以矿生法”一说。但这一传统学术理念，过于局限在对“矿床开采条件”的感性认识中。虽然其可简单地作为初选采矿方法的依据，但不可能达到优化采矿方法的深度。“以矿生法”这一理念的问题是，把选择采矿方法的影响因素只局限于矿床固有的客观条件，而忽略了人的主观能动性在改造自然中的重要作用，封闭了人的创造性思维，弱化了人的创造力，因此不利于采矿技术发展。

古德生认为，矿床开采条件是千变万化的，教科书、手册上的采矿方法不能被视为标准方案，准确地说应该称其为概念方案。针对新疆喀拉通克铜镍矿的复杂难采矿体，要变革传统的采矿方法，唯一的出路是在认识矿床开采条件的基础上，突破传统观念的禁锢，发挥人的创造力。

基于对采矿工程系统的复杂性、动态性和非线性特征的深刻认识，以及对采矿科学未来发展趋势的把握，古德生决定从解决喀拉通克铜镍矿的松软破碎、高品位矿床的开采问题入手，提出了“采矿环境再造”这一科学命题。其基本含义是，在矿床赋存条件的基础上，实施目标明确的技术手段，优化开采环境要素，改造矿体开采环境，构建独特的工程结构，采用先进工艺技术，实现采矿方法整体优化，追求更高的安全、高效、低成本的采矿目标。

采矿工程是开放、复杂的大系统，影响矿床开采环境的因素很多，主要包括矿岩构造、地应力场、井下温度、地下水、工程结构、采掘装备、工艺环节、工程时空进度等。由于采矿工程是多变量的非线性动力学系统，在这个复杂系统中，某个因素的变化，都可能导致采矿系统向有利于改善开采条件的方向转化。

2004 年，新疆喀拉通克铜镍矿与中南大学开始合作研究，并得到国家科技支撑计划的大力支持。在科研过程中，针对松软破碎含水矿床的不利开采条件，他们充分发挥创造精神，发明了“开采环境再造深孔诱导崩矿嗣后充填采矿法”。其技术创新的思路是综合采用下向进路采矿技术、注浆技术和岩层控制技术，在回采矿段的上、下部和矿段的两侧，用胶结充填料构筑人工受限空间工程结构，实现采矿地质环境再造、地应力环境再造和开采技术工艺再造。在此基础上，受限空间的矿石以自然崩落为主。如果矿体局部可崩性差，则辅以下向大直径深孔爆破诱导崩落，采用铲运机出矿。出矿结束后再用低成本的尾砂或是戈壁料一次性充填采空区，实现空区的安全处置。

试验取得很大成功。它把原矿段中 100%矿量采用浅孔落矿的“下向分层充填进路回采胶结充填采矿法”变革为矿段中 80%矿量采用深孔诱导崩矿的高效率、低成本采矿。这种变革促使采场生产能力由 300 t/d 提高到 460 t/d，矿石损失贫化指标分别达到 4%和 5%。该方法破解了松软破碎矿体采矿的重大技术难题，为喀拉通克铜镍矿扩大产量、大幅度降低成本、实现跨越式发展发挥了重大作用。

后来，该项成果获省部级科技进步一等奖。2008 年，“采矿环境再造连续采矿嗣后充填采矿法”也获得了国家发明专利。

2011年4月15日，中国有色金属工业协会在长沙召开会议。会上，专家们一致认为，以古德生院士为首的这个项目，通过实施发明专利，在国际、国内首次提出了“采矿环境再造”的学术思想，采用胶结充填构筑受限空间人工结构改造开采环境，实现松软破碎矿矿段内的80%矿量由过去的浅孔采矿转变为深孔落矿规模化采矿，大大改善了作业环境和降低了劳动强度。

该科研的创新主要体现在以下几个方面：

——发明了“采矿环境再造深孔诱导崩矿嗣后充填采矿法”，形成了以采矿环境再造为核心的、安全高效开采松软破碎矿体的集成技术体系，大幅提升了松软破碎矿体开采的采场生产能力。

——开发了松软破碎矿体大直径深孔凿岩及不耦合护孔技术与工艺，解决了塌孔、堵孔等技术难题，创造了松软破碎矿体深孔诱导崩矿的新工艺，大幅降低了采矿成本。

首次采用数字全景钻孔摄像探测技术和构建松软破碎矿体数字炮孔精细化模型，为进行精细爆破设计提供了依据，实现了软弱破碎矿体高效落矿。

——开展了基于BLES双向加载岩体开挖的相似模拟试验、数值模拟试验，获得了松软破碎矿段采用新法开采的采动过程力学行为与时空演变的规律，为安全高效的开采方法提供了理论支撑。

——开发了智能数码采集单元、上网手机模块和无线监测软件系统，实现了采矿环境再造的人工结构体的地压和位移的远程自动监控。

“从通风、运输等到整个系统全部一体化。几个矿山可以一起联动。区域性矿山的规划，解决了我们每个矿山矿段的资源孤立及块度的有效控制。”古德生如是说。

另外，这个技术在新疆新鑫矿业喀拉通克铜镍矿的应用表明：与原采矿方法相比，采场生产能力提高为之前的约2倍，采矿成本明显降低，显著改善了采场作业环境和劳动强度。试验采场产生直接经济效益达到 1.03 亿元，经济效益和社会效益显著，今后可在类似开采条件的矿山推广应用。

值得书写和铭记的是，古德生院士于 2004 年提出的“开采环境再造”的学术思想，在随后的科研实践中不断得到丰富、深化和发展。他于 2012 年出版了《采矿环境再造理论方法及应用》专著。该书所阐述的学术观点，突破了传统的“以矿生法”的固有理念和习惯思维，使人们能更透彻地思考一些特定的采矿难题，并获得一种与众不同的解决难题的新途径。“采矿环境再造”无疑是采矿技术创新和发展的原动力。它为我国深部矿床、低品位矿床、松软破碎矿床、水体下矿床等复杂难采矿床的开发利用拓展了广阔的创造空间，提升了采矿科技工作者的创造力。因此，它成为推进金属矿床开采科技进步、具有影响力的重要学术思想。

第二节　超乎常规的层矿开采

我国许多金属矿和大部分非金属矿都属于缓倾斜矿床。云南锡业集团(云锡)的矿床就多属于这种缓倾斜似层状矿体。其矿体在矿山矿床中的分布状态为一层矿石一层废石。因为矿体分布厚薄及每层的间距不均匀，导致开采条件很差。此矿一直采用全面法或房柱法开采。因为每开采到一米至两米的深度，就会遇到废石层，所以一直沿用浅孔作业。矿块生产能力小，劳动强度大，安全条件差。半个世纪以来这种落后面貌一直没有改变。

云南锡业集团于 2004 年上市后，为了确保上市公司年经营效益的持续增长，在矿石产量尚难充分满足需求的情况下，需要开采松矿大马芦矿段富矿以弥补不足。但是这些富矿的开采条件亦是特别不好：以缓倾斜含水多层松软破碎矿体为主，且占 90%。

矿体是锡石硫化物矿床经后期强烈氧化而成，为土状、胶状及蜂窝状结构，含锡品位为1.80%以上，倾角在0°至25°之间。一般矿体厚度为1~5 m，部分达6~20 m，呈平行多层叠瓦状产出，稳固性差。围岩为白云岩、灰质白云岩，稳固性稍好。此类矿床的开采难度是极其少见的。在有限的开采范围内，要求日产量达到1200 t，这无疑是个严峻的挑战。当时古德生院士的学生罗周全、史秀志等几个一起随行来到了云锡。当他们见到云锡此项目的另一同门师兄高文翔时，便开玩笑道：

“肉是你们矿山吃，骨头啃不动的时候就找我们古老师了。”

此课题确实是块难啃的骨头。据调查分析，开采大马芦矿段，不能再沿用传统采矿方法，主要是因为以下几个难以解决的问题：

其一，由于各层矿体的间距变化大，先采矿体必然破坏后采矿体的稳定，导致矿石损失、贫化大幅增加。若处理不当，还可能造成大量资源损失，并出现重大安全隐患。

其二，氧化矿爆破后易成粉体状，遇水易成浆体。

其三，因为要求产量较大，需要安排同时回采的采场数目多，工程组织管理十分复杂。

其四，采准工作量大，增加了矿石的开采成本。

其五，采场工作面的劳动条件和安全条件很差。

其六，现用的采矿设备与工艺技术已经延续了几十年，必须有所突破。

因此，古德生院士认为，若要实现日产量达到1200 t的目标，则迫切需要创新采矿技术和变革采矿方法。

当时，随着高效率采、装、运设备和大量落矿采矿技术的发展，世界矿业正朝大型化、连续化、高阶段和一步骤回采的方向发展。古德生于20世纪80年代提出的地下金属矿床连续采矿的学术思想和新工艺技术，经两次国家科技攻关，其成果在生产实践中已经发挥着重要作用。古德生院士认为，这些已有的成果，此科研项目完全可以借鉴，并可在科研实践中进一步深化和发展。

毫无疑问，松矿大马芦矿段的采矿方法一定要变革。但所有相应的开采方法都必须建立在现有的矿体条件上。据调查分析，该矿体由脉状矿体和多层状矿体组成。矿石是以赤铁矿、褐铁矿为主的土状氧化矿，含水，爆破后的矿岩易于分离。据此，古德生院士提出了新的思路：

充分利用大马芦矿段矿岩物性不同、易于分离以及土状氧化矿遇水易成矿浆的特点，采用大直径垂直深孔落矿工艺进行多层矿体合采。在矿段溜矿井口进行矿岩的筛洗分离。分离后的矿浆在坑口浓缩，并直接输送到选矿厂。分离出的废石不运出坑外，直接回填采空区。采矿工作面连续推进，不留永久间柱，进行一步骤连续采矿。

这是独具特色的科研技术思路。随古德生院士去云锡攻关的罗周全博士时隔多年后谈起此项目，依然记忆犹新，并对恩师古德生赞叹有加：

“古老师去的时候，他们还是沿用一层一层采矿的高成本做法。古老师说，既然这样，就不要一层层采了。你们这样采一层，丢一层，浪费很大。采一层的时候，另一层做的准备工作，也就是采准工作相当大，很划不来，成本太高。而且这样的采法造成了很多空区，非常危险。古老师提出的方法是，上下五十米一起采下来，这样采完就没有空区了，就安全了。然后矿石不出坑，利用它遇水成胶泥状的属性，在矿井里就用水去冲洗，把矿石变成矿浆。这样等于在井下就将矿石和废石分开了。变成矿浆的矿，就可以用泵送，不像以前，一车一车地拉，太慢了。现在改变了运送方式，效率大幅度提高了。而且废石就在井下，不用运上又运下的，作为材料马上可以去填充空区。这个点子，使矿石的粗碎、细碎、选矿一步完成，真是绝妙，绝对的国内首创。古老师就是这样，他总能很快地抓住问题的关键，然后提出一个针对性很强的又别出心裁的点子。院士就是院士!”

当然，任何创新，都不可能是一蹴而就的。古德生院士的学生，爆破专家史秀志博士就记得在云锡的这个项目里，深孔爆破时，他们起初并没有成功。

因为云锡松树脚这种松软矿体，之前采矿用的钻头透过硬岩打到氧化矿的部位，孔就容易变形，甚至垮塌。后来，他们一起琢磨，改用了GX-ITD型普通地质钻机为深孔凿岩设备，就顺利地完成了爆破孔的凿钻工作。

钻机设备的问题解决了，孔打出来了，也达到了应有的参数水平，可粉矿部位还是容易变形，怎么办?

他们最终选用了民用建筑中常见的PVC管护孔，其成本低，而且非常有效地解决了孔壁易坍塌的问题。

经过多方案的反复论证，古德生院士最后确定采用“层状含水松软破碎矿体深孔合采连续采矿法”，列出了如下科研试验要点：

大马芦矿段沿走向划分为矿块，作为先导矿块，采后进行块石充填，再注浆胶结，形成人工间柱(其作用在于支护顶板和隔离相邻矿块的充填体)。与此同时，后续各矿块的采准、凿岩、落矿、出矿和充填等各项作业，依次在不同矿块平行连续进行，实现一步骤的连续采矿。

选用GX-1TD型旋转切削式地质钻机钻凿下向扇形深孔落矿，孔径95 mm。为了提高凿岩的成孔率，针对松软土状氧化矿，采用PVC塑料管进行护孔。当深孔钻凿完毕后，随即进行爆破落矿，最小抵抗线3 m，扇形深孔排间距3 m，每次爆破3~5排。

古德生院士强调，试验过程中要十分重视采空区处理。先导采场回采结束后，及时用废石充填空区。然后对充填废石灌浆，不设充填系统，形成人工的块石胶结体即人工间柱。

采用声发射仪对采区地压进行监测。监测的主要对象是凿岩硐室以下的采场顶板。通过分析地压监测数据，指导采区回采工作，必要时调整采区内的分区回采顺序，并为空区处理提供依据。

采用钻孔电视检测充填废石灌浆的质量。结果表明，胶结体致密、完整，孔壁光滑，起到了应有的加固作用，达到了预期效果。

采用多层矿体深孔合采，势必增加矿石中的废石混入率，古德生院士因此提出"井下矿岩分离"。这是很有创意的研究方案。但由于工业的过程中，原资料是层次分明的多层矿体，在钻凿深孔时揭示的结果却是叠瓦状矿体，其形成的叠层总厚度增加，因此取消了这一工序。

试验结果令人满意，指标为：采矿贫化率为 8.2%，采矿工效为 12.8 t/工班，采场生产能力由原来的 200 t/d 提高到 440 t/d。

在有着项目鉴定委员会主任、专家赵永宁和顾明春亲笔签名的成果鉴定书上，扼要又全面地记载了古德生院士和他的团队主持的这个项目所得到的科研成果及其主要创新点：

——首次对缓倾斜多层松软破碎矿体采用高效率的大直径垂直深孔合采的采矿方法。该方法打破了传统采用的低效率的浅孔单层分采采矿方法，大大改善了劳动条件和安全生产环境，大幅度提高了采矿工效和采场生产能力。这是缓倾斜多层矿体开采的重大技术突破。

——操作性的旋转切削式凿岩设备、钻孔电视检测技术和塑管护孔技术，成功地解决了缓倾斜多层松软破碎矿体中以及垂直钻凿多层矿岩时，由于矿岩相间，坚硬度相差很大，很容易出现的卡钻、塌孔及凿岩成孔率低的问题。提高了装药效率和质量，改善了爆破效果。

——开发了废石充填体注浆构筑人工隔离间柱的工艺技术。试验中，创造性地实施了自上而下、分步灌浆、分段钻孔、注浆加固的构筑人工间柱新技术。保证了回采作业的安全，为矿段连续回采过程中的人工间柱形成提供了重要的技术支撑。

——开发了钻孔电视检测技术。采用孔内电视摄像系统，对废石充填体及灌浆效果进行实时观测，并基于观测结果改进注浆参数，对注浆效果和工艺进行分析评价，大大提高了注浆质量。为发展连续采矿的人工隔离间柱构筑与质量检测提供了重要技术。

——构建了缓倾斜多层松软破碎矿体开采的综合技术体系。把大直径深孔连续采矿技术、缓倾斜多层矿体垂直深孔凿岩技术、井下矿岩集中分离技术、连续采矿过程的岩层控制技术等结合起来，构成了独特的采矿工艺技术体系。为解决矿业界公认的缓倾斜矿体采矿技术难题开阔了眼界，拓宽了思路。

最后，他们在成果鉴定书上写道：

本项目的实施，成功地针对大马芦矿体的赋存特点变革了缓倾斜含水层松软矿体的采矿技术，将传统采用的低效率、高成本的浅孔采矿法转变为安全、高效、低成本的深孔采矿法，这是采矿技术的重大创新。研究项目获得了显著的技术经济效益，项目在云锡公司和其他类似矿山的开采中具有重要的推广应用前景。研究成果达到国际领先水平。

2005 年，该项目“缓倾斜含水层状松软矿体深孔连续采矿综合技术研究”获得了云南省科技进步一等奖。

第三节　颠覆传统的建矿新模式

20 世纪 50 年代，古德生考入了中南矿冶学院，即今天的中南大学。在此后的 60 多年里，他见证并参与了新中国矿业的发展变化，看到了矿业对新中国国民经济与人民生活的支撑与改善，但同时也看到了人们的短视、人性的贪婪导致的对矿产资源与人类发展的破坏。

据调查统计，在1949年后的50多年中，我国国民经济生产总值增长了10多倍，而矿产资源消耗却增长了40多倍。目前，我国GDP约占全球的17%，但是重要矿产资源消耗却占全球总消耗量的20%~48%。因此，矿产资源供需形势仍然日趋紧张，资源瓶颈问题十分突出。一方面，由于我国经济增长方式粗放，总体质量不高，资源消耗过量。这既有我国经济发展所处阶段的原因，也有资源开发粗放和利用水平低的原因。这些因素致使探明资源的储量消耗过快，矿山废弃物、尾矿等减量化、资源化程度低，由此造成矿山环境问题严重。我国资源总回收率、金属和主要非金属开发利用的综合回收率均低于世界发达国家10%~20%。另一方面，我国矿产资源潜力虽大，但由于多种原因，新增矿产探明储量的增长量并不能弥补消耗量，而且相当一部分矿产开发利用难度大。目前，我国处于工业化、城市化加速阶段，资源约束矛盾突出，环境、生态压力大。如果继续沿用粗放型经济增长方式，资源将难以为继，环境将不堪重负。

因此，古德生认为，要解决好经济持续增长与资源相对紧缺的矛盾，促进资源集约利用将是推进社会经济可持续发展的一种有效模式。

一直以来，我国矿产资源现状是贫矿多、富矿少，难采、难冶矿多，易采、易冶矿少。在已经探明储量的150多种矿产中，一些重要矿产往往是贫矿和难采、难冶矿。比如铁矿、铜矿、磷矿等已经探明储量的矿床大多数是贫矿。在已探明的铁矿储量中，有47.6%是贫矿，有1/3是微细粒嵌布的难选赤铁矿；铜矿资源多为伴生矿，平均铜品位仅为0.87%，不及世界主要生产贸易大国的铜矿石品位的1/3。我国矿产赋存的另一个特点是共生、伴生矿床多，单一矿床少。我国矿产资源相对较差的天然禀赋给采、选、冶等处理过程带来了一定的困难，导致相当一部分矿产在近期内难以开发利用，成为长期沉睡的呆滞资源。

这种现状让古德生揪心，并让他认识到改变的迫切性。从此，他带领团队对矿山开发模式进行调研，致力于打破传统模式，以加强资源的集约利用，从而提高国内矿产资源的供应保障能力。

在大量的调研中，古德生进一步了解到全国矿山的现状。我国大部分矿山建成于20世纪50—60年代，经过几十年的强化开采，现在多数已经进入开发的中后期阶段。一批重要矿山资源耗竭，新增储量青黄不接，对经济发展和社会稳定造成很大压力。与此同时，我国资源开发利用效率总体不高，粗放型经营方式在大量的小矿中普遍存在。

同时，我国金属矿床赋存的最大特点就是大、中矿床少，小矿床多。据2013年的调查统计，小矿床约占全国矿床总量的83%，并以“多、小、散”矿群产出。自古以来，人们已经形成了一种思维定式，认为“小矿只能小开”。由于思想禁锢，我国金属矿业一直举步维艰。

当时的云锡个旧矿区就是采用这种传统的开采模式。该矿区面积为600 km^2，探明矿体有900多个，以“多、小、散”矿群产出，锡金属量大于1万吨的只占3%，矿床赋存状况极具代表性。百年云锡，因矿床小、散，一直以来都是采用小矿小开模式。当古德生院士和他的科研团队来到这个有着“世界锡都”之称的地方，看到的是小矿星罗棋布，开采秩序混乱，装备技术落后，生产管理粗放，资源大量丢失，安全事故频发，导致生态满目疮痍。尽管此前经过20多年连续不断的整顿，矿业秩序有所好转，但由于体制不顺，历史遗留问题较多。到1998年，个旧乡镇和民营矿山还多达340余户，2002年清理压缩到228户。更为突出的是，16户国有大中型矿山直到2002年还没有划定矿界，无证开采，导致重复投入，相互争抢资源，安全隐患严重。此外，由于小矿开采深度有限，范围不大，深、边部勘探受到极大制约，资源消耗殆尽。2004

年云锡被列为国家首批资源危机矿山，面临生存危机。历史充分证明，小矿开采模式注定没有现代化的未来。

进入了资源枯竭的黑名单，个旧急需寻找出路，提升改造便提上了其议事日程。但是，矿业城市经济转型是一个长期过程。支撑个旧近中期发展的支柱产业仍然是以锡为主的有色金属工业。如果因为资源枯竭造成锡产量衰减，导致出现“矿竭城衰”的被动局面，受到负面影响的将不仅是个旧市以及红河州的经济持续发展和社会稳定，更为严重的是将会打乱目前世界锡的生产和消费相对稳定的格局，引起上下游产业链紊乱。

为了改变这种状况，云锡提出了“集聚资源、集约开发”的思路，从整合矿区资源着手，努力创造有利于集约开发的条件。在此基础上，2005 年，中南大学与云锡合作，从承担云南省院校科技合作项目开始，提出“区域矿山”建矿模式，并启动了“区域矿山创建与集约化采矿技术”的科研课题。

当时，面对千疮百孔的云锡矿山，古德生提出了创建“区域矿山”的建矿新模式。接下来，他带领团队进行了深部及外围的资源勘探。他们结合区域矿山的深部开拓规划，掘进深部井巷工程，贯通全区各矿体，开展深度勘探，为生产集约化实现资源储量升级。

古德生提出重组、简约区内矿山及选厂的布局。在详细勘查各矿种的三维分布及储量的基础上，合理配置资源，重组及扩大矿山和选厂的生产规模，走生产规模化的道路。

他还指出要建立云锡个旧矿区深部矿床开拓系统。根据各矿种的储量及三维分布状况，优化深部开拓工程布置，构建区域井下运输大系统，实现机车智能自动调度。

之后，又提出研制区域矿山大系统的新型井下快速运输列车（40 kg/h），构建区域矿山大系统的井下物流和人员快速运输专线，以大幅提高运输效率。

面对如蜘蛛网一样密布的旧有的风、水、电等线路，古德生认为，应重构区域矿山集约化的三大生产辅助系统，全区统筹规划，提高集中度，建设分区的通风、压气、供电、供水、排水等生产辅助系统。节约投资，强化管理，节能减排，实现远程集中控制。

集约经营，免不了现代化的设备，因此，要提高采掘装备水平和作业集中度，大力推进设备更新换代，创新采矿方法，大幅提高劳动生产率，扩大矿区生产规模，并充分回收利用各类金属资源。

结合多年来对数字矿山的研究成果，古德生进一步提出，要大力推进建设区域矿山信息系统。构建与矿山集约化生产相适应的数字化、信息化综合管控平台，以六大安全系统建设为突破口，推进采矿与选矿的信息化建设。

2015 年 4 月 8 日上午，古德生院士一行人，以及云南锡业集团(控股)有限责任公司总工程师戴云鸥，走进了云锡松树脚 1360 段矿山。该矿的矿长林增洪谈起了古德生院士“区域矿山”的思想对他们的影响以及由此带来的矿山变化：

“有了古老师提出的这个思维的起点之后，我们的思维方式、观念方法就慢慢地转变了，这才有了以后一系列的革新工作。原来我们松矿每年的进尺，就是我们打的坑道，是两万米到三万米。古老师的课题开始之后，我们每年有将近十万米出矿量。原来是七十万吨，现在也翻了好几倍，到了两百来万吨。这些改变，是因为这个课题进了一些高效的设备，还有咱们思维的一个变化。”

“戴总工说了，云锡用了五年的时间，走了过去五十年的路程。”

的确，云锡“区域矿山”的创建，走出了一条中小矿山转型升级、扩能增效的新型工业化道路。云锡总经理高文翔于 2014 年当选为国际锡协主席，成为影响世界锡业的领导者。古德生院士也被国土资源部请去做报告。当时，国土资源部主任激动地说：

“我们喊了好些年的资源整合、集约经营，可是资源整合之后该走什么样的道路，没有人摸清。你们在云锡创建的这个区域矿山模式，给我们提供了成功的范例。”

经过十年科技攻关，古德生率领团队，在建设区域矿山领域取得了显著成果。在 2014 年 5 月 26 日的第 16 届中国科协年会专家论坛上，古德生院士做了一个题为“提升百年云锡，再造一个云锡”的报告，正式推出了“区域矿山”的思路和定义。

“何谓区域矿山？”他说，“依据产业集群理论、产业生态学理论、循环经济和区域可持续发展理论，区域矿山定义为：在矿集区内，为了规模化开发利用相对分散的中、小型矿体，在开拓、运输、通风及生产辅助系统统一规划、设计的基础上建设的生产集约化矿山，称为区域矿山。”

总结此课题，他们取得了以下重大成果：

——提出了“区域矿山”建矿模式这一重要学术思想。首创资源整合、矿权归一、统一规划、产能优化配置、简约重组矿山与选厂数目、中小矿群集约开发为核心内容的“区域矿山”建矿新模式。

——依据个旧矿区的具体条件，建成了“三平（台）、五竖（井）、三区（生产辅助系统）、三（选）厂、四分矿”的区域矿山构架，为全国中小矿山转型升级、扩能增效、实现跨越式发展作出了示范。

——精查矿区矿种储量及品位的分布，把原来的众多小矿重组为几座大型矿山。

——大幅提高了采掘机械化水平。短短几年中，更新采掘设备八百多台，矿区的机械化水平跨越了半个多世纪。创新了采矿方法，采矿效率得到极大提高，实现了中小矿群的集约化、规模化开采。

——建成了“区域矿山”开拓大系统。优化中央竖井的选址，建成了以深部 1360 m 快速运输平巷为主平台的、贯穿全区的开拓运输大系统。

——发明了新型 CL4/6G 架线式电机车、快速列车。建成人流、物流运输专线。列车速度由原 10 km/h 设计提速到 45 km/h，实现了 1360 m 平台电机车调度智能化与远程动态控制。

——建设了集约化的三座现代化选厂。构建优化的物流模型，将不同矿种分类聚集，专门流程处理，提升了资源综合利用率。

——创建了分区共享、远程控制、高效节能的三大生产辅助系统。淘汰旧的生产辅助系统，改为北、中、南三区的集约化大系统，从而大幅度提高了系统的自动化程度。

——发明了不同开采条件下的三种采矿方法。其中创造了废石注浆构筑间柱新技术、旋转切削凿岩的多层矿体合采新技术，发明了缓倾斜薄矿体高效采矿技术。采场生产能力普遍提高 3~4 倍。

——大力推进了矿山数字化、信息化管控平台建设。着力建设了生产调度指挥中心、矿山综合信息平台、井下无人值守泵站、信息化综合监控系统、电机车智能化调度等。

——推进了矿产开发与循环经济模式的耦合与统一。开发了大区域水资源利用与调控技术。推行废弃物处理与资源化利用，采用废石不出坑工艺。实行矿区分区压气网络集约化技术，加速生态矿山建设。

值得一提的是，当时代表云锡参与此课题的高文翔总经理说：

“没有古老师，就没有云锡‘区域矿山’创业成果。”

高文翔总经理提及的云锡“区域矿山”的创业成果，主要表现在以下几个方面。

第一，它建成了我国第一座“区域矿山”。

不破不立。“区域矿山”的创建，颠覆了自古以来沿用的小矿山、小选厂的分散开发模式。自 2004 年开始，古德生团队将个旧矿区 600 km^2 范围内的、实际平均年产量 14.8 万吨的 26 个小矿山，整合重构为实际平均年产量为 140 万吨的 4 个大型矿山；将

26个小选厂重建为3个现代化选厂。全区矿山年产量由386万吨提高到640万吨。“区域矿山”的创建，变革了小矿开采模式，转变了经济增长方式，扩大了全区生产规模，提高了生产经营效益，为我国金属矿业占83%的中小矿山转型升级作出了示范。

第二，矿产资源保障能力大幅提高。

10年间，新增有色金属总量227万吨，资源潜在价值1500多亿元，可延长矿山寿命16年。与此同时，经过多年的地质综合研究和地质勘查，在矿区深部和外围发现许多新的矿体和成矿信息，为未来提供了许多找矿空间和靶区。2004年列为资源危机矿山的云锡公司，如今的锡资源保有量已稳居世界第一。

第三，矿山可持续发展能力明显提升。

“区域矿山”建成后，资源开发新格局已形成。淘汰了低效高耗设备2900台(套)，新增高效无轨设备288台。安全、高效、低贫损的采矿方法得到广泛应用，采矿工效提高了71%，相当于增加了一个年产160万吨的大型矿山。固体废物资源化204万吨，利用率提高到59.0%。生产作业条件得到很大改善，作业人员到达工作面时间减少2小时；矿井废水循环复用率达到86.4%；累计节电2.42亿千瓦时。

第四，矿山竞争能力也得到了显著增强。

矿山经济增长的方式由主要追求产量增长向数量质量与效益并重、注重可持续发展转变；采选工艺技术装备水平、资源节约与综合利用、节能减排与安全环保从低端向中高端迈进；信息化与工业化融合程度明显提高。调整结构、转型升级、提质增效正形成经济增长的新动力。创建“区域矿山”10年，总产值265.44亿元，新增69.10亿元；总利润57.48亿元，新增29.93亿元；科研贡献率52.07%；总税收44.20亿元，新增11.52亿元。

令人欣喜的是，云锡公司在全球锡行业地位不断上升。2005年至今，锡产销量连续十年世界排名第一。在全球锡行业中，云锡公司拥有锡资源最多，产业链最长，产品最齐全，市场占有率最高，是最具影响力的龙头企业。同时，云锡公司具有企业全球化经营的能力，在国内19个城市设立了营销网点，在美国、德国、澳大利亚等国均有下属公司及机构，并建立了覆盖全球主要锡产品市场的营销体系，提升了国际影响力。2014年10月在英国伦敦召开的国际锡协董事会议上，高文翔总经理当选为新一届的主席。

2004年被国务院列为首批资源危机矿山的云锡，终于转变为连续多年锡产量稳居世界第一的行业佼佼者。百年云锡，从此步入矿业现代化的快车道。

云锡创新采矿模式的成功，改变了采矿业的传统思想，促使"区域矿山"新模式在全国的推广。从此，中国采矿界逐渐认识到"区域矿山"新模式的意义，并达成了七个方面的共识。

其一，"区域矿山"是为破解我国金属矿床大多数为中小矿床且严重制约矿业发展这一难题而创建的、极具中国特色的建矿新模式。它开创了一条多、小、散矿群实现集约化规模化开发的新型工业化道路。

"区域矿山"的创建，深刻揭示了小矿开采模式的种种弊端，破除了"小矿只能小开"的守旧思想和传统观念，走出了一条中小矿床实现集约化、规模化开发的新路，对我国金属矿业的发展意义重大、影响深远。

其二，"区域矿山"是实现产业集群可持续发展的先进的产业组织形式。它为资源整合后广大的中小矿山实现转型升级作出了示范。

在建设区域矿山的短短几年中，云锡发生了巨变，装备技术水平大幅提高，采矿效率和矿山产量成倍增长，经济效益大幅提升。它为中、小矿山企业转型升级和实现跨越式发展提供了成功经验。

其三，建设"区域矿山"，有利于统筹矿区全局，拓展勘探空间，有序开展矿区深、边部的资源勘探及储量升级，为矿业可持续发展提供资源保障。

其四，实现中、小矿群集约化规模化开采，关键在于转变传统观念，整合矿产资源，简约矿山数目，更新采掘设备和创新采矿方法，以驱动矿山转型升级，从而实现跨越式发展。

采掘装备水平，决定着采矿方法的工艺技术水平。而采矿方法优化程度，决定着矿山生产系统、矿山产量、矿山安全、采矿效率和成本、矿山经营效益等。云锡投资近5亿元，新增大量无轨采掘设备，使矿区的机械化水平跨越了半个多世纪，实现了从过去以浅孔凿岩–电耙出矿为主体向以凿岩台车–铲运机为主体的无轨采矿装备的转变。短短几年，采矿生产能力提高了3~5倍。但我国金属矿业的采掘装备制造，仍远落后于煤矿和选矿装备制造，这种状况必须尽快改变。

其五，对中小矿群各类矿种的储量及品位的三维分布进行深入调查，在此基础上，合理配置（聚集）一座矿山（分矿）的资源储量，确保矿山设计产量在中等规模以上，这是“区域矿山”建设的首要目标。

以优势矿点为主体，优化资源配置，简约矿山数目，确保矿山（分矿）产量在中等规模以上，才有可能提升矿山机械化与信息化的水平，实现中小矿体的集约化、规模化开采，创造全区的生产规模效益，构筑矿山现代化的新起点。矿山产量规模的大小，直接影响选厂建设的现代化程度。有了规模化的现代化选厂，就可以把全区各分矿的各种有用伴生矿物、稀有资源充分聚集起来，分类投入专门流程处理，大幅提升资源（特别是有色稀贵金属资源）的综合利用水平。

其六，“区域矿山”作为中小金属矿床开采的现代矿山模式，要适应矿业信息化的发展大趋势。在当前已经取得的阶段性成果基础上，要面向智能采矿的未来，加快工业化与信息化的融合和发展。

"智能采矿"是以知识和技术创新为动力的、由工业经济向知识经济过渡的产业形态，是矿业的未来目标。信息技术是驱动科技发展、推动传统产业变革、促进企业效益倍增、加快工业化进程的主体技术。今天，信息化已成为衡量一个国家、一个行业、一个企业的先进程度和文明程度的重要标志。区域矿山建设要面向矿业的未来，努力融入全球矿业经济，借助"一带一路"的牵引壮大自身，为推进矿业大国向矿业强国的转变贡献力量。

其七，由于"区域矿山"建设的驱动，短短几年，云锡实现了华丽转身，由一个国务院首批资源危机矿山，转变为连续 10 年锡产量稳居世界第一、全球锡行业中最具影响力的企业。这已经证明"区域矿山"在实践中的可行性，今后应该在全国矿山大力推广。

回顾创建"区域矿山"新模式的艰辛以及新模式给业界带来的巨大变化，古德生院士十分自豪，明亮的眼睛烁烁闪光。他说：

"'区域矿山'建矿新模式，符合我国有色矿业的资源特点和有色行业创新驱动、转型升级的总要求，顺应了生态矿业与智能采矿的发展大趋势。创建'区域矿山'的成功，对金属矿业具有全局性意义，推广前景广阔。目前已在云南建水铅锌矿区、弥渡宝兴厂金铜矿区、湘西锰铅锌矿区，以及甘肃、内蒙古等有色和黄金矿区逐步推广。"

"我们在做前人没做过的事，已经走到中小矿业创新发展的前面。我们要胸怀大局，用大智慧、大胆识去面对创新的艰辛；要大力推进'区域矿山'的发展，使之走向成熟，引领广大中小矿山走向现代化的未来。"

第九章

追梦未来

第一节　驱动绿色开发

20世纪以来，人类面临着越来越严重的生态环境挑战。1987年，世界环境与发展委员会发表了一篇具有划时代意义的研究报告——《我们共同的未来》。该报告系统地阐述了“可持续发展”的理念，指出我们需要把环境保护与人类发展结合起来。在这种思想的启发下，古德生敏锐地意识到，为了地球和人类的未来，中国矿业开发既要满足现代中国的需求，又不能危害后代人满足其需求的能力。

他在学术报告中这样写道：

“矿业是把双刃剑。地下矿床的持续开发，为人类创造物质财富和推进科技进步作出了重大贡献。但与此同时，它又成为破坏人类生存环境的主要产业。采矿活动破坏了大量耕地和建设用地；诱发地质灾害，造成大量人员伤亡和经济损失；使矿区水均衡系统遭受破坏，下游水质污染；排放固体废物、废气，产生环境污染和酸雨；破坏地貌景观，引发社会纠纷越来越多。这种发展模式已经难以为继。因此，推进绿色开发注定成为我国金属矿业发展的主题之一。”

何谓绿色开发？

古德生认为，就是把矿区的资源与环境作为一个整体，在充分回收利用矿产资源的同时，协调地开发利用和保护矿区的土地、森林、水体等各类资源，实现资源—经济—环境三者协调发展的过程。它是可持续发展理念在矿业的延伸，是金属矿业发展的道路。

他的这种绿色开发理念，在云南普朗铜矿的规划开发中得到了充分体现。

云南普朗铜矿，位于云南迪庆藏族自治州香格里拉市，是个特大型铜矿床。矿区海拔4200 m，地处三江并流的世界自然遗产保护区域。古德生早就听说香格里拉胜过仙境。在去该地做现场论证的时候，他终于看到了传说中神圣的雪山、幽深的峡谷、飞舞的瀑布和那被森林环绕的宁静湖泊，还有那徜徉在美丽草原上的牛羊、净如明镜的天空和金碧辉煌的寺宇。在被美景震撼的同时，古德生也深深意识到，要在这风景绝美的高寒地区建矿，是一件让人非常纠结的事：对于铜矿资源不足的国家来说，埋藏于地下的特大型铜矿床与世外桃源般的香格里拉风光一样，同样都是不可多得。如何让开发铜矿资源与保护美丽风光能相得益彰、两全其美呢？

人们面临着严峻的挑战。

在建矿前期，那些对矿床开采方法的激烈争论，古院士至今仍记忆犹新。

据古院士介绍，普朗铜矿的开采，是由两个设计院参与项目竞标的。让人意外的是，针对同一矿床开采条件，这两个设计院却提出了截然不同的设计方案：一个是大型露天开采，另一个是大型地下开采。

项目请来国家级的专家进行论证，古院士是项目评标专家组的组长。在评标会上，两个设计院各自报告了自己的开采方案。经过专家组的质疑和讨论，专家们充分发表意见后，全体专家投票。结果出乎意料，两个方案分别得分为84.3分和84.7分，非常接近。因此，无法得出竞标结果，只好事后由业主云南铜业公司自己去裁定。云铜无所适从，经内部讨论后也犹豫不决，没有结果。

项目不能半途而废。云铜找古院士商讨，听取意见。古院士诚恳地谈了自己的想法。他认为，针对同一矿体，之所以得出两个不是互补的而是截然不同的开采方案，问题的关键在于竞标双方和评标专家中，彼此间都存在设计理念上的差异：一方侧重从纯技术角度来论证，另一方除重视技术外，还重点考虑了生态环境影响的因素。

古院士跟云铜讨论后，表达了自己的看法：

“如果单纯从技术观点出发，根据这类矿床的开采条件，采用大型露天开采方案是合理的。因为矿床埋藏比较浅，露天开采生产规模大、采矿成本低。但是，考虑到矿区地处金沙江、澜沧江和怒江三江并流区，有奇特的自然景观，还有国家森林公园，又是世界自然遗产保护地区，采用大型露天开采对生态环境影响太大，国家也不会批准，因此，不宜采用大型露天开采方案。”

两害相较取其轻。在公司内部经过一段较长时间的交流、讨论后，大家对采用大型地下开采方法的认识才逐步得到统一。在这整个过程中，人们逐渐树立起了人与自然和谐统一的理念，感悟到了协调地处理好利用自然、改造自然与保护自然三者之间关系的重要意义，增强了现代环境意识。

在对采用大型地下开采方法达成共识后，新的问题又接踵而来。在云铜内部，对设计院提出的自然崩落法的可行性再次提出了疑问，认为风险太大。在前期竞标会上，就曾有人以此为由对地下开采方案提出过质疑。公司内部曾组织过多次技术论证会，但都没有结论，这直接影响到矿山的基建筹备工作。最后，公司召开了包括公司高管在内的全体采矿工程技术人员的大型论证会，古院士再次受邀出席会议。会开得很热烈，大家畅所欲言，古院士认真倾听了大家的意见，在会议结束前也作了重点发言。他说：

普朗铜矿的储量很大，但品位不高，把它设计为年产量千万吨级的矿山完全正确，只有规模化开采，才可能获得规模效益。

“为了实现矿山规模化生产，根据地质部门提供的矿床开采条件和矿石可崩性资料，设计院采用自然崩落法是有根据的、可行的。自然崩落法是地下开采中生产能力最大、采矿成本最低的采矿法，对于年产量这么大的矿山，采用自然崩落法是合理的。”

最后，古院士又特别强调：

“自然崩落法对矿床的可崩性要求较高，而将来生产揭露的地质条件是否与地质部门提供的资料一致，也有不确定性，所以人们提出的风险问题，值得重视。但有风险还不足以成为否定采用自然崩落法的理由。任何采矿试验都存在风险，问题的关键在于能否进行有效的风险管理。山西铜矿已采用自然崩落法多年，有成功经验可供借鉴。再说，为了降低风险，试验时可预先考虑增加少量的、辅助性的凿岩巷道工程，以确保矿石全面回收。试验一定能获得成功。”

古院士的一席话，获得大家的掌声。通过这次会议的讨论，大家意见基本统一。公司领导当即在会上表态，给这场旷日持久的争论画上一个圆满句号，为该矿基建工程顺利开展扫平了障碍。

据古德生回忆，普朗铜矿的建设，在抓紧资源勘探、资金筹措、矿山设计的同时，还完成了一批重要文件的审批，经历了一个漫长的矿山筹备过程，直到分别从联合国教科文组织、住房和城乡建设部、环保部、云南省获得了《三江并流世界自然遗产地边界细化》《三江并流风景名胜区总体规划修改》《项目环评》《尼尔河交界河水功能划区调整》和开工许可证等重要文件后，才使项目建设合法化，从而进入矿山一期采选设计规模 1250 万吨/年矿石的建设阶段。

回顾艰难的矿山审批与筹建过程，古院士心有感慨，他说：

“我们冷静地想想，如果普朗铜矿设计方案评标时，确定大型露天开采方案的话，无疑国家是不可能批准的。假如真的是采用露天开采的话，对青藏高原腹地的生态环境来说，可能真是万劫不复。”

如今，普朗铜矿作为全国规模最大的、现代化的高寒地区地下金属矿山，正在青藏高原美丽传说中的香格里拉生机勃勃地成长、发展。事实表明，如果人类仍然沿用传统的生产方式与思维方式，不建立起全新的生态价值和生态伦理观念，那么，“地老天荒”就会从一句形容情感永恒的誓言，变成预言人类未来真实情状的谶语。

作为采矿科技工作者，古德生对金属矿业带来的环境负效应有着清醒而真切的认识。他总是提醒人们认清这样一个现实：

金属矿产开发过程中，获得的金属矿产品实际上只占采掘总量的2%左右，而剩余的98%到哪里去了呢？答案是，在采掘与加工的过程中被转化为废料了。

仅2010年，我国矿山年产出废料就有75亿吨左右。据统计，全国矿山产出废料还以年均9%的速度在增长。这些废料大都堆积到地表，破坏大量耕地，造成下游水质污染，诱发重大地质灾害，对生态环境的破坏性很大。

因此，古德生指出，大力开发和推广废石不出坑和尾砂回填采空区的工艺技术，推行规模化、整体性的尾砂与废石延伸产品的加工利用，有相当大的发展空间。比如湖北长石钽铌矿，长石的废渣，既是生产玻璃的原材料，也可以做砖头，用作建筑材料，这样二度开发，就形成了循环经济，同时也保护了环境。

在此基础上，古院士还总结出了“矿山无废开采程度的可行性评价”“开拓与采矿工程的废石产出最小化”“废石、尾砂不出坑的工艺技术创新”等几个科技创新的理念和方向。

尽管古德生立足行业，未雨绸缪，大力推动矿业废料合理安全地再利用，但矿山安全事故仍时有发生，给该领域的研究、管理带来了很大的挑战。

古院士介绍说，他曾先后两次参加国务院特大事故调查组工作。一次是2008年的山西太钢尖山露天铁矿“8・1”特别重大排土场事故，一次是2015年深圳光明新区“12・20”特别重大滑坡事故。两起事故均发生在松散废物(废石或渣土)的堆积场，事故现场的情景让人触目惊心。

山西太钢尖山露天铁矿的事故，是在黄土丘陵区高差72～130 m的排土场发生的滑坡事故。该事故造成排土场下的寺沟乡93间房屋被埋，43人死亡，2人失踪，财产遭受重大损失。国务院对该事故的定性是“责任事故”“特别重大事故”。事故责任人受到依法追究刑事责任或党纪、政纪的处分。

时隔7年之后，现代化的南方城市深圳，又发生了类似事故。

这起在深圳光明新区高达79 m的渣土场发生的滑坡事故，现状尤为惨烈。滑坡影响范围1100 m×630 m，造成大片厂房、民房被埋，几千人用了一个多月时间清理现场。事故夺去83人的生命，受害人员达几千人，造成大量财产损失。国务院对该事故的定性也是“特别重大责任事故”。事故责任人同样受到依法追究刑事责任或党纪、政纪的处分。

事故的现场有多惨烈，事故的教训就有多深刻。调查过程中的所见所闻，对古德生造成了心理冲击。他对此进行了理性的思考和梳理，体会到两点：

其一，每个重大安全事故发生之前都有征兆。每个征兆出现之前都有苗头。每个苗头出现之前都有隐患。为什么我们对隐患、苗头、征兆一个都抓不住呢？这是有关部门安全观念的严重缺失。

其二，全国城市渣土场已有1500多座，每年排放量已达20亿吨。但是，渣土场的规划、设计规范和安全监测几乎还是空白。有关部门应该引起高度重视，需要尽快把规程、安全建设抓起来，这才是根本。

为了让重大事故不再重演，古院士在调查分析事故后，和其他几名院士联名起草文件，向国家提交了《关于开展城镇渣土受纳场普查、建设规划及受纳场监测预警系统建设》的报告，建议国家将其列入“十三五”规划。前车之鉴，后事之师。事关人民生命财产的安全，我们应该为子孙后代创造一个安全的生存环境。

此后，作为采矿界的领军人物，面对我国矿业界和岩土业界经常出现安全事故的现状，古德生院士进一步进行了深入研究。他认为，人们应该树立两个基本理念：

一是对“安全”的关注要永远高于对“发展”的关注。安全涉及人的生命，生命与金钱不可相比。在追求“安全”与“发展”的问题上，没有平衡点，人的生命无价。

二是安全就是效益。健康和安全的需求，是中国增长最快的需求。在创造安全环境过程中，不能认为安全总是在消耗资源。相反，安全可以创造新的财富链。

古德生告诉笔者，习近平主席在哈萨克斯坦纳扎尔巴耶夫大学和大学生对话时讲到的一句话，让他深有触动。习近平主席说：

“任何再以绿水青山去换金山银山的做法，都是不被允许的，也不能原谅的。”

古德生注意到，在2015年的两会上，习近平主席又指出：把不损害生态环境作为发展的底线，对破坏生态环境的行为，不能手软，不能下不为例。

古德生认为，习近平主席的这一番讲话，充分表述了全新发展观的内涵。过去，人们常常以损害和牺牲环境的方式来实现人类的需求，由此造成人与环境的严重对立。如今，创造良好的生态环境已经成为建设小康社会的重要内容。我国要在持续发展经济的同时，不断改善和提高生态环境质量。

当然，多年与矿山打交道的古德生深知，矿业不可避免地会破坏生态环境。但他认为，这种破坏程度其实是可预见的。由于矿山生态环境状况取决于先前的规划设计和后来的生产施工，因此，生态环境的维护、破坏和修复是可控的。其关键在于人的观念。人们应该从过去的“先破坏、后治理”的被动模式，改变为贯穿于矿山开发全过程的、主动的、超前的、动态的发展模式，坚定地走绿色开发的道路，才能从根本上扭转长期存在的严重生态环境问题。另外，古院士认为，绿色开发的技术覆盖面很宽，需要科技创新提供支撑。他在此基础上提炼出了六点理念：矿区资源的绿色开发设计和闭坑设计、固体废料产出最小化和资源化、矿产资源的充分开发与高效回收、矿产资源有价元素的综合利用、矿区水资源的保护利用与水害防治、矿区生态环境保护与土地复垦。

同时，古院士也知道，在占我国金属矿山80%的中小型矿山中推进绿色开发的任务非常艰巨。但为了子孙后代，为了我们可持续发展的未来，再艰巨的任务，也必须完成。他指出，推行“区域矿山”建矿新模式，是一条绿色开发的康庄大道。

古院士指出的以上道路，并不是梦想中的空中楼阁。15年前，他的科研团队就与云南锡业集团公司合作进行相关研究。通过10年的科技攻关，他们已经创建了我国第一个区域矿山，把个旧矿区原来的26个小矿重组整合为4个大型矿山，矿山的装备技术水平也大幅提高，实现了矿区的转型升级，成效十分显著。与此同时，大大改变了原来小矿星罗棋布、矿区满目疮痍的景况。全区固体废物资源化利用率达到59%，废水循环利用率达到87%，促使矿区生态环境发生了根本变化，为我国广大的多、小、散矿群的开采走出了一条绿色开发的道路。

持续的矿产开发，已给人类生存环境带来许多负面影响。无论从国际潮流、现实国情还是社会责任的角度来说，现实已迫使人们要走绿色开发的道路。

面对资源约束趋紧、环境污染严重、生态系统退化的严峻形势，在习近平主席的讲话之后，古德生注意到，党从国家发展的战略高度，在十八大第一次提出了“生态文明建设”，并将这个观念融入经济、政治、文化和社会建设的全过程。毫无疑问，它关乎人民的幸福和民族的未来。

那么，什么是生态文明建设呢？古德生认为，生态文明建设就是加大自然生态系统的保护力度，实现绿色发展，建设永续发展的“美丽中国”。

这是可喜的人类共识。古德生看到，如今金属矿业已呈现高效、智能、绿色的发展趋势，走绿色开发的道路、建设绿色矿山已成为中国矿业回应“美丽中国”梦想的极具战略性的重大任务。

一个人的“三观”，会影响他发展成什么样的人。而一个行业建设的理念，一个国家治国安邦的观念，毫无疑问会影响到这个国家的未来。

为此，古院士在全国采矿学术会议和矿业技术干部培训班上，多次阐述了一个“新的矿业观”：现代金属矿业已经不是单纯地为国家经济建设提供金属矿产品的行业了，它肩负着“开发地下矿床”和“建设美好家园”的双重任务。矿业工作者一定要摒弃过去把矿床开发与保护环境相分离的传统观念，树立新的矿业观。这是矿业发展的永恒主题。

第二节　发力深部开采

飞天、下海、入地，是人类自古以来的梦想。今日中国，成就辉煌。2013 年，神舟十号飞船登上月球；蛟龙号载人潜水器成功下潜 7020 m；2008 年我国启动“地球深部探测计划”，钻孔深度超万米。我国金属矿的开采深度，也已达到约 1600 m。

古院士认为，深空、深海、深地、深蓝四大领域是发达国家竞相开展、关乎人类未来的重大战略高地。在深地科学与工程技术的研究中，深地矿业工程首当其冲。据古德生介绍，我国最深的金属矿山是云南会泽铅锌矿，深达 1526 m。在国外，超 1000 m 的金属矿山有 90 多座。南非姆波尼格金矿，采深 4350 m，是世界最深的矿井，也是人类到达地球最深部的纪录，却只是地球半径的1/1464，这个开采深度，就已给矿业人带来许多难以破解的难题了。人们常说“比上天还难”，事实上，“入地更难”。

为此，古院士做了许多关于深部开采的报告，并撰写了相关主题的文章。他在其中提出的深部开采，其实是一个变“害”为“利”的高难度系数的课题。那么，何谓深部开采呢？

古德生提出了自己的解释：

随着矿床开采深度的增加，岩石的地应力值将不断增大。当开采深度达到某一临界深度时，由于地应力提高，岩爆发生的频率明显增大，这时的矿床开采被视为已进入了深部开采。但是，这一表述有不确定性，因为岩石不是均质体，引发岩爆的地应力的大小，不仅与深度有关，还与地质构造应力和工程扰动的影响有关，但其影响程度难以确定。所以，当开采深度达到 800～1000 m 时，一般就视为进入了深部开采。

在我国金属矿山总数中，地下开采的矿山约占 90%。20 世纪 50 年代建成的矿山，60%因储量枯竭而接近尾声或已关闭，其余 40%已经逐步转入深部开采。以有色金属行业来说，我国一批主要有色金属矿山，如中金岭南凡口铅锌矿、铜陵冬瓜山铜矿、金川集团二矿区等，都进入了深部开采期。

我国过去深部资源勘探不足，主要开采 600 m 以上的矿床。近 5 年来，通过在 215 个矿山实施“深部找矿工程”，160 多个矿山在深部找到了价值超过 1 万多亿元的矿产资源。

因此，古院士认为，深部资源潜力很大，深部开采的确是矿业发展的必然。

不过资源潜力虽巨大，但开采问题也很显著。与浅部开采不同，深井有特殊的开采环境，突出表现为“三高”，即高应力、高井温、高井深。这个特殊的开采环境，导致采矿过程中出现种种深井灾害。

古德生介绍说，高应力环境可能引发岩爆。岩爆是一种突发性的碎岩喷射现象，其猛烈程度足以致人伤亡，甚至造成井下重大事故。如美国某矿，1906 年发生了一次岩爆，地震强度达到了里氏 3.6 级，导致铁轨弯曲，还诱发空气爆炸，导致火灾。

在深部高应力环境下，围岩受到岩性、温度、水分等因素的影响，可能产生大的变形。如果围岩变形过量，就可能出现岩石裂纹、岩层移动、矿岩冒落等。如果传统采矿工艺和支护技术与深井高应力环境不相适应，则必然危及作业安全。

我国胜利煤矿于 1933 年最早出现岩爆问题。目前，红透山铜矿等 20 多个矿井，也有过发生岩爆的记录。

关于高井温，一般是 30～60℃ 的灾害，古院士也做了深入的研究。

根据钻孔观测，每下降 100 m，地温上升 3℃。但在深部开采的特殊环境下，影响井下温度的因素有很多，如围岩散热、矿岩氧化放热、机电设备放热、空气压缩放热等。我国冬瓜山铜矿井深 1100 m，井下气温达 40℃；南非西部矿井深 3300 m，井下气温达 50℃；日本丰羽铅锌矿在采深 500 m 时，因受裂隙热水影响，井下气温就达 80℃。

深井高温的作业环境恶化，人的生理难以承受，导致工伤事故数量上升，劳动效率下降。此外，由于井温升高，通风费用和降温费用增加，生产经营成本大增。高硫的铁矿、铜矿等矿种在深井高温环境下，除可能产生结块现象外，矿石自燃、炸药自爆和早爆的危险性也将增大，严重威胁作业安全。

因此，处于“三高”的特殊开采环境，因其开采难度巨大，成了矿业科技攻关的高地。

无限风光在险峰。怀着洋溢的激情，古院士带领他的科研团队，在铜陵冬瓜山铜矿开始了第一次关于深部开采的科技攻关。据古院士介绍，该矿床是埋藏在千米以下的特大型矽卡岩铜矿床，具有高井深(1000 m)、高地应力(38 MPa)、高井温(39℃)、高压涌水(水压 7~10 MPa)、高含硫(18%)、低品位、矿石复杂难选、有岩爆倾向的复杂开采条件。该矿从矿床开采可行性研究到基建、生产阶段，遇到许多技术难题，致使工程建设长达 16 年之久。在这过程中，也即在"九五""十五"期间，国家连续 10 年在该矿组织了两次科技联合攻关，由铜陵有色金属集团和中南大学牵头，开展深部开采技术研究。攻关项目为 1996 年开始的"千米深井矿山 300 万吨级强化开采综合技术研究"和 2004 年开始的"复杂难采深部铜矿床安全高效开采关键技术研究"。

在有关单位的共同努力下，两次攻关取得了一批重要的创新性成果，创立了一套适于深埋、高温、有岩爆、有自燃倾向性、特大型矿床的安全高效无废开采理论与技术，为推动我国深部开采技术发展作出了重要贡献，为我国后续深部开采矿山的建设提供了技术支撑和范例。

无疑，此范例也为变"害"为"利"开拓了科研思路。

思路决定出路。

古德生深知这个道理。在过去的几十年里，世界矿业从深部开采出现的种种灾害中，深刻地认识到深井"三高"是致灾因素。因此，长期以来，国内外矿业界的研究工作主要集中在灾害控制与防治的问题上。毫无疑问，这些都是很重要的研究课题。正因为有这些研究成果，深部开采才得到很大发展。但是，从前瞻科学技术发展的角度来说，在前人开拓成果的基础上，后来者如何开阔思路、推进该领域的科技发展、开拓更大的发展空间？这是古德生作为一名行业先驱应该思考的问题。

古院士回顾国内外深部开采科技发展的过程，认为人们把深井"三高"仅视为致灾因素是狭义的理解，他对此提出了质疑。

2001 年，以"深部高应力下的资源开采与地下工程"为主题的香山科学会议第 175 次学术讨论会召开。会上，古德生院士作为执行主席，就金属矿床深部开采中的科学问题作了专题报告，并在会上介绍了现场科研所观察到的很有意义的现象，他说：

“高地应力区与一般应力区比较，掘进巷道断面相同，高应力区钻进炮孔速度快、所需炮孔少，而爆破效果好。这种高应力区‘好凿好爆’的现象是在凿爆工程激发下，矿岩高地应力能量得到有效利用的结果。”

此科学发现，来自古院士对事物两面性的认识。他指出，“三高”因素虽然是致灾因素，但是否能转化为可加以利用的因素呢？人们是否可以突破传统思维，以更开阔的视野去破解更大更深的科学技术问题呢？

针对深井的“三高”环境，古院士连续提出如下三个问题：

第一，高应力本身就是能量，能否利用其致裂诱变特性来实现坚硬矿岩的致裂破碎，从而提高矿石破碎质量？可否创造一种高应力诱变致裂的破岩新技术和连续采矿法？

第二，高井温能否用于深部贫矿原地破碎溶浸采矿、提高溶浸金属回收率？可否将井下的热水输送到地面利用，再将热交换后的冷水送回井下用来降温？可否应用热管技术，将地下热源导向地表，让岩层预冷降温？

第三，高井深可否作为新的动力源，用于开发水力凿岩机、水力通风机等设备？可否在井下进行矿石粗碎、细磨，再借深井排水的动力，把矿浆泵送到地面选厂，以大幅提高矿山提升能力、降低提升成本？

上述三个问题的答案是肯定的。古院士在会上所阐述的学术思想，引起业界很大兴趣，给人们带来重要启示，拓宽了深部开采科学技术研究的思路，唤起了人们许多联想。在此学术思想影响下，一些博士生论文和自然科学基础项目开始启动了“三高”转化与利用的研究。

此次香山科学会议，古院士和其他专家的真知灼见，对我国深部开采科学技术研究的开展起到了很好的引领作用，大力推进了我国深部开采的基础理论研究。

2003 年，国家自然科学基金委启动了“深部岩体力学基础与应用研究”重大项目。

2008 年，“973”项目“深部重大工程灾害孕育演化机制与动态调控理论”启动。此外，还有不少针对深部开采科学问题的国家自然科学基金项目立项。

古院士指出，深部开采的科研项目，有许多都涉及岩石力学。深部岩体工程是个多场、多相环境下的地质构造与工程结构相互耦合、高度非线性的问题。深井岩石力学研究在技术思路与研究方法上一定要有所突破，不能只停留在静载环境下的研究，要更加重视动、静组合加载环境下的岩石力学研究。现有岩石力学实验装置也存在一定的局限性，需要创新和发展。

为了研究深部开采过程中的岩石力学问题，特别是研究深井矿岩在高应力环境下岩石诱导致裂的科学问题，古院士与邓健教授一起，于 2007 年 6 月提出了具有开创性的、研发深井高地应力环境下岩体力学行为的“岩石真三轴电液伺服诱变(扰动)试验系统”的技术思路与方案。随后，又在科研团队的共同努力下，该试验系统于 2012 年顺利完成了设计加工、安装调试、试运行及验收，正式投入使用。

古院士介绍说，这是一个大型试验系统。该试验系统为研究高应力环境下的矿岩致裂诱变机理、致裂的临界环境、诱导致裂方法等，提供了全新的实验条件。它具有强大的数据和图形处理能力，达到了岩石力学试验机测试的国际标准。它能实时显示试验曲线和试验结果，对试验的全过程进行监控，为开展深部开采基础研究提供了面向全国开放的创新实验平台。

目前，该试验系统已经投入科研使用。古德生和他的团队一起，期待未来能取得重大成果。

2001年香山科学会议后，尽管我国深部开采的学科基础与工程应用的研究在逐步开展，但仍远远落后于矿山工程发展的需求。古院士指出，近年来我国建设了一批深部开采的矿山，但在深井工程技术和装备方面，与国外先进水平相比还有很大距离，有的甚至仍处于浅部开采的技术装备水平。这是迫在眉睫、需要尽快解决的问题。

时间来到2016年，古德生院士从国土资源部的规划中了解到我国“深地探测战略目标”，那就是到2020年，形成深至2000 m的矿产资源开采能力、3000 m的矿产资源勘探成套技术能力，储备一批5000 m深度的资源勘查前沿技术。

“无疑，这是令人振奋的规划。从那时开始，国家在金属矿业领域已连续启动了多个深部开采的重大项目，进军深地开采的大幕已经拉开了。”

古德生院士欣喜地介绍道：

“未来十年，是我国金属矿业从传统产业向现代产业过渡的重大转折期。我们要不失时机，针对2000~3000 m深的‘三高’开采环境，以创新、变革、超越的精神，寻求超深采矿理论与技术的新突破，走出一条中国式的深地开采的道路来。”

那么，这条中国式的深地开采道路到底该如何走？

经过深思熟虑之后，古院士提出十大基本构想：

一、变革建井技术，研制深井智能掘进机，实现一次下掘成井。

二、进行大矿段多采区协同作业连续采矿。

三、采用高储能矿岩诱导致裂与大孔耦合崩矿技术。

四、运用深井区域地压监测与开采过程地压调控技术。

五、使用井下磨矿、泵送地面选厂的浆体输送技术。

六、采用深部井底泵站与全尾砂膏体泵压充填。

七、进行深部开采热害控制与利用高温开发。

八、运用深部大矿段集约开采生产过程智能管控技术。

九、使用深井大矿段集约开采智能化无轨采掘装备。

十、重视应用信息技术改造传统产业，更新装备、变革工艺，改变传统经营理念和管理手段，以增强矿山的创新能力。从建设数字矿山着手，逐步推进矿山信息化、智能化。

在古院士的设计里，上述构想可满足绿色开发、智能装备、作业集中、工艺连续、安全高效的工程理念。当然，要实现这一构想，仍有许多科学技术需要攻关。

据古院士介绍，以上技术观点已成为国家“十三五”重大项目的总体技术路线和研究课题。课题的依托单位安排在南非赞比亚铜矿。国内一共有 8 个科研院所参加，古院士所在的中南大学再次成为项目的牵头单位。

科技发展没有止境，唯有不懈追求和探索。

在各项报告会上，古德生院士谆谆告诫业界同行和后来者，他说：

“把握矿业发展大势，要有全球视野和前瞻性思维。我们不能总是用别人的昨天来装扮自己的明天，要走自己的路。”

“深部开采，是我国乃至世界矿业特别关注的问题，是一项涉及多学科的复杂工程技术问题，是未来矿业科技攻关的高端领域。它关系到未来三十年我国金属矿业的可持续发展，是实现向矿业强国转变的一项主体工程。学界同仁只有齐心协力，才能将强国之梦变成美好的现实。”

第三节　走向智能采矿

翻看古德生的履历和社会任职表，可以看到除了“中国工程院院士”之外，他还有诸如《矿冶科技信息》《世界采矿快报》《黄金》《中国钼业》《金属矿山》等期刊编委或高级顾问、中国工程院能源与矿业工程学部常委、建设创新型国家战略推进委员会主席团成员、中国科学技术协会决策咨询专家、中国矿业联合会高级资政委员会高级资政、中国有色金属学会常务理事、中国有色金属学会矿山信息化智能化专业委员会名誉主任委员等任职和头衔。

这些头衔对于古德生院士来说，绝不是虚名，而是责任感和担当。因此，在科研之外，古德生院士还经常站在世界的角度分析行业现状，思考全局问题。他说：

“矿产资源是当今世局纷扰的根源之一。如今，除了从政治、军事的角度看世界之外，我们还需要更彻底、更本质地从资源的角度看世界。在经济全球化的今天，资源在很大程度上影响着世界态势。世界经济、政治，乃至军事，都倚重于天下矿业。”

他指出，近十年来，为保障世界第二经济大国的可持续发展，我国金属矿业取得了举世瞩目的成就。但我国不是矿业强国，金属矿业相对落后。究其原因，主要有：

一、矿业在国民经济中的产业定位尚存在问题；

二、国家的支柱性矿产资源的保障度不高；

三、地下矿山采掘机械的研发与制造水平比较落后；

四、90%的金属矿山是地下开采，生产粗放的中小型矿山占金属矿山的80%；

五、矿产资源的综合利用率较低；

六、矿山安全与生态环境问题突出；

七、缺少有影响力的跨国矿业公司，国际竞争力不强。

他分析，我国已经进入了工业化后期阶段，预计钢、铝、铜、锌等主要金属将在2025年前后达到消耗强度的高峰期。与此同时，上述大宗矿产的对外依存度仍可能长期处于高位，达到60%左右，面临严峻挑战。而世界金属矿产很丰富，已探明的支柱性矿产的储采比大多超过40年，铁矿和铝土矿超过100年。

古院士担忧，我国相对落后的金属矿业，凭什么去参与国际竞争？怎样改变这种落后面貌呢？

基于此，古德生院士在中国科协年会、全国采矿学术会议上，多次就“我国金属矿业发展之路”这个问题作过许多专题报告，涉及的问题很宽，包括：明确产业定位，完善矿业相关法规；加强国内勘探，有效利用国外资源；更新采掘设备，提升矿山整体水平；创新采矿方法，大幅提高采矿效率；建设区域矿山，加速中小矿山转型；发展深部开采，步入矿业科技前沿；建设数字矿山，推进矿业改造升级；推进绿色开发，建设生态文明家园；融入“一带一路”，推动矿业发展提速；等等。报告引起矿业界的很大反响，其中具有深远意义的论断主要有三点：

其一，大力开发智能采掘设备，提高地下矿山装备水平，创新地下采矿方法。

我国金属矿山90%采用地下开采，装备相对落后。没有先进的采掘设备，就不可能有先进的采矿方法和高效率采矿。采矿方法决定着矿山规模、矿山安全、采矿效率、作业成本和经营效益。更新采掘设备和变革采矿方法是矿业转型升级的重要举措。

其二，推行“区域矿山”建矿新模式，引导中小矿群走集约化开发的道路。

如前所述，针对我国金属矿绝大多数为中小矿床的资源特点，“区域矿山”是中小矿群集约化、规模化开发的新模式。它解除了千百年来采用“小矿小开”模式所带来的种种弊端，引领我国占金属矿 80%的广大中小矿山走出了一条极具中国特色的新型工业化道路。

其三，加快矿业数字化、信息化的基础建设，走向“智能采矿”的未来。

信息化已成为衡量一个国家或一个企业的先进和文明程度的重要标志。矿业信息化是先进信息技术与矿业科技深度融合和发展的过程。建设数字矿山是矿业信息化的基础，矿业信息化是实现智能采矿的过程，而智能采矿是矿业科技的高端研究方向、矿业发展的未来目标。

古德生指出，上述三个论断中，值得特别重视的是第三个，因为它关系到矿业的发展方向和长远目标。信息技术由于具有应用领域的广泛性、技术之间的融合性和发展空间的无限性，因此得到快速发展。前几年讨论信息化的关键词还是移动互联，而如今则是云计算、大数据、3D 打印、量子通信技术等。信息技术已经成为驱动全球科技发展、推动传统产业变革、促进企业效益倍增、加快工业化进程的主要技术。人类社会已经出现以微电子技术的发展和广泛应用为主要标志的第三次工业革命，这给传统矿业带来具有震撼性的巨大冲击。我国接近或具有国际先进水平的金属矿山，只有为数不多的国有大企业，总体上仍落后于矿业发达国家。特别是广大的中小矿山，仍处于近乎“夕阳技术”的状态，与国际水平相比，差距很大。因此，我国金属矿业一直是国民经济体系中的短板。

矿业如何跟上全球矿业的发展脚步，实现矿业现代化呢？作为中国矿业的开拓者，古院士一直将其挂在心上。发达国家的现代化是先工业化、后信息化，用了 50~70 年。对于工业化尚未完成的我国金属矿业来说，不能走它们的老路。中国要在 2050 年赶上发达国家的矿业水平，如何迎头赶上？唯一出路就是充分利用后发优势，走工业化与信息化融合的发展道路，以信息化主导和带动矿业工业化，以矿业工业化促进矿业信息化。通过“两化”的彼此兼容和渗透，改造传统矿业，推动矿业的转型升级，实现跨越式发展。除此，别无选择。

路，是人走出来的。回顾来时路，古院士清楚地记得1999年5月他到江西德兴露天矿考察刚从国外引进的全球卫星定位（GPS）卡车计算机自动调度系统的感受。

那天，在江西德兴露天矿的生产调度室里，他目睹台阶工作面的装运设备运转顺利，各项工序井井有条，调度系统的钻机管理、车铲调度、自动配矿、边坡监测等功能得到充分的发挥。由此，矿山的生产管理水平和产量得到大幅提升。这一切给古院士很大震撼。他真切地体会到矿业信息化对推动传统矿业变革的巨大作用，尽管摆在前面的道路充满艰难险阻，矿业也一定要走信息化的发展道路。

可那时，我国金属矿业的工业化尚未完成。那么，如何推进矿业信息化呢？

古德生认为：要在提高矿山机械化水平的同时，用信息化改造传统矿业。但我们是矿业大国，靠引进国外矿业软件来推动矿业信息化是不现实的。现代化是买不来的，要靠我们自己。当务之急是尽快起步，要有人在前头起引领作用。

因此，古院士除了在有关场合向国家及专家们呼吁外，产生了借助高校矿业学科相对良好的智力条件，组建一个从事矿山软件开发团队的想法。

发达国家工业化水平较高，实现矿业信息化较为顺利。但是我国矿业要实现工业化与信息化的融合发展，却不得不逐一解决重重困难。古院士认为，重要的是跨出第一步。对此，他决定身体力行。

1999年底，古德生终于跨出了这一大步。他先后邀请两位在北京从事软件开发的测量工程专业的校友回校，探讨组建矿业软件研发团队的可行性。筹划了一段时间后，因手头资源有限，他迈出的步子无奈悬在半空中，上下不得。

又过了三年，王李管教授从国外留学回来。他在矿山信息化领域学有所长，有志领头干一番事业。这个消息让古德生院士喜出望外。经商议，他们首先依托中南大学资源与安全工程学院成立了中南大学数字矿山研究中心，形成了一支以古德生院士为核心、以王李管教授为带头人的队伍，凝聚了有关教授、博士后、博士、硕士等科研力量，开展研发工作。起初两年，研发工作相对顺利，但资金与办公场地都很紧张。不过，这对于苦心创业的他们而言，是不值一提的困难。两年后，天道酬勤，机会终于青睐了有准备的头脑。他们得到了企业家王先成先生的经济支持，于是在中南大学数字矿山研究中心的基础上，于 2004 年成立了长沙迪迈数码科技股份有限公司(Digital Mine)。古院士作为公司一员，一直为公司的组建和发展竭尽全力。如今，迪迈科技公司在王李管董事长的领导下，已经成长为经过国家认证的高新技术企业和双软认证企业。公司专注于矿业领域，致力于“数字矿山”软硬件产品及整体解决方案的研发和市场推广，专注于生产过程数字化与三维可视化。公司产品及解决方案已经成功应用于有色、冶金、煤炭、黄金、化工、建筑、核工业、国土资源等矿产资源领域，拥有十多家大型集团和两百多家企业客户，产品还推销到韩国、赞比亚、蒙古、刚果和老挝等国家。迪迈科技公司为打破外国矿业软件在中国的市场的垄断和推动国内矿业数字化信息化平台建设作出了重大贡献，成为我国矿业软、硬件开发的龙头企业。2014 年该公司获得中国计算机行业协会、中国信息化推进联盟等单位共同颁发的“2014 年中国矿业信息化智能化领军企业奖”。

长沙迪迈数码科技股份有限公司位于长沙市高新技术开发区。这家公司门前还挂着另外两块牌子，一块是“中南大学数字矿山研究中心”，另一块是“中国有色金属学会矿山信息化智能化专业委员会”。

这个挂着三块牌子的公司，自 2004 年成立以来，经历了不少的艰难曲折，但逐渐做出成绩，成为国内同行的领跑者。它的发展与壮大，折射出我国智能采矿的科研进程，也印证了古德生院士智能采矿科研方向的正确性。对此，王李管董事长深有体会：

“公司成立时，人员是缺乏的，就我们几个先撑着。场地也没有。后来古老师在采矿楼给我们腾出了一间房子，三十多平方米。古老师做事认真，嘱咐我们说，既然是个公司就要像样子，一切都要认真做。古老师真的是很用心地关注迪迈的成长。”

“像我们公司这样，把从资源到管理、从软件到硬件全部拉通的公司，国内、国际都没有。很多公司都只做单品，而我们做系列。”

据王董事长介绍，迪迈公司的核心在于三维技术，这是他们十多年来积累的核心技术。无论是生产过程还是生产管理等，他们都把三维技术深深地嵌入其中。生产过程中产生的数据，马上可以成为生产管理中的基础数据，如此环环相扣，完美地连起来。

说到自己公司的产品，王董事长言谈之间充满了骄傲，他说：

“国内外的一些公司，也在做类似于我们平行系统这样的产品，但是它们的建模非常麻烦。井下的系统怎么建模呢？它们只能用一些通用公司的常规软件。这些软件用来建地表的那些不是很复杂的东西，可以像雕花一样做得很漂亮，但是井下控制建模，就根本无法完成了。而我们现在的产品就可以做到，因为我们的软件产品非常专业化，很复杂的井下建模，我们都能解决。”

在矿业信息化领域取得这样的突破后，古院士仍然时刻保持着清醒的认识。他说：

“随着我国矿业的快速发展，国内一些有识之士也相继组建了一批科研实体，推动了我国矿业软件产业的蓬勃发展，开创了我国矿业信息化的新纪元。从此，矿业信息化逐步进入人们的视野，打破了业界长期来的沉寂。”

“但认识有个过程，行动需要方方面面的条件，所以头几年矿业信息化并没有激起多大波澜。直至 2011 年，国家为了提高矿山安全生产保障能力，提出建立矿山安全避险六大系统的强制性要求以后，我国才真正跨出矿业信息化的第一步。”

万事开头难。第一步的成功跨出，无疑是阶段性的胜利，它给矿业信息化的未来带来了希望。

矿业强国梦就在前方，新一程的追梦又启程了。

在整个采访中，古院士的各位学生都谈到，自从担任了中国有色金属学会矿山信息化智能化专业委员会名誉主任委员后，古院士逢会必讲的是这样一句话：

“可以预见，矿业工业化与信息化的深度融合发展，必然驱动矿业走向未来目标——智能采矿。”

智能采矿是矿业发展的新领域，是世界矿业的未来目标。但何谓智能采矿？至今还没有人对其内涵和目标提出科学的、明确的表述。在人们的脑子里，它还是个混沌的概念。于是，国内外出现了“智能采矿”“自动化采矿”“遥控化采矿”“智慧采矿”“无人采矿”等种种词语。古德生院士认为，任何一个新的领域，对其定义、内涵及特点要有准确、科学的表达，学术上应该严谨，来不得含糊，否则将不利于新学科的发展。经过仔细分析，他认为“智能采矿”一词比较确切。同时，古德生以前瞻的眼光，凝练地描述了这一新学科的基本内涵，并提出不少基本观点。

何谓智能采矿？

智能采矿就是在矿床开采中，以开采环境数字化、采掘装备智能化、生产过程遥控化、信息传输网络化和经营管理信息化为基本内涵，以安全、高效、经济、环保为目标的集约化、连续化和遥控化的采矿工程。

那么，智能采矿技术的发展路径又是什么？古院士作出了这样的回答：它起步于数字化矿山的基础平台建设；发展于矿业信息化智能化的技术创新；成就于集约化、连续化和遥控化的智能采矿。它是持续研发成果的积累过程，是多学科参与的集成创新与发展的过程。

关于智能采矿的产业形态，古院士认为，它是以智力资源为依托、以知识和技术创新为动力、由工业经济向知识经济过渡的产业形态。

古院士的上述学术观点，对“智能采矿”内涵所作的宏观的、具有相当认识高度和想象空间的概括，得到了学术界的好评。它让人们站在新的高度去观察世界矿业的发展态势，并更清晰地认清矿业的未来目标。

同时，古德生院士认为，放眼世界，智能采矿已经不是件遥不可及的事了。从 1990 年开始，芬兰、瑞典等国家，为了取得世界矿业的竞争优势，已开展了智能采矿的研究，并取得很大成功。如智利 El Teniente 公司管理年产千万吨的地下开采矿山，采用自然崩落法。采矿过程控制室设在地面，距井下生产采区有 15 公里，采用遥控铲运机出矿。单一采区产量达到 1 万吨/天，另一个在建采区，产量将达到 2. 8 万吨/天。又如加拿大 Inco 公司，1996—2000 年开展多项智能采矿研究，包括：地下移动计算机网络，采矿过程监控与遥控软件系统，适合远程遥控作业的特殊采矿法，地下铲运机的自动定位和导航系统，等等。研究取得重大成果，采矿作业从每天一个循环增加到三个循环，每人年均采矿生产率由 3350 吨提高到 6350 吨。

在我国，“十一五”以后，国家加大了矿业信息化研究的投入，先后开展了数字化采矿关键技术与软件开发、地下无人采矿设备高精度定位技术和智能化无人操纵铲运机的模型技术研究、井下采矿遥控关键技术与装备的开发、千米深井地压与高温灾害监控技术与装备等项目，取得了一批重要成果，并在转化为生产力的过程中不断发展和完善。

在2015年完成的国家“863”项目“地下金属矿智能开采技术研究”中，中南大学数字矿山研究中心承担了“地下金属矿开采智能调度与控制”的研究课题。他们完成了地下金属矿资源与开采环境海量数据存储与空间检索技术、开采环境及装备三维可视化与高仿真的研究，构建了面向智能调度与控制的知识库与模型库，开发了可视化智能调度与控制软件平台。经专家验收，获得高度评价。

据古院士介绍，近年来，我国矿业信息化的发展较快，一些矿业软件产品已赶上了国际先进水平。一批具有远见卓识的企业，已把信息化列为矿山的基础设施工程，初步建成了集矿产资源评价、开采优化设计、矿山安全监测、生产经营管理等多种功能于一体的矿山综合信息平台。

但是，让人忧心的是，矿山信息化的发展很不平衡，多数矿山还未将其列入议事日程。为了凝聚矿业信息技术领域的人才，更好地开展相关学术交流、传播新的技术成果、发挥科技群体智慧，从而大力推动矿业信息技术的发展，经古院士倡议并亲自组织筹备，中国有色金属学会矿山信息化智能化专业委员会于2014年正式成立。五年间，该专业委员会组织了五次全国性的大型学术会议和现场技术交流会，得到有关行业的高度关注和大力支持，还聚集了一批学术技术骨干，促使一批先进典型在行业涌现，成了推进我国矿业信息化的大舞台，从而加快了中国金属矿业信息化的推进速度。

作为该学会的名誉主任委员与行业的领头人，古德生明白，推进矿业信息化、智能化的路其实还很漫长，要探索的领域还很多，比如，研究具有自主知识产权的地下金属矿的智能采掘设备，开发基于智能采掘设备的大直径深孔落矿采矿方法、智能装药爆

2014 年，古德生(左 3)出席中国有色金属学会
矿山信息化智能化专业委员会成立大会

破技术、地下金属矿的智能调度与控制技术，等等。

真是路漫漫兮无终点，只待来人苦求索。

古德生说：

“矿业信息技术是个新的学科领域。我很高兴这个新兴的知识体系正在逐步形成。我们既已启程，就不准备回头，也不能回头，连停滞都不行。”

在科研生产实践中，古德生充分认识到，已有的矿业信息科技成果满足不了采矿技术发展的需要，现有工程技术人员掌握矿业信息化知识的程度，也远不能适应现场工程技术的要求。因此，制约矿业信息化发展的瓶颈之一，是技术人才的培养。

身为教育部地矿学科教学指导委员会主任，古德生认识到，今天培养的人才直接关系到今后几十年的矿业发展。在教育部地矿学科专业认证委员会上，他提出优化人才培养的知识结构问题，建议各高校采矿工程专业增设“数字矿山技术”必修课。他还亲自组织25所高校的采矿工程专业共同编写《数字矿山技术》教材，并以中国有色金属学会矿山信息化智能化专业委员会名誉主任的名义，促成长沙迪迈科技公司给25所高校的采矿工程专业无偿赠送全套采矿工程软件，与校方共建“数字矿山技术”实验室。这几年来，高校采矿专业学生在数字矿山技术方面的业务能力有了较大的提高，大大缩短了人才培养与矿业工程需求的差距。

关于这些，迪迈公司的董事长王李管深有体会：

“古老师时时刻刻关注着采矿界教育是不是跟时代脱节的情况。这件事，他大会小会、这里的会那里的会，不知道呼吁了多少次。”

“本来编写教材，我们公司完全可以独立胜任，但是古老师邀约了十个高校一起来编写。他认为参与了编写，以后这些教授回去用这些教材就会得心应手一些，教学生也方便些。他的目的，完全不在商业。他是认为，新技术有了，我们花了那么多的精力，就要让老师和学生在做科研和学习的时候，把观念调整过来，把技术运用好。”

“很多事情，古老师都亲力亲为，包括教材的编写大纲，他都一起来列，前后开了很多次会，亲自主持督促。”

古德生的一片矿业教育者的拳拳之心随处可见。

在参与细节的同时，古院士还时刻不忘站在团队的最前方，引领研究探索的大方向。

古德生院士说：

“智能采矿既是前瞻性目标，又很现实，现已经起步，并被列入国家发展计划的高端研究领域，有广阔的发展空间。我国金属矿山数以万计，大型矿山是推进智能采矿的主力，而中小矿山可依据自身条件，有选择地开发、集成、移植相关成果，也可实现产业升级，大幅提高采矿科技水平。特别是矿床禀赋多、小、散的矿

古德生与参加数字矿山研讨会人员合影

区，采用‘区域矿山’建矿模式，实现集约化、规模化开采后，智能采矿技术同样具有广阔的发展空间。”

“智能采矿体系是一个复杂的系统工程，是高水平的综合系统设计。它离不开矿业软件、矿山装备与矿山通信信息等学科及产业的大力支持。在多学科、多部门的紧密合作和协同创新中，采矿工作者作为整个采矿生产过程的核心主导力量，必须顺势而为。在建设数字矿山的同时，全面把握矿山工程活动的全局，包括资源评价、矿床开采规划与设计、采矿方法与工艺技术创新、生产过程遥测及遥控、企业经营管理等，从而最终实现采矿安全、高效、环保的总体目标。”

智能采矿，是矿业发展的未来目标。

古院士认为，这是一场深刻的矿业技术革命，其意义无法估量。

2012 年 7 月，古德生等在《金属矿山》杂志上发表了长篇论文《现代金属矿业的发展主题》。该文后被《中国矿业报》《中国冶金报》等报纸杂志转载，在我国矿业界引起了很大反响。这篇文章指出了智能采矿至少在以下五个方面将给矿业带来深远影响：

一、实现采矿作业室内化。大批矿工远离深井“三高”环境，极大地改善作业条件，从根本上解决生产安全问题。

二、促使生产过程遥控化。大量减少井下作业人数和工伤事故，大幅提高井下劳动生产率，降低井下通风、降温等费用。

三、达到矿床开采规模化。由于信息化程度高，采矿作业相对集中，产能大幅提升，成本下降，低品位矿床将得以充分利用。

四、实现职工队伍知识化。矿业信息化带来劳动力结构的变化，白领阶层比例和待遇大幅提高，社会地位发生根本性转变。

五、推动矿业的全面升级。矿业向知识型产业过渡，研究与开发逐步加强，并带动相关的机械、信息等产业链的延伸和发展。

古德生进一步提出，智能采矿是21世纪中国矿业发展的前瞻性目标，但它是个渐进的发展过程。要实现矿山整体上的智能采矿，中国还有很长的路要走。但目前，中国已在智能采矿领域崭露头角。未来二十年，是我国实现矿业强国梦的重大转折期。只要我们抓住时机，齐心协力地推动智能采矿的发展，中国的矿业将迈入世界前列。

就这样，古德生院士怀着矿业强国之梦，领悟世界时势，胸怀满腔热情，继续前行在推动智能采矿发展的道路上。

第十章

论道矿业

第一节　矿业人论道矿业

关于矿业，古德生院士总是站在历史发展的高度，充满着使命感。他不止一次地强调说：

“矿业是人类文明的奠基石。中华大地早在夏商周时期就已进入青铜时代。那时已能冶炼金属，制作器皿和武器。春秋战国时期进入铁器时代，大量开采铁矿、使用铁器。”

“矿业是人类社会最早出现的工业。没有矿业就不可能有纺织机和蒸汽机的发明，不可能有第一次工业革命，更不可能有当今的现代化社会。”

在古德生成为我国采矿工程领域的院士之后，有不少人都对他的职业选择和事业追求产生了好奇，其中问得最多的是：

“您怎么选择了矿业作为自己终生追求的事业呢？”

古院士的回答是：

“人类文明的起点是矿业，而我的成长也算与‘矿’关联，近乎‘天缘’。”

古院士所说的与“矿”的“天缘”，表现在这样几个时间节点上：

第一次触“矿”，是在他读小学的一天下午。那天，他挎着书包走在放学回家的路上。忽然，他和另一个小伙伴发现了铺路石上长着一块被路人踩得金灿灿的疙瘩，疑似金子。他们喜笑颜开，可惜敲不下来。但这以后，每逢上学、放学，他们都会去瞧一眼，离开时还掩上一把土，生怕泄露天机。这块“金”疙瘩虽说最终并没有采出来，却一直珍藏在他的心里。

第二次触“矿”，是在他上初三时。那时他担任少先队辅导员，曾带着新中国的第一批“红领巾”们去丙村铅锌矿的钻探工地参观。那天，工程师们在图纸前给他们讲解金属矿床的成因以及如何勘探，并说到采出矿石、炼成金属等知识点，引发了古德生的许多奇思妙想。

第三次触“矿”最关键。当时，古德生高中快毕业了，需要填报高考志愿。到底填什么专业？从未走出过梅县的古德生没了主意。而就在一筹莫展的时候，他无意中在阅览室看到《人民画报》刊登的阜新露天矿的照片：特大斗容的电铲正在向一列电机车装载矿石，场面十分壮观。他觉得内心的激情一下子被点燃了。那时他想，能在地下开采出那么多矿石，太有趣了。中国这么大，矿产资源一定很丰富，要是自己能学到采掘矿石的本领，就可以走南闯北，大有用武之地，那真是太棒了！就这样，他毅然填报了中南矿冶学院的矿区开采与经营专业。大学五年毕业后，他留校任教至今，从此与矿业结下了不解之缘。

回想起新中国诞生时的金属矿业情况，古德生的内心也颇多感慨，他说：

“1949 年之前，我国金属矿业近乎一张白纸，基础相当薄弱。偌大的国家，年生产钢只有 15 万吨，有色金属 1.3 万吨，作为能源的煤炭 3200 万吨，原油 12 万吨。国家百废待兴，工业体系建设严重缺乏物质基础，更无从规划、建设强大的社会主义国家。”

据古德生院士回忆，就在共和国诞生后的第四个月，1950 年 2 月 17 日，毛泽东主席在莫斯科给中国留学生亲笔题写了“开发矿业”四个大字，号召和激励青年一代为国家的矿业贡献青春。紧接着，1950 年 12 月 22 日，国家颁布了《中华人民共和国矿业暂行条例》。同年，成立了以科学家李四光为主任委员的地质工作计划指导委员会(后改为地质部)。在三年国民经济恢复时期，国家把培养有色金属地质、采矿、选矿、冶金科技人才视为最紧迫的任务之一，接着在 1952 年全国高校进行院系调整时，中山大学、湖南大学、武汉大学、广西大学、南昌大学和北京工业学院六所高校的地质、矿冶学科，在长沙市整合组建起了以有色金属为特色的中南矿冶学院，并于20世纪80年代，确定为国家重点大学。

古德生就是在这一历史大背景下，于1955年7月，怀揣着大学录取通知书，跨进了中南矿冶学院校门。那是个火红的年代，神州大地响彻着"到祖国最需要的地方去"的号召。在国家饱含激情的召唤下，1956年，古德生的母校——广东梅县丙村中学，又有古阶祥、温戴国等6位有志青年，跟随古德生的脚步，考入中南矿冶学院深造，投身祖国地矿事业。据古院士深情回忆，他和这些来自老家的校友们志同道合，都富有理想。大学毕业后，他们被分到不同工作岗位，后来也都分别成为教授、总工程师、高级工程师和企业家。

忆及刚进中南矿冶学院的那段岁月，美好的情绪溢满了古院士的脸庞。那时，他们怀着干番事业的理想，专心致志地读书。每当早晨起床听到校园播放《勘探队员之歌》，他就心情激荡，满怀豪情。古德生进校以后，他从最初的遵从祖母教诲"好好读书，将来光宗耀祖"，到后来把矿业作为自己终生追求的事业，直至把发展中国金属矿业视为人生己任，一步步地完成了人生目标的升华。在这个过程中，他深深地体会到，认识"矿业"，无论对国家、行业，还是对从事矿业的个人来说，都是个很大的命题。它关系到国家的发展战略，影响到行业的兴衰，决定着业者未来的人生与成就。

弹指一挥间，1949年至今70多年过去了。中国金属矿业经历了风风雨雨，已从一个分支小行业发展成为影响世界的领域，在引领中国成为矿业强国的征程上一路向前，引起了世界的关注。

继往开来，有梦就有未来。

古院士指出，世界各国的发展战略，都与全球资源竞争息息相关。世界上最早认识矿业重要性的是工业发源地的英国。其后，重视矿产资源垄断的继承者是美国。在当代，矿产资源的重要性已成为各国的共识，从而引发全球矿产资源的争夺。目前国际矿业公司已经发展到4300多家，其中加、美、澳共占63.5%。国家之间资源的争夺和占领，使世界经济、政治、军事危机四伏、风起云涌。

古德生由此联想到我国周边环境，他说：

“为什么有中国南海风云？就因为南海是未来地球上最大的油气宝库；为什么有东海主权纷争？是因为东海埋藏着大量的天然气和稀土金属资源。为什么在2000年，美国与日本以及欧盟联合起来对我国资源出口向世界贸易组织提出控告？其争议点就在于中国对锑、钨、稀土等矿产品的出口实施配额管制，其本质还是资源控制与反控制的争夺。”

古院士认为，当今大国之所以不惜投入巨资发展太空科技，登月球、奔火星，除了考虑国家安全战略、向外太空殖民外，开发太空的新资源是其中一个主要动因。

2009年，一部叫《阿凡达》的美国电影票房惊人。观影之后，古德生三句话不离本行，他对聆听演讲的观众发问：

“看过电影《阿凡达》吗？这个电影清晰地传递了一个信息，就是人类将到另一个星球去探索稀缺资源。它表达了一个深远含义，就是谁掌握未来资源，谁就掌握未来。”

当今世局纷扰，几乎没有不涉及资源的竞争，资源问题决定着国家战略。因此，当今世界，除了要用政治、经济的眼光看世界外，人们还要用资源的眼光看世界。国家的政治、经济乃至军事均倚重天下矿业。

古院士推崇徐汉京教授的书《矿业天下》(中国轻工业出版社2012年)。在此著作中，徐教授按照人类各个发展阶段对矿产品的需求，把矿产资源分为三类：

第一类是传统型，包括铁、铜、铅、锌、锡、煤。这是人类社会初期到工业化前期主要的矿产资源。

第二类是现代型，包括铝、铬、锰、钨、镍、矾、石油、天然气等。这是工业化成熟期到技术发达初期被广泛采用的矿产资源。

第三类是新兴型，包括钴、锗、铂、稀土、钛、锂、铀等。这是高技术时代所需要的矿产资源。

一个国家的经济处于哪个发展阶段，可从上述三类矿产品的需求量评价和需求比例作出判断。这说明矿业对国民经济发展的影响力巨大，也充分反映了矿业在国民经济中所处的基础地位。而现阶段，如要发展高新技术，则离不开新兴型矿产资源的支撑。

矿业是国民经济的基础，是国家立业之根。

为什么这么说呢？古院士认为，包括资源勘探与开发在内的矿业，在工业经济产业链中处于基础地位，没有矿业就没有工业、没有国防、没有国家现代化。所以，矿业是国家立业之根。但是在现实中，人们往往忽视这一基本认识。

金属矿业开发的对象是赋存状态复杂且形态、品位混沌的矿床，不确定性、差异性很大。因此其开发的投资风险高、工程量大、作业条件差及建设周期长。又由于生产作业环境不断变化、采掘装备长期得不到发展，采矿工艺技术提升缓慢，效率低、成本高。加上产出的矿产品是初级原料，自身所能获得的效益很有限，大部分作为潜在效益被转化到了下游的加工业。

古德生认为，一直以来人们对矿业的特殊性认识不足，把矿业与加工业同等看待，把它定位为加工业(即第二产业)，这是不合理的。长期以来人们“开矿不如买矿”的错误观念根深蒂固。这导致轻视矿业、重视加工业，以及投资不足、资源勘查不足，从而严重制约了矿山的生产发展，致使矿山—冶炼—加工的产业链长期失调，呈倒金字塔形。

“长期以来，我国把矿业同加工业混为一谈，把资源成本同矿业增加值混在一起，严重扭曲了矿业的租税制度，致使矿业负担过重、资源开发过度、环境破坏严重，并导致当代矿业的发展与后代子孙的资源权益同时受损。这种状况与我国把矿业定位为第二产业不无关系。”

在不同场景中，古院士曾多次表达以上观点。每次提及，他都显得忧心忡忡。

谈及20世纪80年代，他说，那时由于种种原因，我国金属矿业曾一度跌入低谷，大批矿山停产，甚至严重到一些高校的采矿工程专业停办或隔年招生，社会上把矿业称为“夕阳工业”。当时的情景，古院士至今仍记忆犹新。就在矿业界人心浮动的那一阶段，古德生在杂志上发表了一篇题为《确立矿业基础地位　实行低税赋的扶持政策》的文章，并在不同的会议场合大声疾呼：“没有夕阳工业，只有夕阳技术”“大国没有矿业，就没有未来”。当时，作为采矿工程系系主任的古德生，逆流而上，领导教师们进行专业改革，并走向科研第一线。苦战了几年，终于走出低谷，学校的专业学科也得以发展壮大。

近几年，古德生又看到了我国金属矿业所呈现的两大困局，他说，这同样与矿业定位相关。

第一，中国是世界上最大的金属矿业大国，但又是当今资源短缺、大宗矿产“储采比”很低的国家。我国大型矿业公司的金属矿产“储采比”，普遍在国外大公司的四分之一以下。

第二，我国是世界上金属消耗量最大的国家，同时又是大宗金属矿产进口量最大的国家。2013年，我国铜矿、镍矿、铝土矿的对外依存度分别高达81.7%、70%、74%。为什么会出现这种情况呢？古院士认为，这是因为我国作为矿产品生产大国，没有重视产业链间的平衡发展，资源勘探也投入不足；更没有很好地保护自己的资源权益和国内矿业，缺乏管控国外矿产资源的实力和条件。

多年的职业习惯，使得古院士总会在全球的坐标体系里来看待本国本专业的问题。他说，从全球主要矿业大国的产业定位来看，澳大利亚、加拿大、巴西、智利、俄罗斯、美国等国家的矿业都定位为第一产业；只有德国、日本和中国把矿业定位为第二产业。他又继续解释：

“德国和日本之所以把矿业定位为第二产业，其主要原因是其国内矿产资源相对贫乏，国家工业化主要依靠进口外国矿产品，矿业在国民经济中无足轻重。而我国是世界矿业大国，矿业的后续产业链很长，是影响国家经济的支柱性产业，情况完全不同。”

因此，他得出结论：

“我国实在没有充分理由来否定矿业的基础地位。”

在此结论上，古德生指出：调整矿业的产业定位，让矿业从第二产业回归为第一产业，至关重要。这有利于依据矿业的特殊性，研究制订国家发展战略和相关的法律法规，出台相关支持政策，如税赋政策，以及制订并实施全球资源战略，组建国外矿业经济利益共同体。这对我国矿业的可持续发展、实现矿业大国向矿业强国的转变，具有重大意义。

每有机会论及矿业，古院士总会语重心长地说：

“我们有必要从建设矿业强国出发，站在实现国家现代化的高度上来重新认识矿业。”

古院士深知，我国金属矿业正处于由传统产业向现代产业过渡的重大转折期。

21 世纪以来，人类在上天和下海领域成果卓著。2016 年 10 月 17 日，我们国家用长征二号 FY11 运载火箭，把神舟十一号载人飞船发射升空，与天宫二号交会对接。2012 年 7 月 15 日，我国“海洋六号”科考船到达世界最深海沟——马里亚纳海沟，用中国载人潜水器“蛟龙”号，获得了最深海沟点探测深度值为 10923 m 的成果。多年来，我国深海科学考察成绩辉煌，发现南海有丰富的石油和天然气资源，是世界上第二个“波斯湾”；并发现巨大的可燃冰带，拥有5万亿吨以上的锰结核和含高品位稀土元素的重矿物60余种，其金属矿产资源非常丰富，经济价值相当可观。

“上九天揽月，下五洋捉鳖”如今已成现实。然而，比起上天、下海，人类对自己生活的地球内部却知之甚少。

古院士看到，在“深地”领域，苏联已于20世纪70年代实施大陆科学钻孔工程，打出了科拉超深钻孔，创造了钻深达12262 m的世界纪录。“2001年6月25日，我国在连云港东海县成功完成终深达5158 m的大陆科学钻井工程。这是我国有史以来最深的科学钻孔，也是当前世界上大陆科学钻探二十多个项目中最深的科学钻孔。”

古院士说，耗巨资、实施超深钻探工程的目的在于揭示大陆岩石圈结构、大陆地壳活动规律与矿物质组成；揭示地震的发生机理、研究全球气候及环境变迁；探索深部地热结构与流体系统，开发利用深地热能；探索地球深部矿床的成矿规律；勘查与开发深部矿产资源；等等。

从“深地”工程科技领域来说，值得一提的是“深地”矿业工程。我国已有超千米深井矿山20多座，国外超千米深井有90多座，但最深的南非姆波尼格金矿的深度也仅仅是地球半径的1/1464。可见人的力量在大自然面前确实太渺小了。

古院士指出，我国金属矿床地下开采正向深部延伸，开采深度基本上在800 m至2000 m之间，处于“三高”的特殊开采环境——高应力（40～120 MPa）、高井温（35～60℃）、高井深（1000～5000 m）。“三高”环境可能诱发岩爆、冒顶；引起炸药自爆，危及作业安全；大幅提升通风和排水成本，甚至影响资源的可利用程度。采深越大，难度越大。我国当前深部矿床开采中最突出的问题是现有的采矿模式、采掘装备和科技工艺水平还不能适应“深地”开采环境的变化，装备工艺技术研发远落后于深部工程发展的需求，甚至矿山刚刚落成，装备工艺技术就已经落后了。因此，今后的矿业科研布局应该主要聚焦于深部开采。

近年来，在各种讲座、学术论坛上，古院士经常提到我国国土资源部的深地探测战略目标，并深受鼓舞。

同时，古院士和他的同行还欣喜地看到，2016 年，国家已经拉开了进军“深地”金属矿业的大幕，连续启动了几项国家重大项目。古院士自然也参与其中，承担了“深部金属矿集约化连续采矿理论与技术”这一国家项目。他说：

“从我国‘深地’开采发展速度看，2025 年之前肯定还有一批进入深达 2000 m 的新矿山，我们必须加快推进科研工作。”

我国是矿业大国，但不是矿业强国。发达国家的矿业已正在向后工业经济时代转变，而我国金属矿业的工业化却还没有完成。古院士认为：未来 8~10 年，是我国金属矿业从传统产业向现代产业过渡的重大转折期。他对后辈同行说：

“深部开采是‘深地’探索的重要领域，是现代矿业科技发展的高端，‘三高能’超深环境下资源开发利用的突破，将给传统矿业带来颠覆性的变革，这需要业者、智者、几代人一起努力。”

这是古院士步入古稀之年后，反复宣讲的话题，更是他对我国矿业的未来所寄予的深情期望。夕阳无限好，前路仍漫漫。

第二节　国际认可的“通行证”

2006 年，古德生院士有了一个新的头衔——全国矿业学科专业认证试点工作组组长。

此工作组是我国依据《华盛顿协议》的本科专业认证的相关精神，着力提高教育质量，在部分专业点中着手开展本科教育质量“专业认证”的试点工作而成立的。试点通过之后，该组织将拥有派发国际工程师“通行证”的资格。

那么，何谓《华盛顿协议》呢？古院士介绍说，《华盛顿协议》就是工程教育本科专业论证的国际互认协议。它认证已加入《华盛顿协议》成员国的工科教育质量是否合格，并做出“通过认证”还是“不通过认证”的结论。“通过认证”就表明该专业本科教育质量已达到基本要求（或称“合格”）。因此，《华盛顿协议》各成员国互相承认彼此的本科学历和注册工程师资格。

据古院士介绍，在2016年之前，由于我国绝大多数的工科专业没有参加国际教育质量互认组织，也就没能实现本科教育质量的国际互认和注册工程师制度的国际接轨。古德生认为，这与我国工程教育大国的地位很不相称。

这些年，我国的核电、高铁、地质、矿业、石油等行业的工程技术人员已经大批走向国际舞台。但因本科教育质量没有得到国际互认，就可能使国内培养的工程师在国际上难于获得职业资格与待遇的“通行证”。古院士指出，这无疑不利于维护中国工科教育在国际上的声誉，影响我国工科人才在国际上的合法权益，以及平等参与竞争和打破国际贸易壁垒等诸如此类的问题。

作为一个从事工科教育多年，“桃李”遍布全球的老教授，此现状让古院士很是担忧，他说：

“在国际上，未获得工科本科教育质量国际互认组织认证的工程师们，可能受到职业歧视。例如，即使你是老资格工程师，也可能给当地国的小工程师当下属，其设计的图纸，还得经由资历和技术水平比他低的人审批才能有效。这对我国工程教育在国际上的地位是不利的。”

“人是生产力的第一要素，所以通过国际互认一事，决不可小觑，这是一件大事。”

因此，从2005年开始，国家便着手筹备申请加入工科教育本科专业质量认证的国际互认组织——《华盛顿协议》组织。次年，也就是2006年，“全国矿业学科专业认证试点工作组”应运而生。此工作组为高校首批组建，由古德生担任组长。古德生一上任，便召集了有关高校和企业的专家，组成专业认证试点工作组。他依据对现代工科教育质量观的理解和对采矿工程专业特点的认识，亲自主持制定了《采矿工程专业认证标准》。此标准由“工科专业通用认证标准”和“采矿工程专业补充标准”两部分构成。补充标准的制定，是古院士依据我国矿业高校教育状况和充分理解《华盛顿协议》相关精神的情况下，与有关高校和企业的代表集思广益，在充分讨论和反复修改的过程中形成的。该《采矿工程专业认证标准》一经产生，便成为我国采矿工程专业教育质量认证的基本标准。

谈及专业认证的试点工作，古院士说：

“这是个摸着石头过河，不断积累经验的过程。”

纵然是摸着石头过河，但工作组的工作仍是严谨而有序的。申请认证的高校，必须先向专业认证试点工作组提交“专业自评材料”。经受理后，专业认证试点工作组派3~4人进校考察，并提出考察意见，提交认证试点工作组全体会议表决，“通过认证”或“不通过认证”。然后呈报中国工程教育认证协会全体会议通过，最后向公众公布。被认证的单位如对认证结论有意见的，可向仲裁委员会提出申诉，由仲裁委员会做出裁决。“通过认证”的有效期分3年期和6年期。

据古院士介绍，在这专业认证试点的10年里，按照《华盛顿协议》有关精神，全国31所高校工科类别的18个专业，共有553个专业点完成了专业认证试点工作，建立了与注册工程师制度相衔接的工程教育专业认证体系，构建了工程教育与企业界的联系机制，取得了突出成绩。古院士欣慰地说：

“这期间，《华盛顿协议》组织多次派人对我国高校试点工作进行实地考察和评估，普遍给予很高的评价。”

10年艰辛终于不负众望。2016年6月2日，在国际工程联盟大会上，中国被全票通过接纳为第18个《华盛顿协议》成员国。中国科协下属的中国工程教育认证协会，也正式成为我国开展工程教育认证工作的唯一合法组织。在专业认证试点过程中，已通过认证的553个专业点的本科教育质量，也随之获得了国际互认。古院士评价说：

“这是中国高等工科教育具有里程碑意义的大事件。”

回顾这10年来工作组的努力，古院士心生感谢，他说：

“在全国矿业学科本科教育质量认证试点的10年中，得到了中国矿业大学、中南大学、东北大学、北京科技大学等30多所高校的学校领导和接受认证的采矿工程、矿物加工工程两个专业的大力支持。有近60多个专业点先后通过了专业认证。也就是说，这60多个专业点的本科教育质量，得到了《华盛顿协议》成员国的本科教育质量和注册工程师制度的互认。”

尽管获得了瞩目的成果，古院士仍然保持冷静，并一分为二地看待。他对工作组的成员们反复强调，决不能把“通过认证”视为标志性成果，而止步于这点成绩。因为工科专业认证标准，只是衡量现阶段工科教育质量是否合格的基本标准。这把尺子不是评判本科教育质量优良与否的标准，更不能把它视为人才培养目标或一流标准。之所以如此强调，是因为古院士清楚地看到，虽然同是被“认证通过”的专业，但各校之间还存在着教育质量的差异，相对于本科人才培养的目标来说，仍然存在着不同程度的“提升空间”。他指出，本科专业认证标准和研究生培养的标准无疑将随着工程科技的发展而不断提升。如欧洲工程师联盟便要求成员国工科院校毕业生应具备16项素质，才可以成为合格的“欧洲工程师”。此外，高等工科教育还包括研究生（含硕士生和博士生）的培养阶段，其培养标准或目标，客观上亦存在着更宽的“发展空间”。比如美国工程与技术委员会，便对21世纪的工程技术人才提出了11条标准。他说：

“工程教育改革没有止境，人才竞争十分激烈。在美国，甚至有专家提出，美国工程师还要有一套新的技能，是海外工程师不能轻易获得的技能。”

有比较才有鉴别。面对鉴别之后发现的我国工科本科生和研究生培养质量的“提升与发展的空间”，古院士又把目光投向了他教育生涯中的下一个课题——深化矿业教育改革。

第三节　引领矿业教育新潮流

据不完全统计，2015年我国工科教育在校学生总计约1073万人，其中专科占43%，本科占49%，硕士占6%，博士占2%，位居世界第一。矿业高等教育在校学生约2.1万人，也是世界第一。面对此数字，古院士发问：

“数量第一，质量如何？”

古院士自己心里的答案是，很多工科专业还没有进行国际工科教育质量互认组织的认证，即便是已经“通过认证”的专业，绝大部分的有效期只有3年，6年期的很少。所以，他认为，从总体上说，中国的工科教育还不处于世界前列。当前，工科本科生和研究生的培养质量，都有较大的提升和发展空间。而如何统筹培养计划，优化培养过程？在新时期教育理念的指引下，怎样去充填新的内涵，提高教育质量？古院士指出：

“这是专业学科建设和深化工科教育改革应该认真探讨的问题。”

谈及高等工程教育的目标，古院士认为，就是以自然科学和技术科学为主要基础，面向科学技术实际应用，培养具有创造力的、善于将科学技术转化为直接生产力的高级工程人才。

纵观我国高等矿业教育，古院士说：

“与其他工科一样，从20世纪50年代起，一直围绕大学理念与院系调整、专业设置与专业口径、培养目标与培养方案等进行探索，直到改革开放。如今，高等矿业教育改革的重点已经回归到提高人才培养质量这一核心问题上。”

关于深化高等矿业教育改革的重点，古院士认为有两个方面：一是人才培养质量，一是人才培养模式。

关于人才培养质量，古院士阐释说：

“当代世界的进步主要依赖于科学技术和知识的力量，不是依赖人的数量。杰出的科学家和科学技术尖子人才引领科技的发展方向。创造知识和知识的创造性应用，已成为社会的新追求。未来的知识阶层将成为知识经济时代的社会主体。”

古院士认为，随着高等教育的快速发展，我国矿业高等教育已由专才教育转向通才教育，实现了从精英教育到大众教育的跨越。但从古院士多年担任全国地矿学科教学指导委员会主任委员和全国矿业本科教育质量专业认证负责人的眼光来看，他认为我国高等矿业工程教育仍存在许多弊端，主要表现在高等矿业工程人才培养的定位不够清晰，教育知识结构相对狭窄、内容更新较慢，人才培养在面向工程实践方面普遍弱化，数字化、信息化知识与矿业科技发展很不适应，以及人才培养过程中缺乏创新意识和创新能力教育这五个方面。

之所以存在上述问题，他认为，可以从方方面面找到许多原因。但仔细分析，这种状况与传统教育理念的影响密切相关。

“如何深化矿业人才培养模式的改革，进一步提高人才培养质量?”

古德生认为，关键在于进一步转变三个理念：

第一，拓宽人才培养口径的“适应性”。目前，计划经济下形成的相对狭窄的“对口性”“专门化”的专业教育理念，仍然影响很深。世界矿业已经走向全球化。我国矿业正向社会主义市场经济转变，科技竞争与市场竞争加剧。因此，作为服务于国家经济基础的传统矿业的高等教育，必须转为能够随着矿业科技进步和社会发展需求变化的、“适应性”更强的工程教育。

第二，加强人才知识结构的“基础性”。如今，人类知识总量呈爆炸式地增加，新学科、新领域不断出现。绿色开发、深部开采、智能采矿已经成为金属矿业的三大发展主题。在科技大发展的时代，对于科技综合性很强的采矿工程来说，在人才培养过程中，需要更加凸显“基础性”的重要性，以满足教育的需求。从一次性教育转向终身教育，紧跟快速发展的新时代。

第三，强调人才素质教育的“综合性”。矿业经过几个世纪的与现代科技融合、交叉与分化后，其领域及相关分支都得到很大发展，已成为更具综合性的专业学科。未来的工程师们，不但要面对工程技术问题，还要能适应现代科技环境，并能处理诸如生态、经济、法规等非工程问题。因此，矿业教育要更加重视“综合性”的素质培养，强调自然科学、技术科学和人文社会科学的集成与综合。

古院士认为，增强人才培养质量的“适应性”“基础性”“综合性”，无疑是矿业高校人才培养模式的改革方向。采矿工程专业应该据此理念来完善人才培养目标，调整专业知识结构，制订新的培养计划。矿业高校毕业生应当成为社会的高层次人才。总体来说，他们不仅仅是专业技术人才，还应该是具有更高综合素质的专业人才。他寄予深情地说；

“矿业教育应该培养出更多能影响行业未来发展的领军人才。”

他认为，我国矿业高等教育要聚焦深化改革的核心。作为服务于传统矿业的采矿工程专业，它的教育改革任务比新学科艰巨得多，它在专业改革发展中有学科重构和内涵创新的任务。从教半个世纪以来，古德生经历的大大小小的教育改革和专业认证实践不可计数。他在不同场合对我国矿业教育也发表过诸多见解，主要聚焦在以下几个方面：

其一，矿业高等教育要牢固树立"大工程"教育观。他认为，现代工程学已经进入"社会工程"时代，特别是采矿工业。我国矿业城镇有400多座，涉及人口3亿多人，足以说明矿业对社会经济发展有很大的关联度。由于矿床开发在客观上必然带来自然环境破坏的负效应，古院士认为：如今现代矿业教育必须觉醒，我们需要颠覆传统观念，不能眼看我们所从事的事业使人类家园的生态环境遭受破坏。面对国家提出"建设美丽中国"的大战略，他十分赞同，同时对行业现状感到忧心忡忡：

"我们再不能像过去那样把矿业视作单纯地为经济建设提供金属矿产品的行业了。我们要倡导并牢固树立起新矿业观。"

"矿业肩负着'开发地下矿床'和'建设美好矿区'这样的矛盾却统一的双重任务。"

他指出，工程与人类生活密切相关。它涉及人与自然、人与人、人与社会的复杂关系，并涉及职业道德和工程决策。对未来工程师要加强工程伦理教育，不仅要能运用科学理论和技术手段解决工程技术问题，还要能回答许多非工程问题。除处理好生态环境问题，不能忽略对公众的安全和福祉的关注，还要考虑经济合理性，以及符合政策法规、文化传统，等等。面对市场经济的激烈竞争，国家需要一大批具有高度责任感、知识面较宽、具有创新精神和能力的高素质人才。

其二，矿业高等教育要进一步明晰工程人才培养的定位。他指出，一个时期以来，我国出现盲目争办"综合性、研究型"大学，致使人才培养模式趋同、目标单一、高等教育层次边缘模糊、教育资源配置的有效性降低的情况，这不利于高等教育整体发展。他说，高等矿业教育有本科教育和研究生培养两个层次。随着新时期高等教育的快速发展，高等工科教育大规模扩招生，实现了本科教育从精英教育向大众教育的跨越，于是人才培养目标的定位也随之发生了变化。实现大众教育之前，研究型大学的本科是精英教育，而实现大众教育之后，精英教育则被研究生教育所取代。因此，研究型和非研究型大学本科教育定位的内涵有显著差异：研究型大学的本科教育无疑是个强基础的、全方位能力培养为导向的大众教育；而非研究型大学的本科教育则是更侧重于专业能力、应用能力和创新能力培养的大众教育。至于研究型大学的研究生培养，则应该是强调创造能力培养的精英教育。

他指出，本科教育是学科发展的学术基础，也是高校品牌的基础。没有高质量的本科教育，学校也就失掉了发展的基础。所以，不断提高和持续稳定的本科教育质量，是高校得以发展的基石。

其三，矿业高等教育要面向工程、回归工程。过去工科院校被誉称为"工程师的摇篮"。但一个时期以来，由于人才培养目标定位不清晰，人们在认识上存在分歧：对追求"研究型"趋之若鹜，而对"应用型"则避之不及；对专业知识考核明确、具体，对能力、创新的考核抽象、模糊；对工程"设计能力"和分析问题、解决问题能力要求不具体、少措施；特别是高校的评价体系重论文、轻设计、缺实践、唯学术化，过分追求SCI论文的倾向比较普遍，导致越来越多的工科教师有潜心研究理论、脱离工程实际的倾向。多年来，实践教育与工程训练日益弱化，一直提倡的自主性、设计性的实验难以落实，致使学生做毕业设计的比例日益减少，做毕业论文的比例逐渐加大。

他认为，工科教育"回归工程"，首先就要回归工程实践。要在不削弱自然科学、数学和工程技术基础教育的同时，大力加强大工程概念下的工程实践。工程实践应以工程创新设计为重点，包括采矿设计创新、工艺技术创新、工程管理创新、经营管理创新、工业环境优化等，而不是简单地回归传统的工程训练。在工程实践中，要加强现代工程意识的培养，包括创新意识、质量意识、环保意识、安全意识、人本意识、效率意识、市场意识、竞争意识和协作意识等，这是现代矿业创新人才必备的基本素质。

其四，矿业高等教育要更新专业知识结构、重视课堂教学。作为技术覆盖面很宽的采矿工程专业，要努力建设“大工程”概念下的课程新体系。在注重数学、力学基础教育的同时，构建以采矿工程为主体，渗透相邻学科，如隧道工程与岩土工程这样的学科的专业知识，重新明确专业主干学科体系。作为传统专业，采矿工程专业要增设新课程，更新知识结构，增加数字矿山技术、矿业信息技术、智能采矿技术、生态环境保护、现代采掘设备、现代企业经济和矿业法律法规等内容；要增加选修课程，适当扩大人文社会科学的知识领域。

他指出，课堂教学是学生掌握知识的主渠道，要十分重视。当前，高校中重科研、轻教学的问题比较普遍。许多高校“强令”推出“教授必须上讲台”的刚性要求，已清晰地折射出大学的教学生态：教师投入教学的精力少了；教学方法研讨与交流少了或没有了；课堂教学没有师生互动；质量不高的PPT成了常年教案；等等。

古院士认为，根据采矿工程的专业特点，要充分利用信息技术为教学服务。以专业核心课为重点，建设优质在线开放课程，建设采矿工程虚拟仿真实验室，构建信息化实践教学平台。通过实验、实习、设计等实践环节，把知识的传承与创新、设计与应用融于一体。同时，重视突出专业学科已有的特色，在理论与实践结合的过程中有所创新，把学生培养成为有科学基础的工程技术创新人才。

他看到，网络技术的发展，已使知识传播的方式和学生学习知识的方法发生了很大变化，但高校的填鸭式教学方式却经久不衰。他听到有硕士生说，考上硕士之前都不知道怎么查文献，更不知道有什么学术规范。针对这种状况，古院士说：

“这说明我们的本科毕业生并没有完成自身再学习、再深造的基本训练。”因此，他认为，要十分重视课堂教学质量。当课堂教学没有质量时，一切教育目标和追求都可能成为一句空话。提高人才培养质量，应该从微观的课堂教学开始。

站在时代发展与全球专业教育所交叉形成的坐标系上，古院士提出了新的要求，他说：

“高等矿业毕业生不能满足于只具有解决和解释工程技术问题的能力，还要能够了解和说明其所从事的工程技术活动对社会、经济和环境可能产生的影响和后果。他们要有更广泛的知识，具有与不同专业、不同文化背景的人进行交流的能力，一部分人还要具有技术决策能力和领导能力。这应该成为现代矿业工科教育所追求的目标。”

蓝图绘就，任重而道远。

第十一章

亲情天成

第一节　风雨相伴的爱人

古德生高中毕业后毅然选择到中南矿冶学院(现中南大学)学采矿。在风景如画的岳麓山下，他邂逅了同专业学妹谭幼媛，从此开始了心心相印的美好姻缘。

谭幼媛生于1940年，湖南湘潭人，父亲就职于湖南省农科院，母亲跟随父亲来到位于长沙远郊的工作单位生活，谭幼媛和她的弟、妹七个便在长沙出生成长。因为谭幼媛的天分与勤奋，她一直成绩优异，初中从长沙市周南女中直接保送至本校高中，并获得全额奖学金。

1960年，谭幼媛如愿考入中南矿冶学院采矿系矿区开采专业五年制本科班。这时，古德生是同系五年级即将毕业的学生。因为表现出色，他被挑选进入学校教研室，参加编写新开课程砂矿班教材的前期调查工作，目的地是广西望高砂锡矿。

而新生谭幼媛，在这年的仲夏，迎来了她人生的第一次专业实习，目的地也是广西望高砂锡矿。

在谭幼媛随着那一百多人的庞大实习队伍到来之前，古德生为期四个月的调查工作已经进入尾声。这时，他接到了学校的通知，让他带同系的大一和大二两个班学生进行认识实习，担起相当于班主任的职责。

在为期一个月的认识实习中，因为谭幼媛是学生会宣传干部，而古德生是带队学长，他俩有了工作上的接触，也自此相识。小古老师气质儒雅，十分敬业，给谭幼媛留下了深刻的印象。

实习的日子，充实而快乐，转瞬即逝。在行将离别的联欢会上，谭幼媛与另外几个女孩表演了《采茶舞》。

“我还记得，当时她们每人手上都提了个竹篮子，而谭幼媛，一对长辫子，一双眼睛特别大。”

在激情燃烧的青春岁月，古德生和谭幼媛只是将美好的印象留存在心底，爱情之火并没有在那一刻燃烧。他们的激情，都给了自己的专业和发展事业的梦想。实习结束后，便回到各自的生活轨迹。

“中间有四年没联系，当时我并没有找女朋友的想法。那时候，如果哪个学生一毕业马上结婚，人家会瞧不起，会说这个人没有事业心，起码毕业三年以后才考虑这个事情，都是 29 岁、30 岁结婚。”

时光荏苒，转眼到了 1964 年的春季。岳麓山上的柑橘树，开满了星星点点的小白花，阵阵沁人心脾的芳香随风飘散。在山下中南大学的校园里，古德生和谭幼媛再度相逢于花开季节。

虽然在同一个校园的大楼里教书与念书，命运却安排他们时隔四年才再次会面。这天下午放学后，谭幼媛提着大学一年级在广西平桂望高砂锡矿实习时买的印花塑料手袋，和其他三个女同学从采矿楼里出来。没走多远，古德生从旁边的一条小径过来，他快步赶上谭幼媛和她的同学，轻轻拉了拉谭幼媛挎着的手袋，英俊的脸上微笑闪现：

“谭幼媛，你这个袋子蛮漂亮嘛。”

谭幼媛回头，马上认出了这个笑得有些腼腆的老师、大学一年级去广西实习时打过交道的古德生，她马上回答道：

“对呀，这个袋子就是一年级的时候在平桂买的呀。”

从采矿楼到古德生所住的教工宿舍这段路上，古德生一直走在谭幼媛的身边，和她交谈着，温暖而快乐。

在命运设置的暗线里，缘分悄悄地朝前发展。不久，这对青年，又相遇在课堂上。

当时，古德生担任谭幼媛所在年级矿山设计原理课程的老师。

那是三个班在一起的大课。在大教室里，长辫子、大眼睛的谭幼媛格外引人注目。

而这时的谭幼媛，对古德生老师也有了更加深入的了解。她看到这个小古老师在不讲课的时候，也跟他们一起听教授们上课，并记下了厚厚的笔记。笔记里不只是记下了教授所讲述的内容，还特别标注了什么地方学生难于听懂，哪一处老师没有讲透，如果换一种方法来表述和讲授，学生们是否更容易了解和掌握。

谭幼媛还注意到，古德生是最早来到答疑室的老师。他的提问和答疑，耐心细致，又富有启发性。他随手画出的简图，线条流畅、美观，动作娴熟，基本功扎实。

这点点滴滴，让她对年轻的古德生老师心生佩服，但那时的婚恋观念与严肃的风气，不敢让这个内敛羞涩的姑娘有更多的想象。

半年后，谭幼媛迎来了毕业实习。她这一组九男一女十个同学，实习地是辽宁锦州杨家杖子镍矿，带队老师竟然是古德生。

看到年轻有为的老师，谭幼媛的心开始咚咚乱跳。

"她在女孩子里头，学习比较好。我是带他们毕业实习的时候，才开始注意她的。我一个人带着他们去的，毕业实习是三周多时间。她比较老实。带实习的时候，我想，是不是命运给我一个机会了呢？要不怎么系里把她分到我这里来实习呢？又只是她一个女孩子。但只是心里想着，并没有表露。"

心有灵犀一点通。虽然没有表露，爱情却已悄悄萌芽。在将近一个月的时间里，他们之间的了解更深。九男一女的毕业实习小组里，古德生老师发现，不论是听讲授还是去矿山一线收集资料，谭幼媛都最认真，接受新知识点也最快。有一次，古德生给小组成员布置的作业，只有谭幼媛一个人完成了，一向温和的他很是生气，批评那些男生说：

"毕业实习关系到毕业设计，多么重要！你们怎么能这样随便呢？人家谭幼媛一个女生都按质按量地完成了，你们真该好好向她学习。”

这是古德生老师第一次当众肯定谭幼媛，她的内心自是非常高兴。

就这样，感情与学业交织着，日日潜滋暗长。二十多天紧张而充实的实习很快接近尾声，大家一起合影留念。这张集体照是他们的第一张合影。

1964 年，古德生(左 3)与去杨家杖子镍矿实习的谭幼媛及其他学生合影

接下来是为期三个月的毕业设计。谭幼媛看到，古德生老师每天都守在设计室指导他们。古德生老师尤其对识图、画图的能力特别重视，发现他们有一点点偏差，就要求立即重新来过。设计室里经常响起古德生老师的叮嘱：

“图上偏差一点点，工程的损失就是成千上万。图纸脱离了生产实际，那就是一张废纸。”

古德生老师的每一句话，谭幼媛都认真地记在心里，因此她的毕业设计非常出色。古德生也由此看出了谭幼媛确实是一个秀外慧中的好姑娘。

1964 年夏天，谭幼媛大学毕业。因为品学兼优，她被分配到长沙矿山研究院工作。

回忆当年，谭幼媛说道："我们之间一直有一种默契，但是怎么去表达呀，都没有。所以说，我们不浪漫，爱呀什么的，从来没说过。古老师也没给我买过花，就是散步，在操场上、草坪上坐一坐，说一说。唯一的一次，出去散步，他给我买了两个很大的苹果，是国光的，这个牌子我到现在还记得，当时我还舍不得吃。"

时间来到了 1966 年。全国各地都在进行"四清"运动。在那个特殊时期，尽管不情愿，谭幼媛还是和她的同事一起，被派往常德一个最穷的山村开展工作。山村的生活是清苦和无趣的。这期间，古德生给谭幼媛写了不少信，感情就在鸿雁传书中逐渐加深。而这些信件，谭幼媛将其压在箱底，一直保存了许多年。

"四清"工作进行了半年后，谭幼媛回来探亲。古德生拿出早已准备好的礼物，戴在了谭幼媛的手上。

"'四清'中间有次回来，他就给我买了块手表，一块上海表。当时我的工资不高，家里负担也重，从没想过还能有块表。这表要 120 块钱。后来我回常德继续搞'四清'，工作组的同事看到后很羡慕。因为那时候买块表不容易。表我戴了好多年。"说到这里，谭幼媛开心地笑了。

在"四清"运动接近尾声的时候，谭幼媛第二次从工作组回来。这次古德生递给了她一个存折，上面有将近两千块钱。那张存折仅仅两页纸，谭幼媛却拿在手上翻来覆去看了好久。她的内心受到了震撼。她和古德生都出身贫寒，知道挣钱维持生计不易，古德生刚参加工作，工资并不高，却能存下这么多钱，真是很节俭，以后肯定是对家庭有担当的。更让谭幼媛感动的是，古德生能将这笔“巨额”存款交给自己，足以证明彼此的信任已经建立。谭幼媛将存折收了起来，却并没有用掉上面的一分钱。在“四清”运动的那些苦日子里，想想这些事，她就觉得暖心。

1967 年元月，古德生和谭幼媛在相识七年之后终于结为伉俪。因为中南矿冶学院住房紧张，结婚仪式就在那间矿山研究院分给谭幼媛的小小房子里举行。在大家的祝福声中，一个温馨朴实的家庭，就这样简单又隆重地成立了。

在结婚之初，两人就定下目标：共同奋斗，互相理解，力争事业、家庭两不误。小家庭开始的第一年，因为没有孩子，为了节约时间忙事业，他们每餐都在各自的食堂吃。傍晚回到家里，料理完还不复杂的家务，就一起去散步。但 1968 年 6 月，当第一个孩子古平出生后，家事便繁忙起来。两年之后，第二个孩子古明也出生了。家务活越发繁重，就连星期天也要做蜂窝煤、大扫除等劳动。尤其是做蜂窝煤，古德生是矿山研究院第一个用模具做蜂窝煤的。因为和煤要加少量黄泥，用脚踩瓷实才能成型，全身总会弄得黑乎乎的，还特别费劲，因此古德生每次都做一千斤煤。做完后，通常累得腰酸背痛，没有力气将已晒干的蜂窝煤搬上三楼的家。这时候，谭幼媛就会叫来两个女儿，每人拿个小盆子，一次端几块蜂窝煤上楼。不光是做煤这种重体力活，就连日常的琐事，他们之间也总有默契。若古德生留在家里看孩子，就会同时洗衣服，这个时候，谭幼媛就抓紧时间上街买菜；若谭幼媛在家洗菜做饭，古德生就会带着两个孩子去爬山、锻炼。孩子做作业，他们就在一旁看书、画图。在他们的言传身教下，两个孩子的成绩，一直在学校名列前茅。

在矿山研究院一个共用厨房的 25 平方米小套间里，这对事业型夫妻一住就是十几年。直到 20 世纪 80 年代中后期，古德生提了教授，两个小孩都上中学之后，一家人才搬到中南工业大学（现中南大学）相对宽敞的宿舍楼居住。

回忆那时的生活，古德生说道："我们两个一直配合得很好，从没大吵过，反正吵不起来，觉得有些不对劲就都不作声了。"

"最困难的时候就是小孩还小的时候，孩子没人带，我们都是轮着出差。我要下矿，只盼她出差快回来。她一回，我马上又出去了。"

谭幼媛应和道："对，我那时候只盼着他放寒暑假。他一放假，我就出差了。那时候我妈妈也有工作了，不能继续帮着看孩子。同事们知道我出差了，特意跑到我家去看，后来同事对我说，古老师不错哦，还会给小孩扎辫子呢。那时候，女儿的头发都是父亲剪，从小剪到上大学，辫子也扎得很好。因为家里没钱，自己剪省钱。"

不光是剪头发，在改革开放前的那段艰苦岁月里，古德生还从商店买布回来，自己设计式样，亲手为女儿剪裁衣服。做出的衣服，穿在身上既合身，又大方美观。

孩子逐渐长大，古德生夫妇的事业也同时突飞猛进。1979 年，当古德生研究的颠振型振动出矿机问世之时，谭幼媛也被评为全国三八红旗手和湖南省三八红旗手。这时，谭幼媛还不到四十岁，就成了矿山研究院第一个获此殊荣的人。

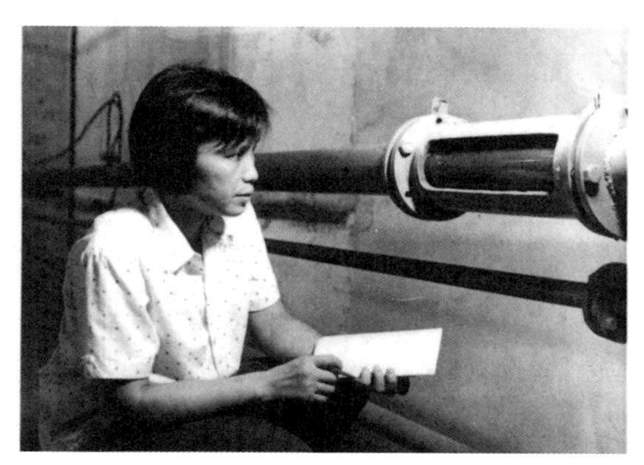

1985 年，谭幼媛在长沙矿山研究院充填实验室搞科研

20 世纪 80 年代中后期，他们一家搬到古德生所在的中南工业大学之后，夫妻俩的工作更加繁忙辛劳，成果也更加丰硕。1985 年，古德生被破格提升为教授，谭幼媛也晋升为高级工程师；1993

年前后，当古德生获得一系列国家级科技攻关项目大奖时，谭幼媛主抓的“高浓度全尾砂胶结充填新工艺的装备的研究”项目，也获得了中国有色金属总公司的科技进步一等奖；1993 年，她领导的另一项目“小铁山胶结充填采矿法和充填料长距离管道输送技术研究”，更是获得了中国有色金属总公司的科技进步一等奖。

1995 年，当古德生获选为中国工程院院士的时候，谭幼媛主抓的“全尾砂胶结充填料浆输送特性及胶结机理研究”项目，又获得了中国黄金总公司科技进步二等奖，而另外两个项目——“管道输送实验微机自动测控系统研究”和“深海采矿清水泵提升技术研究”，也分别获得有色金属总公司的科技进步四等奖和三等奖。在这一年，因为成果突出，她被晋升为教授级高级工程师。

当时，我国的海洋采矿紧追美国、法国和俄国，并且在进行基础技术的研究，为今后打赢海底矿藏争夺战做准备。谭幼媛所在的矿山研究院因此新成立了海洋采矿研究所。由于高水平的业务能力，谭幼媛被委任为该所的副所长兼党支部书记。这时候，谭幼媛已快到退休年龄，但她依然在新的岗位上做出了成绩。

在男性占多数的矿山研究院，谭幼媛柔中有刚的风格、踏踏实实的工作方法让她显得尤为突出。尽管事业有成，在自己的科研、创新中获得了极大的满足，但她仍然以丈夫古德生院士为荣，一直在干好自己工作的前提下，毫无怨言地支持丈夫的事业。尤其到了退休之后，她更是全副身心地照顾他的饮食起居。在谭幼媛无微不至的照料之下，古德生院士在年近八旬的时候，身体还非常硬朗，丝毫没有减少科研、认证等工作，并且能与时俱进，不断提出新的思想与思路。

一个成功的男人，身边必定有一个知晓事理、默默付出的女人。在充满风雨的世界里，他们相扶着向前走，无论是开心还是忧愁，顺风还是逆流，不犹豫、不退缩。就是这样，古德生与谭幼媛，这对志同道合的伉俪，结婚五十多年来，一直携手前行，比翼齐飞，成就了自己的一段佳缘，也在采矿界传为美谈。

第二节　悠悠女儿情

谈起“文化大革命”十年，很多时候，古德生会开玩笑道：“我什么也没干，就是娶了一个贤惠的老婆，生了两个可爱的女儿。”

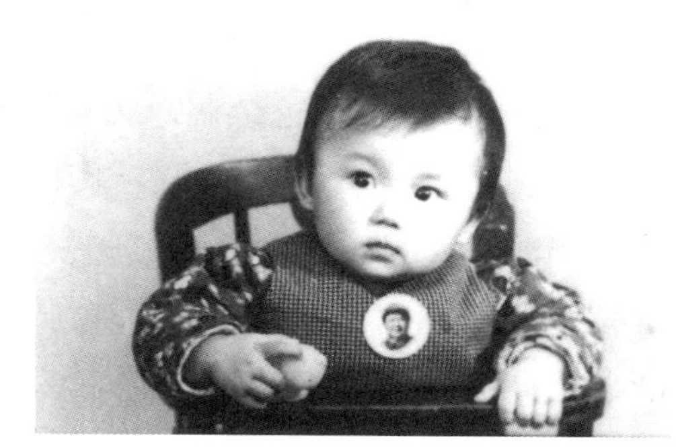
1968 年的古平

1968 年夏天，刚刚开始两年的“文化大革命”，让古德生所在的校园难觅一角清静，教学与科研工作也被甚嚣尘上的“革命”大潮所阻断。青年时期就立志干一番事业的古德生，心里渐渐升起了虚度光阴的忧愁。就在这个时候，一个秀气聪慧的女婴在他与妻子的热切期盼中来到人间。古德生给这个生于纷乱时代的大女儿取名古平，其寄予的心思与理想不言自明。大女儿眼睛清澈透亮，充满灵气，给古德生带来了很多快乐，在一段时间内，暂时填补了他壮志难酬的空虚。两年后，小女儿古明也来到了这个和谐有序的家庭。

根据历史的记载，当时的中国正处于“红色革命”的年代，到处弥漫着狂热躁动的气氛，红色海洋中的人们忙于各种纷争，知识青年上山下乡运动也是从那时开始。但这种历史氛围，在孩子们的印象中却十分模糊。在如影随形的父爱陪伴下，女儿们的成长历程中充满着单纯、宁静和温馨的画面。

风中的自行车

孩子们童年最初的记忆，是父亲那辆风中的自行车。

1971 年，古德生与女儿古平在长沙岳麓山

作为那个年代专注于事业的知识分子，古德生和谭幼媛夫妇全身心投入工作中。他们经常出差到偏远的矿山，指导科研项目，一去就是大半个月，自然很难有时间照顾年幼的女儿。无奈中，他们把两个女儿寄居在长沙河东的湖南省农科院的外婆家里。

那是一个住了四户人家的大合院。灰灰白白的围墙外，是五颜六色的菜地和农田，十分开阔。

每到周末，古德生便会骑一个多小时的自行车，从长沙河西到河东的岳父母家来看女儿。据古平回忆，年幼时，估摸着父亲快到了，她和妹妹便会坐在窗边一把柔软的藤椅上，眼睛一眨不眨地盯着外面那条通往河西的柏油路。长长的路上，人车稀少，偶尔刮起一阵风，吹得路边的树叶哗哗作响。盼望中，父亲的自行车，终于出现在马路与天际交界的地方，清清脆脆的铃声，随风飘来。“爸爸来了！”她们便飞向柏油路，跳进父亲的怀里。

整个周末，古德生的全部注意力都放在女儿身上，陪她们玩耍，给她们讲故事。幼小的孩子们，深深地感受到了那种浓浓的爱。每次见到父亲，总是撒娇地缠着要跟他回家。这时的古德生，眼神里总透出无奈，答应尽快把女儿接回家。

年幼的孩子，自是不会理解父亲的苦衷。那时的古德生忙于事业，很难做到两全。但他周末给女儿的全心关注，让她们感受到了温暖的爱。在那些有点寂寞的童年岁月里，微风中父亲的那辆自行车，牵引着女儿们幼小的心灵。每每想起，那种潮润内心的丝丝感念，便会缠绕着，定格在她们幼小而敏感的心里。

温暖的煤油灯

一年后，在悠悠中等待的孩子们，终于回到了父母的身边。

那是长沙矿山研究院的一栋红砖楼，号称“八栋”。八栋紧靠一座低矮的围墙，墙外便是长沙出名的岳麓山。那时的宿舍楼都有一道长长的走廊，一边是住户的窗户和门，另一边则是栏杆，可以看到外面的风景。借着走廊的便利，邻居们走家串户成了习惯。一到做饭时间，走廊里便飘着辣辣的香味。古德生时不时地下厨房。虽然是广东人，但他做的湖南菜却很地道，还经常喜欢创新菜式，让女儿们一边辣得流眼泪，一边抢着吃。看到一家人吃得欢，古德生总会露出满意的微笑。

1974 年，古平(右)与古明合影

八栋里住着各式各样的人。古德生对每个人都温和有礼、不卑不亢。一楼住着的 B 君，据说是当时“文革”中一派的头头，走路时目不斜视，神情很是昂然。据说有一次，对立派的一大帮人来抓 B 君。“文革”中的人们都十分狂热，若被抓到，皮肉之苦肯定难免，性命之虞都有可能。在那个年代，古德生潜心科研，超脱于各种政治斗争之外，但对政治斗争的残酷也略知一二。平时与

B君虽无深交，但危难之际，他并未袖手旁观，而是让B君藏到家里的壁柜中而躲过了一劫。多年后他提起此事，只是淡淡地说："虽然我不同意B君的很多观点和做法，但毕竟是老邻居，与人为善是应该的。"

八栋的小孩很多，在家中宽松、自由的氛围下，女儿们自然结识了不少朋友。一楼的W，一个白白净净的女孩，幼时得了小儿麻痹症，走路有点瘸，不过总是笑眯眯的。隔壁的L，泼辣果敢，像个假小子。三楼中间单元的高知家庭的W，清秀高挑，眉宇中有点傲气。三楼左边单元的C，一个来自东北的男孩，戴了副眼镜，文质彬彬，后来随家搬回东北，临行前，送给古平一把漂亮的木剑。当时小朋友们玩耍的方式五花八门，但女儿们最喜欢的还是晚上的捉迷藏。

那时候，单位经常停电，古德生便买了一盏煤油灯。天黑时，煤油灯便被点燃，黄色的火苗在透明的玻璃罩里跳跃着，散发出温暖的光。煤油灯亮起时，便成为小朋友们捉迷藏的好时机。一大群孩子拥到漆黑的楼道里，又四散开来，有的藏在楼道的拐角里，有的躲到杂货堆的后面，玩得不亦乐乎，完全忘记了时间。直到古德生拿着那盏黄色的煤油灯，轻轻地叫着："平平，明明，天不早了，回来吧。"女儿们才依依不舍地告别小伙伴，在那盏煤油灯的柔光的指引下，回到那个属于她们的家。日复一日，在悠长、快乐的时光里，暖暖的煤油灯，父亲温和的声音，一直在伴随着孩子们成长。

出差归来

孩子小的时候，古德生经常出差，前往遥远的矿山，一去就是十天半月，让女儿们非常想念。他每次出差回来都是姐妹俩最开心的时刻。古德生一出现在家门口，她们便会立刻扑上前去，抱住他的腿，争着帮他拎包，兴奋地叽叽喳喳说个不停，告诉他这段时间发生的新事情。古德生则会像变魔术一样，从包包里变出一些小惊喜：一本小人书，一包小零食，或是一个小玩具。在生活很清贫的年代，那可是很大的奢侈。古德生从来没有让孩子们失望过，不管有多忙，总要给她们带回来点欣喜。哪怕最后一分钟在火车站的商店里也要买点什么。

回来之后，家里便时不时响起歌声。古德生浑厚的男中音十分好听，他唱的《莫斯科郊外的晚上》娓娓动听。女儿们也喜欢跟着父亲学唱，小小的房间里便充满着欢乐。

稍有空闲时，家里的桌子上会出现古德生随意的画作。姐妹俩喜欢缠着他画漫画。他有时画的是斯大林和戴眼镜的胖老头儿，寥寥几笔，栩栩如生的人物便跃然纸上。这种生活中的小乐趣感染着女儿们。长大以后，古明也喜欢涂涂画画，她画可爱的凯蒂猫、活灵活现的小松鼠，情趣盎然，点缀着温馨的小家。

柔弱与坚强

儿时的古平，被家里昵称为平平。她大大的脑袋，清亮的眼睛，扎着两根羊角辫，挺招人喜欢。但她是个柔柔弱弱的“病秧子”，父母十分操心。每每生病，古德生总是背着她去看医生。父亲宽宽的背，让年幼的她觉得很安全、很温暖。

为了提高平平的身体素质，古德生想了不少办法。他四处咨询，找来一些增强体质的中药给她吃。一段时间下来，她的身体渐渐好转。古德生看在眼里，自是很高兴，但并未满足，又继续想尽各种办法，鼓励女儿多运动。八栋不远处就是岳麓山，他经常带平平爬山，去摘映山红和野果。每逢花开的季节，岳麓山满山红遍，赏心悦目。在这个天然的氧吧里，女儿与父亲疾走在山中的小路上。日复一日，平平柔弱的身体慢慢好了起来，生病的次数也越来越少了。

虽然平平逐渐摆脱了病痛的纠缠，但力量、耐力终究不如同龄人，体育运动对她来说，一直是个不小的挑战。在小学，推铅球、掷手榴弹、爬杆等体育项目，经常不能达标。古德生就鼓励说："没关系，只要多努力，就会有提高。"有段时间，他每天下午都会带女儿去学校的操场，手把手地教投掷和爬杆的方法，耐心地陪练。在父亲的陪伴下，经过一段时间的锻炼，平平的体育终于全部达标。

就这样，在古德生的耐心陪伴和教导下，平平逐渐走出了儿时的柔弱，并有了坚持的韧性和面对挑战的勇气，直至后来成为一个健康而有活力的人。

少年与书

女儿们少年里最深的记忆，是父亲灯下夜读和伏案疾书的身影。每天吃完晚饭，古德生便静静地坐在书桌前。经常是半夜醒来，女儿们发现书房的灯还亮着。日复一日，那盏灯总是按时亮起，一直到深夜。灯下的古德生神情专注，一会停下来思考，一会又飞快地在纸上写着。桌上堆得高高的书，密密麻麻地布满了标记。有时谭幼媛劝他休息一下，看看电视，聊聊天。但往往只休息 10 分钟，他又一头钻入书房，沉浸在采矿世界里。就这样，在漫长的岁月中，古德生思考着、追求着心爱的采矿事业。

20 世纪 70 年代，古德生在家中伏案工作

在古德生的影响下，女儿们很自然地走进了书的世界。古平记得，小时候的家不大，但十分整洁，暖色的地板乌亮泛光，家具简简单单，最醒目的是靠墙的大书柜，里面是一个理性与感性交

织的世界。柜中大半的空间摆着《金属矿床开采技术》《矿山机械》《充填采矿》等工程技术书籍，余下的地方放着《悲惨世界》《青春之歌》之类的文学作品。那些时日里，古德生总是在阅读专业书籍。出于好奇，古平也不时拿出那些深奥的工程技术书籍翻阅，这些书给古平的印象就是严谨、条理和冷静。虽然她对各种专业名词似懂非懂，但仍可感受到矿业知识的博大精深。有时看到父亲在专业杂志上发表的论文，古平会仔细阅读，看了一遍又一遍。偶尔，书柜里放有古德生画的机械图，她便缠着父亲，让他教。古德生总是很耐心地讲解画图的技巧，并展示他的其他图，张张线条清晰，工整漂亮，让女儿对父亲的才能赞叹不已，暗暗希望着，长大后能成为他那样知识渊博的老师。那时候，古平经常放张木凳在门前，上面摆着父亲用来备课的硬壳笔记本，模仿着父亲，一边口中念念有词，一边拿着粉笔在门上写写画画，恍惚中，自己已经成了一名受人尊敬的老师。

1978 年的古平(右)与古明

虽然古德生一心沉浸在采矿事业中，但他是个思路开阔的人，经常鼓励女儿们广泛阅读，开阔眼界。有段时间，古平对侦探小说十分入迷，古德生就给她借了很多《福尔摩斯探案集》之类的侦探小说。从那些智慧的侦探身上，古平感受到了缜密推理的乐趣。后来她又逐渐对文学产生了兴趣，便如饥似渴地把书柜里的文学作品全部读完。古德生看在眼里，就从图书馆给她借了大量的文学作品，其中借得最多的便是名人传记。那些名人传记打开了一个引人入胜的世界，让女儿接触到改变世界和生活的思想，了解到不同寻常的伟人们的内心。其中对她影响最大的是一本《居里夫人传》。照片中居里夫人端庄而智慧的面容令人难忘。她在发现镭的过程中经历的艰辛，在物理领域的杰出成就，尤其是她那种女性的坚韧，对自身价值的自信，都深深地打动了少年古平，也让她开始思考自己在这个世界的位置。

你是独特的

古德生是客家人，自小被母亲和祖母带大。这两位勤劳、贤惠的客家女人，忍受了生离死别的痛苦，含辛茹苦地把他养大成人。古德生一直对他生命中的这两位女性怀有浓浓的感情，这种感情后来转移到女儿们的身上，就变成了一种开明而宽容的爱。在他面前，女儿们的心灵放松而自由，可以随意地坦露心灵的最深处，可以任性地哭和笑。他经常对女儿们说："你是独特的。"并鼓励孩子们多思考，帮助她们走好自己的路。

小女儿古明开朗外向，古德生便采用"放养式"教育。很小的时候，她就在脖子上挂着家里的钥匙，跟着大孩子跑进跑出，打弹珠球、玩泥巴、爬墙，抢占邻里洗衣用的水泥台打乒乓球。时间一长，便成了同龄人中的孩子王。

初中升高中考试后，因为成绩优异，古明被分到了省重点中学师大附中的重点实验班。但是，古明在开学第二天的早晨，就忽然对父母说自己肚子痛，不愿意去上学。看着小女儿欲说还休的神情，似真非真的"病容"，古德生明白了，这个自尊心很强的小女儿，其实是不愿意在实验班这种尖子生云集的环境里学习，怕自己成不了班上的"头儿"，普通班能给她更多的空间，让她从多方位自由发展，更适合她。因此，古德生找到了实验班的班主任，告知要将自己的女儿转到普通班就读。实验班的班主任闻言很是惊诧，说：

"作为家长，你们要对自己的孩子负责，要知道别人想方设法想进实验班都进不来的。"

古德生说：“我的女儿我知道，我这就是对她负责的一种决定。”

果然，得知自己被安排到普通班之后，古明的“肚子痛”一下子就好了，高高兴兴地在普通班一念就是三年，每次考试都名列前茅，最后以优异的成绩考上了重点本科，成长为一个自信而独立的人。

20 世纪 80 年代，“学好数理化，走遍天下都不怕”的看法十分盛行。大女儿古平在高中文理分班时，由于数理化成绩一直很好，便理所当然地选择了理科班。但在学习过程中，她却逐渐发现，纯粹的理工世界不是自己的最爱，她对社会、对人的世界却有着不可抑制的好奇心。面对女儿的困惑，古德生告诉她，世界很大，每个人都应该依据自己的特点，找到自己独特的切面。很多学科的成就，并不来源于传统的领域，而是源于多学科的综合。你选择的领域，一定要是你有激情、反映自己独特长处的，这样才能做到最好。

1985 年，古平面临人生中的一个重要决定——去哪里读大学。当时古德生在中南大学已经成绩斐然，十分了解该校的强项，内心是希望长女留在中南大学。但古平却对自己的祖籍之地、商业发达并引领潮流的广东情有独钟。她阅读了不少文章，便认定广东就是那个远方的精彩世界，于是和父亲交流了自己的想法。古德生听后，表示支持，并与女儿一起了解、分析广东的各个高校，之后，面带微笑地鼓励女儿：“广州不错，你会有很多机会接触新的东西。广州的中山大学是一所很好的学校，你去那里念大学，是个不错的选择，我支持。”从此，古平踏上了去广州的求学之旅，开启了生命中的一个新阶段。

低调与视角

回忆起父亲对自己的影响，古明谈起了大学里的几件事。

大学四年，古明在中南大学就读。那时，古德生已经是系主任和博士生导师，在业界早已声名鹊起。跟很多在本校就读的教职工子弟不同，古明很安静和低调，鲜少有人知道她是古德生的女儿。大学四年，许多老师和学生都知道有一个总拿一等奖学金的古明，却不知道她是古德生教授的女儿。有一次，古德生的博士生来家里讨论课题，正好撞见她，张嘴愣了好半天。原来，他是古明上学期采矿概论专业课的老师，只是他根本不知道自己导师的女儿就在他眼皮底下上课。“怪不得上课时我问什么问题你都能回答，原来你是师父的女儿！”无论是读书期间还是后来出去工作，尽管古德生的声誉越来越大，古明却从未因此而谋求过任何捷径。因为她时刻记住父亲的一句话：“踏踏实实做人，是金子就会闪光。”

1986 年，古平和古明大学暑假期间游览北京

大学写毕业论文，古明的项目是一个氮肥厂技术改造的建设银行贷款评估。大家都做评估，如何做出不同的方案？古德生启

发她：视角要独特，思维要开放，一个人可能专长一件事情，另一个人可能专长另一件事情，如果你能把两个人的专长结合起来，你的东西就很有特色了。在这种思维指导下，古明不但对贷款项目做了完整深入的评估，而且以该项目为契机，开发编写了一套通用的贷款评估应用软件。这使得她的毕业论文脱颖而出，被老师们一致称为“达到研究生毕业论文水准”。古明认为，父亲的思维方式和看问题的视角，对她以后的工作和生活，以至整个人生，都有着深远的影响。

青春在花城

20世纪80年代的广州，是个奇妙的城市。大街小巷的个体商户，贩卖着花花绿绿的时尚衣物，到处都放着香港流行歌曲。一到夜晚，四处的大排档生意火爆，空气中弥漫着菜香和人声。那是一个对外面世界充满好奇的年代，一个追求新生活、新思想的年代，一个慢慢走向商业化的年代。初来乍到，古平便感受到了广州商业氛围的冲击。一个在纯净、有序并带点理想主义的环境下长大的湘妹子，面对着更加复杂、多元的商业文化，还有那似懂非懂的粤语，一时陷入了一种迷惘的状态。那时长途电话费昂贵，古德生便经常写信，用他一贯冷静、缜密的思维方式，开导女儿用一种开放的心态，去看待不同的文化，并吸收所长。字里

1987年，古德生与女儿古平合影

行间充满着温暖。

在父亲的关注下，古平度过了最初的适应期。之后的大学四年，她变得非常活跃，参加学校的辩论比赛，在校报、校刊上发表文章，周末还爱上了跳舞。20 世纪 80 年代的大学里，流行的是交谊舞和迪斯科。一到周末，中山大学中区的舞厅彩灯闪烁、音乐阵阵。古平经常和一群朋友聚集在舞厅，享受着彼此的陪伴，享受着青春。舞会之后，便和朋友们去中山大学东门外的大排档小坐，天南海北地畅聊，直至尽兴而归。那段时间里，古平经历了花季少女最初的朦胧情感。也是在那时，通过与朋友们的交谈，她逐渐了解到不少海外的情况，产生了一种对外面世界朦胧的向往，这为今后的留学生涯埋下了契机。

大学四年的生活，让古平爱上了广州这个充满活力的城市。毕业后，她决定留在广州工作。虽然不舍，古德生仍一如既往地支持，还特意到广州四处奔跑，陪她去用人单位面试。有时，一天要去几个单位。走累了，古德生就陪女儿在公园的长椅上坐坐。一段时间的四处奔波后，他的鞋子竟然都磨坏了。在那些日子里，父亲温暖的身影陪伴着古平，让她在未知的躁动中，感受到了一份安宁。经过一段时间努力，古平如愿以偿地被分到了广东省新闻出版局，开开心心地度过了最初的一年。

随后，古平却突然被告知要到曲江县锻炼一年，成为 1989 年后，唯一的一批带户口下乡锻炼的大学生中的一员。她被分配到曲江县新华书店，并住在曲江县卫生学校的宿舍里。小小的县城，零零星星地有些陈旧的房子，窄窄的马路上总是静悄悄的。每天上班就是在店里做零售，偶尔去镇上送书，是一份清闲得有些无聊的工作。邻居们是一群从乡村来学习的赤脚医生，衣着朴实，言谈中带着浓浓的乡音。卫校校长的儿子幼时得过脑膜炎，此后便有点混混沌沌。但每次见到，他总是憨憨地一笑，倒也相安无事。在这与大城市截然不同的氛围中，古平感受到了前所未有的孤独和寂寞。古德生得知后，便经常写信，和她探讨应付孤独的方法。他说，每个人的成长中都会经历孤独，要学会与它相处，找些有意义的事情来充实自己。他还举出许多在科研创新过程中，他耐住寂寞，沉下心来做事并最终达到目标的例子。在父亲的鼓励下，古平决定重拾书本，开始在寂静的夜晚攻读英语。在那个偏僻的小县城，那间面朝空旷田野的小屋中，时间静静地流淌着，古平却神游在另一种语言的世界里，幻想着大洋彼岸的情境，逐渐忘却了现实中的孤独。

一年后，古平回到广州，顺利通过了 TOEFL 和 GRE 考试。1992 年夏天，她前往美国攻读硕士，开始了新的人生旅程。

青春年华，充满着似火的激情，但面对空旷而未知的世界，随之而来的是阵阵孤独和迷茫。作为父亲的古德生，温暖而智慧，默默地陪伴和引导女儿。无论走到天涯海角，女儿们都知道，在岳麓山下那个温馨的家，父亲会一直关注着，她们并不孤独。

绵绵的情意

在离芝加哥 3 小时车程的香槟小镇，古平度过了四年的留学生涯。20 世纪 90 年代初，家里经济并不宽裕，她便在校园里打了几份工，并四处寻找学校的经济资助。曾经，骑着一辆天蓝的自行车，她飞快地穿梭在香槟校园里，忙碌地去各个图书馆查找资料，热切地去教授们的办公室探寻机会，匆匆地去学生楼里打工换饭。“芝加哥不相信眼泪”，经历过失眠、失望和不断奔波的一段日子后，她终于找到了一个稳定的经济资助机会，并开始认真思考今后的职业生涯。这时的古德生，经常给她写信，一封封厚厚的家信从长沙飞去，温暖着当时孤独而迷惘的女儿。古德生鼓励女儿，要发挥自己的长处，多了解交叉学科，尽量拓展自己的视野。在他的启发下，古平选择了会计专业并辅修信息系统。这样的知识结构，为她今后的事业发展打下了良好的基础。

1996年夏天，古平从University of Illinois at Urbana-Champaign会计专业硕士毕业，在风城芝加哥的一家计算机公司，开始了在美国的第一份工作。之后，她相继在芝加哥论坛报和雅培医药公司工作，从最初的分析员一直做到今日的高级经理。

1996年，古平从美国伊利诺伊大学香槟分校会计专业硕士毕业

与此同时，古明也被所在新加坡公司派往美国加州，从事高端货源供应和开拓美资海外工程项目工作。后来她成为一家全美最大医疗保健机构的高级主管。

每每有喜讯，姐妹俩总是第一个想到远方的父亲。知道后，古德生也是一如既往地开心，回信中透露出欣慰和自豪。

岁月如梭。转眼之间，女儿们各自成家。古平成为了一对双胞胎女儿的妈妈，古明也有了两个可爱的女儿。在女儿们即将分娩前，古德生夫妇从长沙飞到她们身边。在那些日子里，古德生每天出门，买回各种时鲜蔬菜，给女儿煮营养餐，喂外孙女，换尿布，大小事都做，忙前忙后，那浸润在日常生活中的、无处不在的爱，让女儿们至今难忘。

女儿们常常感叹于父亲对事业的执着和对工作痴迷的精神。很多人到60岁后，就选择了含饴弄孙、摆弄花草、优哉游哉的生活。可古德生并没有放慢脚步。工作即生活，生活即工作。他一如既往地带博士生、写论文、去矿山做报告、指导科研项目。每次写报告，总是字斟句酌，务求精确。除了工作，他对现今社会的新鲜事物也很感兴趣，经常阅读大量报纸杂志，了解各种社会、科技发展动态，视野十分开阔。对各种现代工具，他也总是兴致勃勃地学习使用。70 岁时，还认认真真地找老师学会了开汽车。现今，他经常使用微信跟女儿联络，不时分享些图片和美文。和这样一位与时俱进的父亲在一起，女儿们总有聊不完的话题，似父似友，快乐而温馨。

岁月如烟，随着漫长的时空渐渐消失，仿佛不留痕迹。但古德生与女儿们共同走过的时光，那些久远却不能忘怀的故事，那种仿佛昨日的心灵感动，在女儿们心中渐渐沉淀成一份最隽永的温暖。这份温暖陪伴她们走过平静而单纯的童年，初识愁滋味的少年，激情火热的青年，以及欧风美雨的中年洗礼。随着岁月的流逝、时光的变迁，这份温暖经久不散，深深地留在她们心中最温柔的一角。

第三节　漫长岁月中的姐夫

俗话说“长兄若父，长嫂当母”。古德生的妻子谭幼媛是家里的老大，她最小的妹妹谭晓莲与她年龄相差 15 岁，与古德生年龄相差 18 岁，因此，对于妻子的五个妹妹和一个弟弟来说，他们就是长姐当母，长姐夫若父了。而古德生给予妻弟、妻妹的这份“若父”的恩情，他们一直都心存感激。特别是最小的妹妹谭晓莲，从初中开始，她的学费、生活费就全部由古德生负担。虽然每学期的学费不高，但寄宿学校每个月的生活费则不低。当时，大学老师每月的工资只有 54 元人民币。晓莲在校期间的寄宿生活费则需每月 15 元，超过了古德生工资的四分之一，而古德生还有四口之家（两小孩入托学习费用）的生活重担。在此经济负担下，不管自己家中遇到何等生活上或经济上的困难，古德生仍然一直支持晓莲五年中学的生活费，从来没有打过一丝折扣。他也从未在她面前提及经济上的困扰。更难能可贵的是，古德生自始至终都没有在晓莲面前摆出哪怕是一点点恩人的姿态，多年来也从不提及此事，从来不求回报。几十年后，谭晓莲还记得，每次大姐夫古德生给她每月的生活费，总还要多出两元，嘱咐她常常回家看看父母，这两元便是给她的乘车费用。

不仅是经济上的资助，古德生还指点了晓莲人生的几次重大抉择，让这个生性有些“顽劣”的小妹妹，顺利地通过高考、研究生考试，并且去了美国留学，完成了从美国休斯敦大学博士生到留美生物学家的华丽转身。

2016年10月13日，古德生院士从教六十周年的宴会隆重举行。在宴会交谈中，谭晓莲充满深情地提起，姐夫古德生对她的恩情太过绵长深厚，必须坐下来静静地回顾，寄予笔端方可窥之一二。六个月后，她便写了如下文字，来描述印象中的姐夫和对她人生道路的影响。

古德生是我的大姐夫。从他踏进我家门的第一天开始，就承担起了教育和扶养我全家六兄妹的生活重担，数十年如一日，从无怨言。

大姐1968年6月生下第一个女儿后，正逢“文化大革命”初期，学校教学工作基本停顿，因此她与大姐夫一起来到我家(湖南农科院)坐月子。那时我小学刚刚毕业，知道大姐夫是大学老师，学问深奥，所以不敢在他面前多言，而印象中他总是一脸微笑，和蔼可亲，围着爱妻娇女转。

第二年，由于地域的原因，我无法在当地继续上中学，只有少数几个偏僻的学校同意接受。知悉情况后，大姐和大姐夫提议去口碑不错的湖南师范大学附中就读，食宿由他们负责。

当1977年恢复高考时，由于在小学教书的哥哥极力推荐，我争取到在父母工作单位的子弟小学代课。这个机会固然来之不易，但我觉得恢复高考也是改变命运的契机，便拿起久违的课本，开始复习。当时代课工作十分繁忙，我认识到若不全力以赴，高考肯定没戏，于是辞掉代课工作，准备集中精力复习。这个决定却在家里引起轩然大波。当时找工作难，大学录取率传闻只有1%，父母和哥哥都很焦虑。面对家庭风暴，我不知所措，哭了起来。

说来也巧，哭泣声中我听到门外有熟悉的脚步声，大姐夫仍像以往，周末又来探望岳父母家人了。目睹家中的一切，问清缘由，也没有与我大姐商量(当时20世纪70年代初电话罕见)，当即决定要我与他同日一起离开父母，去他家复习。

我擦干眼泪，迅速整理，带上仅有的几本高中作业、教科书和几件换洗衣服，坐在姐夫自行车的后座上，回到他在矿山研究院的家。当时他家与别人合住一套间，两家共用厨房、厕所，自家仅有一间半的房间。我在姐夫家准备高考复习的日子里，他们全家挤在一间房，那半个小房间成了我的“领土”，除了吃饭的时间，我那两个小侄女也不让进入。姐夫、姐姐全家尽最大的努力为我创造最好的学习环境，支持我的奋力一搏。

不负所望，1977年高考后我被录取。四年大学生活过得飞快，行将毕业之时，又面临新的选择。我想报考研究生，但家里并不看好，只有大姐夫确认我的打算后，一直是鼓励、支持和帮助，并在百忙的工作和家务中，多次到学校给我送复习资料。我的印象永远定格在一个炎热的盛夏中午，他和他的小女儿一起骑着自行车给我送政治复习资料，他们父女满脸汗水涔涔。

随后，我在北京中科院做研究生，毕业分配留京，后选择赴美深造以及家庭事业的多次选择，都离不开大姐夫的鼎力支持和指点迷津。

大姐夫在我的印象中永远是一个完美的形象，以至于多年来影响我的择偶观。

在我的眼中，大姐夫永远是努力认真工作，诚恳善良待人。他总是以自己的实力，努力一步步地向前走，从不搞歪门邪道，踏踏实实地走好每一步。我高中毕业五年待业，他没有凭借自己的工作为我安排什么，尽管我曾经要求过；报考大学和研究生以及安排工作，他也从来没有借助自己的位置给予任何方便。他告诉我，人生需要自我奋斗，一切必须靠自己；人生没有捷径，得到的都是需要代价和付出的。这些金玉良言，在我日后的生活中得到了印证，也助我走向了今日的成功。

第四节　心系毛里求斯

在一本厚实的相册里，古德生珍藏着一张发黄的照片。照片上一个英俊、眼神深邃的男人和一个清秀温柔的女人并肩坐着，那个女人是古德生勤劳、贤惠的母亲，而那个男人便是古德生的父亲，一个从未谋面的父亲，一份深藏心底、萦绕不散的眷恋。20世纪30年代，古德生母亲漂洋过海，远赴毛里求斯与丈夫会合，度过了一段短暂而温馨的时光，哥哥古流祥便是在那时出生。母亲怀了古德生后，便重返梅县家乡。从此，古德生与父亲山水相隔，从未见面。古德生4岁时，父亲病故，梅县的家里失去了顶梁柱，让祖母和母亲陷入了深深的忧伤，也让古德生幼小的心灵早早感受到生活的不易。父亲在生命中的缺失，一直是古德生心中永远的遗憾。将来能去探寻父亲生活的地方，感受那里的风，那里的水，那里父亲生活的踪影，一直是古德生心中的盼望。

这一天，终于来到了。

2011年7月，古德生时年74岁。这一天，他接到电话，金诚信矿业管理有限公司邀请他前往南非、赞比亚一带就采矿技术进行考察，并对该公司在当地承包矿山采用的采矿方法进行论证和指导。电话打到最后，熟悉古院士的公司老总还特别细心地提了一句：

“此次南非考察，我们会在毛里求斯转机。”

放下电话，古院士心海掀起狂澜，眼角开始湿润，望着刚刚走进书房询问情况的老伴，轻声地说了一句：

“我自己的爸爸，我从没见过，到了毛里求斯，他的墓地我总要找到吧。”

7 月 26 日一早，古德生一行从长沙启程去上海。当日21：25，古德生乘坐的飞机终于在浦东机场起飞了。夜深人静之时，机上的乘客都进入梦乡，鼾声四起，但古德生无法入睡，这一天，他等得太久了。他在心里默念：

毛里求斯，你是我父亲和长兄打拼和歇息的地方，也是我和同胞哥哥的孕育之地。明早就要相见，终于等到了这一天。

第二天早上7:20，飞机准时在毛里求斯机场降落。一下飞机，古院士马上感受到了凉爽的海风，而他们在长沙启程时，长沙还是炎热的夏季。

“这里此时是冬季，是岛上全年气温最低的时候，平均气温 18 摄氏度，和我老家梅县的冬季平均气温差不多。”

毛里求斯是位于非洲东部的岛国，在印度洋西南方。作为火山岛国，它四周被珊瑚礁环绕。岛上地貌也是千姿百态：有沿海的狭窄平原，也有中部的高原山地。经历多国殖民统治后，毛里求斯于 1968 年 3 月 12 日脱离英国殖民获得独立。岛上有不少华人，而华人当中，又以广东梅县籍的客家人居多。一代一代的广东人，百多年前，就已习惯于下南洋谋生，使得现今东南亚成为国外最大的华人居住地区。最少华人居住的地区要算非洲了，仅有 8

2011 年，毛里求斯路易港，国际海运停泊站

万余人，其中客家人 5.4 万人，主要分布在毛里求斯，约 3.5 万人。

“从前，我的家乡，自从第一个同乡去了毛里求斯之后，便一个带一个地都出去了。先当伙计，再开店自立。我的父亲就是这样的。他十三岁就出去了，不知受了多少苦。”

古院士感叹父亲受了许多苦，是在他亲眼看到，那些至今还留在毛里求斯的同族后裔的生存状态之后，由衷而发的。在来毛里求斯之前，古院士从他的老乡林聪明那里得知，她的远亲古国通还在毛里求斯生活。一下飞机，古院士便联系上了古国通。古国通带着古院士一行去了一个未出五服的本族兄弟的酒店里。

关于这个开酒店的本族兄弟，古院士每年回梅县老家扫墓祭祖，都要经过他留在梅县那一百多间日益颓败的大围屋。如今大

2011 年，路易港的街道。古德生的父亲，少年时随亲邻赴毛里求斯，在路易港这条街上经商谋生四十余年

围屋里只有不到十人居住。而每次经过这间大围屋时，他那留在村里的堂兄弟们总是不无骄傲地说，他们那一脉的祖先是这个村子里最有钱的人，在毛里求斯是个大资本家，其后代有近四百人，许多去了欧洲、美国念书。

那天，在古国通的带领下，他们走进了这个本族兄弟的酒店，所见却让古德生异常震惊：所谓的大酒店，不过就是一间只摆了十张桌子，不到两百平方米的铺面。

“我们的想象中华侨很有钱，其实不然。他们跑那么远，在南非一个角落里的小岛上，才有这么点家产。所以我的爸爸，那时候，其实应该是奋斗得很苦的。”

在这个本族兄弟的酒店里，古德生向他打听自己的父亲和长兄，得到的回答却是：

“许多年前，似乎听说过这两个名字。”

线索断了，古德生有些难过。忽然记起自己上小学二年级时，有个同学转学走了，因为这个同学转去的地方是毛里求斯，因此古德生印象非常深刻。但当他辗转找到这个同学时，这个和他一样，已经步入古稀之年的老乡，却怎么都想不起来，童年在中国的老家梅县，还有古德生这么个同学。

父兄生前的踪迹无从查找了，那么，去墓地碰碰运气吧。

来到挂着“中国梅县公墓”牌子的陵园里，古德生一行先是找到守墓人，请他将所有的名录档案都拿出来，按年份一一查找。他们一行，翻阅了几个小时，却始终没有找到古院士父亲和长兄的中文名字，而他们是否用英文名记入墓园档案，究竟又取了什么英文名，世上已无人知晓。万般无奈，古德生便在两个比足球场还大的梅县华侨墓园里逐一查看墓碑。

依然一无所获。

“我来来回回地找，有些墓修得豪华，我去看了，没有我父亲的名字；有些墓被挤在角落里，墓碑简陋，这些也没有我父亲的名字；还有许多被海风腐蚀得厉害的墓碑，我却看不清上面的文字。”

“我隔了七十多年找回去，连我爸爸的墓地，我都找不到！”古院士无比伤感和遗憾地说道。

那天，古院士和他的老乡们，在墓地的一行行墓碑间穿行、辨认。同时，他的老乡，也操着流利的乡音和他谈及故乡的风土人情，他们谈到了丙村最有名的开锅肉丸，谈到了好吃的米粄：

“米粄的种类，你们出来这么多年了，还记得吗？发粄、味酵粄、龙舌粄、甜粄、圆粄、煎粄，各种好吃的味道，你们还记得吗？”

岛上的微风轻轻吹着。虽然不见父亲的踪影，但在乡音交谈中，古德生仿佛觉得在同从未谋面的父亲倾诉，悠悠地诉说那遥远的梅县故乡，那缠绵不断的无尽思念。长长的交谈中，古德生心中暗思：在某个没被认出的墓碑下面，父亲可否听得到自己儿子的声音？在茫茫的时空差中，父亲能否感受到儿子的绵绵思念？

第十二章

行者无疆

第一节　合作赞比亚

当手机微信在神州大地上兴起，年逾七十、与时俱进的古德生院士便给自己取了个“观天下”的微信名，并得心应手地将微信用作通信交流、了解时事的有效工具。

客家人的视野，从来就是“天下”；探索者的脚步，亦永不停歇。

1988年，访问俄罗斯。在莫斯科红场留影

在推动中国成为矿业强国的旅程上，古德生一走就是六十多年。他走遍了祖国的千山万水，同时也把视野投向了世界。他出访考察过美国、俄罗斯、法国、比利时、哈萨克斯坦、澳大利亚、南非、赞比亚、印度尼西亚、马来西亚、新加坡、毛里求斯等国家。每到一处，他总是将中国的矿业现状、行业科技发展程度与当地的相比，找出各自的特点，并寻求中国矿业新的突破点，从而进一步推动中国成为世界矿业的领军者。

与赞比亚矿山的合作开发，就是这样一个走向世界、构建中国矿业未来的项目。

2011年7月，古德生应中国金诚信矿业管理有限公司邀请，

1992年，古德生(左2)在比利时蒙斯理工大学办公楼前留影

1992年，古德生(左1)访问法国奥尔良大学。与奥尔良大学校长(左4)和欧共体教育部官员(左3)合影

1997 年，访问马来西亚古晋矿产资源地

2011 年，古德生(右 1)在南非英帕拉矿现场考察深井装备与提升技术

前往南非、赞比亚进行采矿技术考察。此行的主要目的地是赞比亚谦比希铜矿。

2011年古德生(中)参加南非、赞比亚金属矿床深井规模化开采技术考察团，在开普敦合影

谦比希铜矿位于赞比亚铜带省的谦比希镇。它由中国有色集团下属的中国有色矿业有限公司所属的中色建设非洲矿业开发有限公司经营，是中国在非洲的一个有色金属开发企业。迄今为止，中国共投资了超过1.5亿美元。

此行出访，古德生院士了解到，该铜矿曾被英国人开发了23年，富矿挖掘完毕后，于1987年关闭了此矿，开始了长达11年的荒废期。此段日子，当地的工人失业，赞比亚的经济也受到影响。

1998年6月，中国政府通过国际竞标斥资2000万美元，购得该铜矿的85%的股权(赞比亚方占15%的干股)。购下该矿之后，中国有色集团于2000年开始了复矿建设，于2003年7月正式投产。

一年之后，该矿共生产铜精矿 5 万吨，实现销售收入 5121 万美元，雇用员工约 1700 人。

两年之后，也就是 2005 年，该铜矿便开始盈利，其生产能力以 20%的速度增长。到古院士一行于 2011 年 7 月来此考察的时候，该铜矿也扩大为之前的 2 倍，达到了 3000 名员工的就业格局。这 3000 名员工中，除了中方从国内派来的约 60 名管理人员，和来自中国的其他承包单位的 100 多名员工，其余都在当地招工，大大解决了赞比亚谦比希地区的就业问题。上交赞比亚的税收，在那时也超过了 7000 万美元。

此次谦比希铜矿之行，古院士还了解到，中色建设非洲矿业开发有限公司成功开发了谦比希铜矿西矿体之后，每年的铜产量已经达到了 3.5 万吨。当时正在进行开发东南矿体的工作。预计东南矿体投产后，公司的年产铜将超过 10 万吨。但如何实现这个目标呢？这个问题促成了古德生院士及中国金诚信矿业管理有限公司领导的这次南非、赞比亚之行。

经过三天紧张的参观考察，古院士一行采集到了详尽的一手资料，带回国内进行研讨论证。2012 年 7 月，谦比希东南矿体的建设工程正式开工，并成为中国有色集团“十二五”重点工程建设项目，总投资超过 8 亿美元。

据古院士介绍，谦比希铜矿的东南矿体探采结合工程，是东南矿体所有全面开发工程的重点工程，是实现中色建设非洲矿业开发有限公司(中色非矿)超过 10 万吨精矿的关键工程，也是中国有色集团实现在赞比亚出资企业年产铜超过 20 万吨的重点工程之一，因此非常重要。他们当时打出的口号是：

“努力把东南矿体工程建设好，为打造中色非矿 10 万吨级矿山而努力。”

口号响亮，目标清晰，合作当然也是很成功的。时间来到

2016年12月16日，古德生院士的学生所领导的中国恩菲工程技术有限公司又与中色建设非洲矿业开发有限公司正式签订了赞比亚谦比希铜矿矿山信息化、自动化融合控制系统项目的合同。值得一提的是，此项目也是古院士牵头组织全国八个科研单位，共同申报的“十三五”国家重大攻关项目。

古院士介绍说，本次签订的矿山信息化、自动化融合控制系统项目包括“主、西矿体自动化及电能管控改造项目”和“东南矿体自动化、信息化融合控制系统项目”。这个项目将打造中国企业实施的第一个真正意义上的数字化矿山：统一规划信息系统，利用智能配电、无人驾驶电机车控制系统，打破“信息孤岛”，为矿山企业提供无信息死角的操作和管理平台，构建本质安全的先进矿山。

“更重要的是，这个项目数据将接入中国恩菲与国家超级计算天津中心共建的‘中国矿业信息化协同创新中心’，为提升行业信息化水平助力。”

构建数字化矿山是古德生多年来的梦想。我国与赞比亚谦比希铜矿的这次深度合作，提升了矿业人士的信心，让中国朝未来智能矿山的方向迈出了一大步。

第二节　风起云涌的南海

海洋，蕴藏着丰富的资源，是一个巨大的蓝色宝库。深海勘探，是世界矿业强国争相探索的领域，也是古德生一直以来很关注的一个领域。这种关注将他的目光引向了南海，触发了他对南海资源开发现状及未来战略的深度研究和思考。

亚龙湾是个美丽的地方。

在古德生的印象中，那里总是晴空万里、碧海蓝天。在那柔软的沙滩上，人们接二连三地扑向大海，笑声、喊声、海涛声，交相呼应，就像一幅椰风海韵的风景画，令人流连忘返。

古德生曾经多次到海南三亚参加学术会议。在海南亚龙湾，古德生真切地"触摸"到南海360万平方公里海域的宽广胸怀，感受到南国海域的浩瀚、壮观和富饶。

2012年9月，古德生再次走进南海，但这次不是在海南三亚，而是在广东湛江。这次走进南海的心情，比往常少了些轻松与愉悦。因为这次前往是带着关注国家南海资源安全的使命去的，所以他的心情有些凝重。

在中国工程院能源与矿业工程学部的这次会议上，中国海洋石油总公司周守为院士做了一个关于我国南海油气资源与周边国家盗采资源态势的报告。周院士的报告让与会者心里沉甸甸的。

古德生告诉笔者，南海可能是隐藏的世界最大的油气资源地。由于我国海洋石油开采起步较晚，加上技术难度大及其他种种原因，我国海洋油气一直没有被好好开发。然而，1973年中东战争爆发，由此引发世界石油危机，这给各国敲响了能源安全的警钟。近在咫尺、资源丰富的南海，让周边国家眼红不已。越南、菲律宾、马来西亚等国，与发达国家合作，大量侵占我国南海岛礁，疯狂盗采石油，已经到了忍无可忍的程度。通过这次会议，大家都意识到，中国工程院有责任向国家有关部门呼吁，并提出相关战略对策。于是，能源与矿业工程学部常委会作出决定，组织部分院士奔赴南海访问、考察。

中国工程院一行十多位院士，会同中国海洋石油总公司的领导及相关技术主管共20来人，聚集湛江，准备去海上石油钻井平台现场考察。第二天一早，大家到南海西部石油管理局集合，换上工作服，然后依次登上等候已久的直升机，向西沙方向的石油钻井平台飞去。第一次乘坐直升机，古德生院士感到有点新鲜。

但机舱里噪声大，又闷热，给他心里增添了几分莫名的不安。

“不过，从飞机舷窗往外看的景色还是很好。晴空万里下，浩瀚南海，远处层层叠叠追逐着的海涛直奔而来，好像是前来欢迎我们。”

回忆起这次有美景相随的考察，古院士的言辞里饱含诗情。

经过40多分钟的飞行，飞机降落在石油钻井平台上。大家与等候在平台的领导一一握手，工人兄弟们报以热烈的掌声。

登上平台，走进宽敞的会议厅。首先，钻井平台的地质总工程师就钻井区块的储油地质和钻井平台的生产状况作了报告。然后，参观人员接受安全教育，接着在平台的领导和工程技术人员的引领下，全面参观了钻井平台的设施和生产作业过程。古院士回忆说，他们所参观的平台为折叠自升平台，由桩腿和升降机构组成。钻井平台内部结构十分复杂。为了满足生产生活的需要，将一个大的空间，分隔成许多个房间。内部舱室紧凑，走道狭小，层间高度较低，楼梯坡度较大，出入口小。平台上有钻台、动力、通信、导航等设备，以及安全救生设备和人员生活设施。

参观所到之处，都非常强调防火安全。平台上各类电机及生产辅助设备繁多。生产过程中，需要使用大量油料。特别是在试油期间，由于排放石油、天然气等易燃易爆物品，一旦电机设备、生活电器发生故障或线路超载、短路，很容易引起火灾。一旦发生火灾，便会威胁到控制室、起居舱室、机械舱室、储油舱室等要害部位。火源是平台的重大安全隐患，这一点给古院士一行留下了深刻的印象。

“海上作业比较辛苦。但最艰苦的不在于劳动强度的大小，而在于长时间的海上作业，与外界隔离，在狭小空间生活，心理压力大。”

古院士回忆说，据平台上的工人兄弟介绍，他们轮班作业，一上平台就要连续工作一个月。在平台工作的前半个月都还好，下班后聊天、看电影、打牌，望一望大海，观看平台下边游动的海豚。但到后半个月，人就产生孤独感，心理压力大，坐立不安，话也懒得说，开始扳着指头过日子，并时不时产生上岸去步行街看看人来人往情景的冲动。

“但不管怎么样，每个月的生产任务还是要好好完成。”

小伙子们的一席话，让古院士很感动，亦觉欣慰。

回到平台外面，瞭望着浩瀚的海洋，讲解员指着西沙方向说：

“我们曾经在那远处几公里的地方打过一口油井，越南提出了抗议。外交部虽然声明这是中国的固有领海，但几天后，就要我们撤下来了。后来，越南抢占了离我们原钻井不远的一块岛礁，也打了一口井。就此事，大家愤愤不平，都一致表示国家应该采取果断措施，阻断越南疯狂盗采南海石油的发展势头。”

参观完毕，接着在大厅举行了将近两个小时的研讨会。会议首先由中国海洋石油总公司的领导做了一个关于我国海洋石油的开发现状与未来的报告。其后，围绕南海石油开发的形势，就我国海洋石油发展战略与对策，大家畅所欲言，热烈讨论。

古院士还记得，中午开始的研讨会上，他和各位专家就我国海上石油开发的战略和对策发表了许多意见：重视南海油气资源开发布局；加快深海钻井平台的开发研究；加大油气资源的勘探投入；原油进口向多元化方向发展；加快建立国家石油战略储备；以气补油，提高天然气在能源结构中的地位；加快进口原油运输保障系统建设；建立国家的海上运输船队等等。会后，学部把专家们的意见整理成文，并向国家有关部门提交了咨询报告。

考察当天返回了湛江。一路上，专家们还在为周边国家盗采我国石油一事议论纷纷。古院士说，在 1974 年之前，无论是越南政府的照会、声明还是越南官方的地图，都承认西沙和南沙群岛是中国领土。1974 年之后，越南共侵占我国 29 个岛礁，当初是小打小闹地盗采石油，后来拉拢大国合作，大肆盗采，如今已控制了一大批油田，石油工业已成为占国民生产总值30% 的第一大支柱产业。同样的情况也发生在菲律宾、马来西亚等国。

据载(《珠江水运》，2011 年Z2 期)，1994 年4 月，我国中国海洋石油总公司与克里斯通公司(美)签订在南沙“万安北-21”区块合作勘探开发石油的合同。经中国政府批准后，在万安海滩进行物探作业时，遭越南突袭，几艘炮舰和武装渔船将物探船团团围住，声称中国侵犯主权，并在媒体上大肆炒作，要求废除这一合同。双方在海上对峙三天四夜后，5 月 19 日，由中国政府授权中中海洋石油总公司新闻发言人发表声明，表示经由中国政府正式批准的“万安北-21”石油合同具有法律效力，该合同区块位于中国南沙群岛海域范围之内，中方对越南提出的无理要求表示完全不能接受。同时指出，中国政府的一贯立场是，在南沙争议问题未解决之前，可以暂时搁置争议，实现争议双方共同开发。

“这争议一搁就是23 年。这可是中国第一个也是唯一的一个南海石油开发合同啊。”

谈及此，古院士难掩心头之痛，他说：

“现在已经很清楚，越南把攻击目标对准‘万安北-21’石油合同，其真实意图不全在于合同本身，而在于否认合同的合法性，攻破一点，以动摇中国南海领海主权的依据。在这搁置争议的23 年里，越南对南海的野心越来越大。”

古院士说，我国一直实行近海防御战略，加上“文化大革命”以及改革开放后国家的工作重心转移到经济建设上，力求营造和平的国际环境，与周边国家有争议的海域，一直采取“搁置争议，共同开发”的海洋战略。

“问题是，1997 年菲律宾已经炸毁了我国黄岩岛的主权碑，越南已经提出拥有全部西沙主权，南海岛礁几乎已被瓜分完了。丢了那么多国土，太可惜了。”

他沉重地介绍说：

"如今，南海问题已变得越来越复杂、越来越难解决了，已成为维护中国海洋主权领域里一个非常大的挑战。"

对此，古德生认为，"搁置争议，共同开发"的温和战略，是我国站在南海战略利益的高度上制定的一个长期战略。它不仅考虑到南海石油资源的开发，更考虑到南海地区的长期安全与稳定。但在实践中，怎样在维护我国海洋主权的基础上，与南海周边国家寻求形成长期有效的合作机制，是很有挑战性的。我们要不断加强自身的综合实力，这样才能保障这个战略的有效实施。古德生说：

"我们应该认识到，GDP 全球第二，不等于综合实力第二。我们要明白，不断提高国家的综合实力，大力加强海军建设，建设坚固的海防，同时力求与周边国家合作共赢，这些对未来南海的发展是很重要的。"

第三节　走进南海舰队

作为矿业专家，古德生一直很重视海洋资源的利用。他极力倡导加快开发海洋资源的高技术研究，有规划地开发利用石油、天然气、可燃冰、海底丰富的铁锰结核、多金属结壳以及稀土元素矿物资源。自从 2012 年南海调研后，他进一步意识到南海的开发不仅是个工程技术问题，还涉及国家战略及综合实力。于是，他的眼光又投向了南海的防护。

2014 年 8 月，长沙市科委组织十多位专家去湛江军港上舰参访。一直对海防关注的古德生，再次抓住机会走进南海。

"大海是战舰驰骋的沙场，军港是水兵栖息的港湾。"

古院士说，这里是海军舰艇部队最集中、保障设施最齐全的后方基地。走进湛江军港，漫步在宽阔的十里沿海大道上，只见两旁椰林掩映、绿草茵茵；营区公园和广场内的雕塑、盆景、喷泉错落有致；顺着道路从南到北，有官兵的运动场、健身房、塑胶跑道、大型灯光球场、水兵网吧、图书阅览室等。水兵在完成舰艇战备训练之后，军港就是他们休闲和调节身心的乐园。

那天，古院士一行通过营地，向一艘舰艇走去，准备上舰访问。舰政委已经等候在舰艇平台上。他热情地欢迎参访团一行，旋即引导大家到会议室，开始介绍舰艇情况。政委的第一句话就是：

“欢迎家乡的专家领导上舰访问。”

古院士闻言很是开心：

“哦，原来是湖南老乡。”一阵笑声，显现出彼此的亲热。

寒暄的开场白过后，政委简要报告了南海舰队的历史，舰艇的装备、执行的任务及训练的基本情况。随后，他又亲自引领大家全面参观舰艇。政委那热情奔放、自豪自信的报告和介绍，给专家们留下了深刻的印象。

这次湖南老乡政委带古院士一行参观的是一艘驱逐舰。它是以导弹、鱼雷、水雷及舰炮为主要武器，具有多种作战能力的中型水面舰艇，是海军的传统舰种之一，也是海军装备数量较多、参战机会最多的一种舰艇。现代驱逐舰的排水量多数在 3000 t 左右，航速 30~38 节。武器装备以导弹为主，并配载直升机。其使命任务多种多样，是一种能执行防空、反潜、反舰、对地攻击、护航、侦察、巡逻、警戒、布雷、支援等多种作战任务的舰艇。

古院士说，他这是第一次上舰参观，一切都很新鲜，长了见识。在参观过程中，古院士触景生情，比别人多了一点联想。他很有感触地与身边的舰政委聊了起来：

“考大学之前，组织上准备保送我去海军学院学习。条件审查通过了，做着金色梦，但体检时，体重第一关就没有过，砸锅了。”

2014 年，古德生参访南海舰队，听广州舰政委谈南海战备

舰政委笑了，紧接着说：

“好啊，国家少了一个将军，多了一个院士。”

古院士自嘲地答道：

“都说大海是母亲，还是母亲怀里好。”

心情因环境的变化而改变。与上次去南海参观湛江海上石油钻井平台相比，这一次古院士的心情要畅快、豪迈得多。他这样回忆道：

“先进的武器装备、干净整洁的舰容舰貌、英姿飒爽的水兵，让人深深感受到了海军官兵过硬的素质和优良的作风，感受到了人民海军的发展和强大。南海舰队真棒！”

最后，全体参访团成员与舰政委在舰艇甲板上、在飘扬的军旗下合影留念。

据古院士介绍，南海舰队有舰艇 350 多艘，是三大舰队中驱逐舰数量最多的舰队，曾经打赢两场对中国来说至关重要的海战：

20世纪70年代的西沙之战和80年代的南沙之战。两场战争收复了西沙的全部岛屿和南沙的部分岛屿，为建立南中国海安全屏障做出了重大贡献。据介绍，目前，南海舰队的海上综合作战能力已远超南海周边的任何一个国家的海军。联系到上次参观海上石油钻井平台，古院士说：

“这为牵挂南海的人们增添了自信。我们受到很大的鼓舞。”

古院士还向笔者介绍说，南海扼守连接印度洋与太平洋的黄金水道——马六甲海峡，每年通过约10万艘船只。另外，南海蕴藏的石油被称为“第二个波斯湾”，所以南海的战略地位极其重要。从国家安全角度讲，我国濒临太平洋，沿海地区工业发达，支撑着中国的发展，进口石油的80%要经过这里。由于存在美国构建的第一岛链，大大压缩了我国沿海经济带的战略纵深，安全状况不容乐观。由美国、菲律宾挑起的南海仲裁案一事，教训深刻。

“蓝色的海洋是我们民族未来的生存之本，我们不能有海无洋。”

古德生说：

“一个大国，如果连自己的领土、领海都维护不了的话，又怎么能屹立于世，去担当大国的责任呢？国家需要强大的海军，中国要建设坚固的海防。”

那日，临出军港之际，古院士回首挥别。当再次面向蓝色的海面与白色的军舰时，他不禁依依不舍地道别：

“美丽的湛江军港，现代化的‘海军城’，再见了！”

虽然再见不知是何时，但他坚信，再见时，这里只会更好。

第四节　沙漠中的航天城

深空探测，是21世纪人类进行空间资源开发与利用的重要途径。从资源的视角看世界，除了深地和深海，深空一直是世界强国争相探索的领域。古德生认为对深空的探测和开发有很重要的科学和经济意义，因此他十分关注该领域的进展。

2013年，古德生参访大漠中的酒泉航天城

2013年7月，中国工程院组织部分院士前往酒泉东风航天城参观科学卫星发射。古院士终于有机会近距离地观察、了解中国航天发展的历程。

“这是书写共和国骄傲的地方。”古院士这样评价大漠中的酒泉东风航天城。

2013 年，感受卫星发射成功的喜悦

酒泉卫星发射基地在内蒙古额济纳旗，离酒泉市 260 km。从大漠中的鼎新军用机场到发射中心，需乘汽车西行 80 km。一路上，眼望四周，古院士觉得像是来到了另一个陌生的星球。虽然路途景象荒凉，但古院士的描述却充满了强烈的画面感和独特的情怀：

“脚下是一眼望不到尽头的戈壁滩。偌大的天幕被无边的戈壁滩拉扯得很低。大地竟然如此这般地袒露着胸怀，除了铺满砾石，几乎什么都没有，没有飞禽走兽，没有绿树小草，天地间一片寂静，让人觉得清冷和孤独。直至快到目的地了，在那棕褐色的荒原尽头，才渐渐显现出海市蜃楼般的卫星发射中心。”

在这次参观访问当中，古德生了解到，发射中心于 1958 年 10 月 20 日开始建设，占地约 2800 km^2，相当于两个半香港的面积。这里原来荒无人烟，但那天，当他们走进航天城，映入眼帘的却是另一番景象：航天城里商场、宾馆整齐清洁，道路两旁绿树成荫。街侧有一条小河，水草丛生，清澈的河水缓缓流过。这里环境优美，有阳光、绿树、鲜花、小草，像世外桃源。

“这是 1958 年从朝鲜回到祖国的二十兵团十万大军创下的丰功伟绩。当年他们从朝鲜凯旋，便马不停蹄，匆匆开进了这片大漠。"想着当年这些出生入死的老兵们的奉献与牺牲，古院士的内心升起了无限的崇敬。

中国工程院院士参访团用了一天的时间参观卫星发射中心。发射中心是中国科学卫星和运载火箭的发射试验基地之一，是中国创建最早、规模最大的综合型导弹、卫星发射中心，也是中国目前唯一的载人航天发射中心。它由六大区域组成，包括技术区、发射区、试验指挥区、测量区、试验协作区和航天员区，这些构成了一个庞大的航天员、飞船、火箭发射场及测控通信的大试验系统，是从发射、运行、返回到着陆等一套完整的、超大型的综合试验平台。

发射塔矗立在沙漠中，昂首挺立，百余米高，相当于三十多层楼的高度，全钢结构。来到发射塔前，仰视塔顶，工作平台层层叠叠，非常壮观。院士们搭乘防爆电梯登上塔顶，偌大的航天城尽收眼底。看到塔顶吊装巨型火箭的重型吊车，古院士不禁赞叹道：

"它力挽千钧，有力拔山兮气盖世的气势。"

在发射塔内，安装有逃逸滑道，这是确保万无一失的安全设施。塔底有双向导流槽，这是火箭点火升空瞬时喷发巨大气浪的导流通道。

古院士介绍说，在东风航天城里，距离卫星发射中心不远处，有座"问天阁"，这是为宇航员举行航天出征仪式的地方。宇航员出征前要在"问天阁"的礼堂里举行庄严而隆重的出征仪式，接受国家领导人的指示和祝福。在礼堂的主席台中央，至今仍安放着"神舟九号"宇航员景海鹏、刘旺、刘洋出征仪式中用过的三把座椅。这三把座椅被用玻璃罩罩着。在侧面墙壁上，挂着航天员的大幅照片，三名穿着航天服的宇航员，微笑着与热爱他们的参访者们一一留影，非常温馨，这给参访者们留下了宇航员出征仪式的美好记忆。

古院士还记得，在参观科学探测卫星发射的那天，院士们早早来到卫星发射场，在较近距离处，目睹卫星发射前的壮观场景。搭载卫星的火箭，已高高地矗立在发射塔中。大家凝视着火箭，心潮澎湃，急切地等待着发射时刻的到来。临近发射时分，院士们和航天人一样屏住气息，气氛肃穆、凝重，时间似乎过得很慢，所有人都静静地等待着卫星发射的口令。

“就在火箭点火的瞬间，石破天惊一声巨响，火箭瞬间喷发出浓厚、巨大的气浪，在前来送行人群的掌声和欢呼声中，一阵狂风呼啸，火箭以气壮山河之势，直上九云天。”

那一刻，古德生久久仰望着天空，心中豪情激荡。他目不转睛地望着火箭喷出长长的白带，穿过白云，进入太空，去完成它的崇高使命。

观看卫星发射，对于古院士而言，是难得的一次体验，给他很大的震撼。从科技工作者的角度，他深深理解航天人的艰苦卓绝，对航天人心存敬意，感谢他们付出的艰辛和为国家作出的巨大贡献。

古院士说，在半个多世纪的岁月里，东风航天城演绎着一幕幕平凡而壮烈的故事，给后人留下了一笔十分宝贵的精神财富。

“这里原是茫茫戈壁，人迹罕至，狂风呼啸，飞沙走石，寒冬酷暑，一片荒凉，是个不宜人居的地方。航天人偏偏就在这样恶劣的生存环境中扎根下来，常年默默地奉献着。”

“1960 年，国家处于经济最困难的时期。基地建设刚刚两年，居然在这里完成了我国第一枚地对地导弹的发射试验，震惊世界。一个荒漠中的发射场，在地图上找不到的地方，从此成为世人注目的焦点。”

殊途同归。想到半个多世纪以来自己和身边那些有梦想、有追求的采矿人，为国家民族所做出的奉献，古院士的内心有了些许欣慰。正如黑格尔的一句名言：

“一个民族需要一群仰望星空的人，他们不只是注意自己的脚下。”

在参访行程的第三天，院士们前往东风革命烈士陵园凭吊英烈们。陵园周围栽着沙漠特有的胡杨树。从元帅到士兵六百七十多位为中国航天事业奉献心血和生命的英灵，长眠于此。陵园正面是聂荣臻元帅的墓碑。

“中国航天人，顶天立地，为捍卫祖国安全，确立中国的大国地位，做出了许许多多举世瞩目的成就。但对我们普通人来说，知之太少，认知也太肤浅了。”

一想到这些，古院士的内心就很不平静。在这次访问中，他了解到，除原有的酒泉、西昌和太原三个航天发射中心外，现又新建了一座现代化的海南文昌航天发射中心。我国已经建成完整的航天测控网，取得的航天成果涉及领域很广，包括嫦娥探月工程、神舟系列飞船、天宫空间站、北斗导航系列卫星系统工程、军事侦察卫星系统工程、气象卫星工程、地球资源卫星工程、长征系列运载火箭等。一大批高素质的航天人才已经成长起来，正在向航天高尖端领域进发。我国在卫星回收、一箭多星、低温燃料火箭技术、捆绑火箭技术静止轨道卫星发射与测控技术等许多领域，都已进入世界先进行列，并跻身于世界航天大国。

在半个多世纪的岁月里，我国许多科学家为发展国防科技、建设坚固国防，写下了无数可歌可泣的不朽篇章。古院士说，在航天城中心的宽阔大街上，每隔数米就有一面弘扬航天事业的“功勋科学家荣誉牌”，包括“两弹一星”功臣邓稼先、钱三强和于敏，等等，一共 37 位。他们是我国国防科技中最受人崇敬的杰出人物。那 37 块荣誉牌，记录着功勋科学家们的伟大业绩，表达了后人对英雄开拓者们的崇高敬意。古德生院士在参访期间，曾多次长时间驻足在荣誉牌前，拜读前辈们的丰功伟绩。他说：

“他们一不图名、二不图利，长年与世隔绝，一头扎进大沙漠的基地，为铸就国防基石，把聪明才智、青春和生命全部奉献给国家，为奠定中国的世界航天大国地位做出了杰出贡献，在共和国的史册上写下了光辉的篇章。荣誉牌上的字字句句，让人有一种‘忆往昔峥嵘岁月稠’的感怀，读后令人肃然起敬，催人奋进。”

这些人当中，让古院士最为感动的是邓稼先前辈。

邓稼先获得博士学位后却选择回国效力，为屹立于世的新中国研究原子弹和氢弹，并获得了巨大的成功，先后两次获得国家科技进步奖的特等奖荣誉。他的成就让中国摆脱了霸权主义的核威胁，维持了世界的核平衡，促进了世界和平。

“邓稼先获得的两项国家特等奖，可以与诺贝尔奖媲美。”

古院士感慨地说：

“没有功勋科学家创造的伟大业绩，我们哪有今天的大国地位。他们真正是国家和民族的脊梁，会永远活在人民的心中。”

古院士一直是一个对生活有思考的人。从航天城回来后，他又有了许多新的认识。他认为，现代科学技术的快速发展，对国家、对个人都产生了很大的压力。中国已经稳稳地屹立于世界之林，但要赶上发达国家，实现中国梦，没有中国科技工作者的超常努力和国家发展的超常速度是不可能的。面对当今社会的一些现状，古德生忧心地说：

“航天城里‘艰苦奋斗’‘建功立业’标语所宣扬的精神和使命感，在我们周围似乎模糊了。人们对英雄、模范人物的认同感也慢慢淡薄了。年轻人以明星、歌星为偶像，对明星们的生活、隐私津津乐道的追星风气过于盛行。”

“长此以往，实现中国梦又靠谁呢？”

面对现实社会中那些鄙夷理想、科学和知识的人，古德生常常是哀其不幸、怒其不争。他认为：对于社会转型的中国来说，在繁荣的市场经济环境下，社会的多元、多向已成为现代社会的初始环境，出现价值观的分歧不足为奇。但重要的是，需要重塑社会主义核心价值观。国家需要千千万万有大志向的工程师、科学家、企业家，青年胸怀理想，才能志存高远。他说：

“个人前途与国家命运息息相关。我们青年将来可以不是严格意义上的社会活动家、政治家，但一定要有执着的社会责任感和强烈的爱国主义精神，这是时代赋予我们的责任。”

他认为，市场经济在社会主义核心价值观的指引下，可以在个人追求与国家需求之间搭建起千姿百态的、通向成功的桥梁。它有利于个人发展，对社会和国家也可以作出巨大贡献。但是，元勋们的奉献精神是中华民族的灵魂，是实现中国梦的宝贵精神财富，在我们国家应该永远发扬光大。他饱含忧思地说：

“市场经济有很大的能量，它是国家的血脉和肌肉不可或缺的重要组成部分。但是，它同时也冲击着我们的文化思想体系。随着经济的发展，我们的社会，仍然应该有一些理想主义和反映人民大众追求的远大目标。那样的民族才能生生不息，那样的社会才能生机勃勃，才能更阳光、更健康、更幸福。”

这是一位内心有崇高道德使命感，对国家、民族和未来有拳拳之心的老科学家。

第五节　情系矿业天下

三十多年前，当我国矿业处于最低谷的时候，古德生就说过，没有夕阳矿业，只有夕阳技术。如今，古德生院士已经年过八旬，通俗意义上来讲，他已进入“夕阳红”的年纪。但是，将采矿事业融入了生命的他，却没有半点“夕阳”心态，依然满怀对中国矿业的情怀，奔走在时代与行业的前列。近两年，他更是著书立说，将平生所学所研行诸文字留存下来，供晚生后辈继承发扬。

2015 年，《中国大百科全书(第三版)·矿冶工程》的编撰工作正式启动。该卷以百科条目的形式涵盖了矿业工程和冶金工程两个领域。作为采矿界的领军人物，古德生院士被聘为学科副主编，主要负责矿业工程部分。他牵头组织125人撰写了1200多个条目和近百个国内外入编人物介绍。经过几年不懈的努力，汇集领域基本知识及最新成果的《中国大百科全书(第三版)·矿冶工程》终于在2021年8月正式出版。尽管百科全书的编撰工作繁忙，古德生院士在同一时间段还抽出时间，组织了50多名专家，根据国家有关采矿业的方针、政策及标准，并结合矿山在生产中的实践经验，开始编写对矿山从业人员及矿界科研人员有指导意义的权威工具书——《采矿手册》。经过几年的努力，终于完成了9卷、65章、1100多万字的初稿，并于2020年开始陆续出版。这些矿业书籍为中国现代矿业制定了规范和标准，推动了矿业领域的向前发展。

岁月如梭。在过去六十多年中，古德生把自己的生命融入了中国矿业的建设。中南大学采矿楼，一栋坐落在岳麓山下的红砖楼，见证了古德生致力于中国矿业科研和教育的漫长岁月，和他对中国矿业发展的激情及投注的心血。2017年10月，古德生撰写了《矿业天下记》，该文被刻在了采矿楼前草坪中一块巨石上。

矿业天下记

人类、矿产，源于大地；矿产开发孕育了文明，成就了天下。新中国伊始，百废待兴，矿业为先；1950年，毛泽东主席给大学生们亲笔题写“开发矿业”。如今，终成矿业大国。

矿业是人类文明的奠基石，国民经济的基础。没有矿业，就没有国家工业化和现代化。在联合国《国际标准行业分类》中，矿业首居第一产业。

当代中国正以绿色开发、深部开采、智能采矿为发展主题，大力推进矿业现代化；世界矿业强国正向深地、深海、深空进发，争占未来矿业高地。

中南大学采矿楼前“矿业天下”巨石

中南大学采矿楼前“矿业天下”巨石背面刻有古德生文《矿业天下记》

全球经济、科技的持续发展，所需矿产资源无限，资源相争日趋激烈；当今世局纷扰，无不源于此。在当代，除了用政治、军事看世界外，还应以资源的视角看世界。矿产资源决定国家战略，国家的政治、经济乃至军事倚重于矿业。

泱泱中华，屹立于世，壮我矿业，还看今朝！

文如其人。精炼的文字，浸润着深邃的历史视野和对中国矿业未来的殷殷情怀。

古德生，一个从梅县山村闯出来的客家人，一个以矿业天下为己任的先行者，疾行在推动中国成为矿业强国的征途上，历经六十余年的风风雨雨，终于写下了中国矿业现代史上华美的一章。回望过去，他“站在历史的枝头微笑”。展望未来，追梦之路仍在继续。

思者无域，行者无疆。

八十寿辰贺信

贺　信

尊敬的古德生院士：

在您八十寿辰之际，谨向您致以崇高的敬意和衷心的祝贺，向您和您的家人表示最诚挚的祝福！

您是我国著名的采矿工程专家。您通过长期深入研究，揭示了振动出矿原理，发明了颠振型振动出矿机，并成功研发出与振动连续作业机组配套的无间柱连续采矿法，开创了我国振动出矿技术和地下金属矿连续采矿技术新领域。您针对松软破碎矿体开采条件，发明了开采环境再造深孔诱导崩矿嗣后充填采矿法，并首创了具有我国特色的“区域矿山”建矿新模式，为我国广大中小矿群实现集约化、规模化开采发挥了重要作用。因为贡献杰出，您获得了国家科学技术进步奖一等奖、二等奖，以及何梁何利基金科学与技术进步奖、光华工程科技奖等多项荣誉。

您学识渊博、为人谦和，始终工作在工程科技研究与教学第一线，培养了众多高层次人才。您关心并积极参与工程院的各项工作，为工程院的发展做出了重要贡献。您热爱祖国、科学求实、开拓创新、严谨治学、敬业奉献，是我国工程科技界学习的榜样！

在此，衷心祝福您生日快乐、健康长寿、阖家幸福！

中国工程院　周济

2016年10月13日

古德生大事年表

1937 年

10 月 13 日，出生于广东梅县丙村镇。祖母房良妹，父亲古巧粦，母亲廖琼昭，姐姐古捷英，哥哥古流祥。

1942—1948 年

入读梅县丙村溪联小学。1942 年，父亲在毛里求斯去世。

1949—1952 年

进入梅县丙村中学读书，直至初中毕业。加入中国少年先锋队。

1952—1955 年

就读梅县丙村中学高中。加入中国共产主义青年团。

1955—1960 年

考入中南矿冶学院矿区开采与经营专业，五年制本科毕业。毕业后留校任教。1959 年 10 月，母亲去世。

1960 年 3 月 23 日加入中国共产党。

1960—1978 年

担任中南矿冶学院采矿工程系助教。

1967 年 1 月，与谭幼媛结婚。

1968 年

大女儿古平出生。

1970 年

二女儿古明出生。

1973—1977 年

为了研制振动出矿机，古德生、王启宇、王惠英等先后走遍大江南北，进行振动技术考察。

完成了单实体、超共振型的颠振型振动出矿机全套图纸的设计。

振动出矿机在湖北横店冶金机修厂加工，该设备在湖北长石矿进行工业试验，经过几年的努力，获得成功。

建成了“国家新技术推广示范样板”，成果很快在一千多个企业得到推广。

1978—1983 年

1978 年，晋升为讲师。

“振动出矿机”获全国科学大会重大科技成果奖。

1983 年，“颠振型振动出矿机”获国家发明三等奖。

担任中南矿冶学院采矿工程系教研室副主任。

1984 年

担任中南矿冶学院采矿工程系副系主任，副教授。

4 月，担任湖南省发明协会理事。

10 月，担任《有色金属》杂志编委会编委。

12 月，担任中国有色金属学会冶金设备学术委员会委员、中国有色金属学会常务理事。

1985 年

担任中南工业大学资源开发工程系系主任和资源开发工程研究所所长。

3 月，获中国有色金属工业总公司和中国冶金机械工会授予的“劳动模范”称号。

12 月，破格晋升为教授。

1986 年

5 月，由国务院学位委员会批准为博士生导师。

6月，获国家人事部授予的“中青年有突出贡献专家”称号。

1987年

1月，担任湖北省横店冶金机修厂技术顾问。

10月，获中共湖南省委、省政府授予的“湖南省优秀科技工作者”称号。

1988年

当选第六届湖南省政协委员。

1989年

担任四川建筑材料工业学院兼职教授。

1990年

出任中南工业大学采矿与散体工程研究所所长。

1991年

7月，由国务院批准享受“国务院政府特殊津贴”。

9月，获国家计委、国家科委和财政部颁发的国家“七五”科技攻关突出贡献者奖。

1992年

2月，聘任为湖南省安全技术专家。

11月，“地下金属矿连续开采工艺技术与装备”获国家科技进步一等奖。

1993年

当选第七届湖南省政协委员。

2月，担任湖南省知识界人士联谊会理事。

1994年

1月，获中共湖南省委、省政府颁发的最高贡献奖“科技兴湘奖”。

6月，获中华全国归侨联合会授予的全国优秀归侨侨眷教师称号。

7月，担任中国科学技术期刊编辑学会总顾问。

10 月，获第三届“王丹萍科学奖金”。

获英国剑桥国际名人传记中心颁发的荣誉证书，在科技领域所做的杰出贡献受到表彰。

1995 年

5 月，当选中国工程院院士。

当选湖南省侨联第三届委员会委员。

7 月，担任《西部探矿工程》杂志总顾问。

9 月，获中华全国归国华侨联合会授予的“全国优秀归侨侨眷教师”称号。

1996 年

1 月，出任《世界采矿快报》杂志总顾问。

3 月，担任长沙矿山研究院高级技术顾问。

4 月，担任《矿冶科技信息》杂志高级顾问。

获湖南省总工会授予的“湖南省杰出职工”称号。

本人传记被编入英国剑桥国际名人传记中心 1996 年出版的《国际名人传记词典》第 24 卷。

6 月，成为国家自然科学基金委员会第六届学科评审组成员。

8 月，担任中国矿业大学兼职教授。

12 月，被湖南省科学技术协会授予首届“湖南科技之星”荣誉称号。

1997 年

3 月，“振动出矿技术的开发与推广应用”获国家教委二等奖。

4 月，聘任为嘉应教育学院名誉教授。

11 月，荣获 1997 年度宝钢教育基金会优秀教师特等奖。

1998 年

当选第九届全国政协委员。

1999 年

3 月，担任中国矿业协会顾问、中国矿业联合会高级资政委员会委员。

7月，获国务院侨办、全国侨联授予的“全国归侨侨眷先进个人”称号。

2001年

6月，荣获岳麓山国家大学科技园院士创业奖。

12月，“硬岩无间柱连续采矿技术研究”获国家科技进步二等奖。

2002年

9月，获何梁何利基金“科学与技术进步奖——地球科学奖”。

2003年

1月，当选第十届全国政协委员。

7月，担任江西理工大学兼职教授。

2004年

4月，出任梅州发展战略顾问。

8月，担任北京科技大学兼职教授。

12月，出任中国有色金属学会采矿学术委员会第五届委员会高级顾问。

“金属矿床开采矿岩破裂与控制研究及其应用”获国家科技进步二等奖。

2005年

在云锡卡房矿和大屯矿启动了“区域矿山创建与集约化采矿技术”的科研课题，提出了“区域矿山”建矿新模式。

1月，担任《黄金》杂志高级顾问。

4月，聘任为《中国安全生产科学技术》编辑委员会委员。

6月，担任洛阳栾川钼业集团有限责任公司技术顾问。

聘任为梅州市科协名誉主席。

12月，当选2006—2010年教育部高等学校地矿学科教学指导委员会主任委员。

担任“863”“973”项目评审专家。

2006 年

2 月，担任国家安全生产专家组成员。

5 月，担任中国工程教育专业论证委员会委员、地矿学科论证组长。

2007 年

“隐患金属矿产资源安全开采与灾害控制技术研究”获国家科技进步二等奖。

12 月，担任云南铜业集团有限公司科学技术顾问。

2008 年

6 月，获中国工程院“光华工程科技奖”。

担任湖南省第二届院士专家咨询委员会委员。

成为建设创新型国家战略推进委员会主席团成员。

8 月，担任国家科学技术进步奖评审专家。

2009 年

8 月，担任中国中钢集团公司科技顾问。

2010 年

5 月，成为湖南科技大学学术顾问。

6 月，成为中国科学技术协会决策咨询专家。

7 月，担任金属矿山安全与健康国家重点实验室(马鞍山矿山研究院)学术委员会主任。

9 月，担任中国有色金属学会第六届理事会资深常务理事。

12 月，聘任为北京矿冶研究总院期刊编委会高级顾问。

获云南锡业公司颁发的“天爵奖”。

担任国家出版基金项目“有色金属理论与技术前沿丛书”学术委员会委员。

担任江西铜业股份有限公司院士工作部科学技术顾问。

2011 年

1 月，当选为湖南省职业安全健康协会名誉理事长。

担任北京宏大矿业设计研究院科技顾问。

5月，担任广西壮族自治区主席顾问。

7月，担任中钢马鞍山矿山研究院院士工作站科技顾问。

8月，荣获湖南省"十一五"优秀研究生指导教师称号。

10月，担任中国有色金属工业协会专家委员会委员。

11月，出任中国矿业联合会高级资政委员会高级资政。

12月，担任中国铝业公司咨询委员会委员。

完成了云锡铜业集团"区域矿山"的创建。

成为飞翼股份有限公司院士工作站首席科学家。

2012年

5月，聘任为山东黄金胶东百吨黄金基地规划研究中心顾问。

6月，担任金诚信矿业管理公司科技专家。

8月，成为云南锡业集团股份有限公司院士工作站首席科学家。

9月，担任安徽铜化集团股份有限公司院士工作站首席科学家。

12月，聘为黄金产业技术创新战略联盟专家技术委员会顾问。

2013年

获首届"叶剑英"奖。

5月，担任湖北省委组织部、省科技厅高端人才培养计划特聘导师。

6月，聘任为中国安全生产协会第一届专家委员会委员。

7月，担任万宝股份有限公司特聘顾问。

9月，担任广东嘉应学院荣誉教授。

被湖南有色冶金劳动保护研究院聘为院士工作站首席科学家。

10月，担任中南大学第二届学术委员会委员。

12月，担任中国钨业协会第六届理事会高级顾问。

2014年

1月，担任国家"973"计划项目"深部复合地层围岩与TBM的相互作用机理及安全控制"(2014 CBO 46900)项目顾问专家。

被广东宏大爆破股份有限公司、北京矿业宏大矿业设计研究院聘请为科技顾问。

6月，成为中国黄金集团公司技术顾问。

11月，出任中国有色金属学会矿山信息化智能化专业委员会名誉主任委员。

2015年

1月，聘任为《中国钨业》杂志第六届编辑委员会高级顾问。

9月，被甘肃省委、省人民政府聘为甘肃省特聘专家。

2016年

5月，担任《中国安全生产科学技术》第三届编委会委员。

7月，聘任为山东黄金集团有限公司"智库"专家。

2017年

6月，担任《中国大百科全书(第三版)》矿冶工程学科副主编。

担任广西华锡集团股份有限公司技术顾问。

10月，出任中南大学"十三五"国家重点研发计划"深部金属矿集约化连续采矿理论与技术"项目咨询专家委员会主任委员。

2018年

9月，担任飞翼股份有限公司院士专家工作站首席科学家。

10月，聘任为中国矿业信息化协同创新北京市工程研究中心专家委员会委员。

2019年

8月，被中国有色金属学会聘为中国有色金属矿山信息化智能化专业委员会第二届委员会名誉主任委员。

9月，担任湖北三宁矿业有限公司院士工作站首席科学家。

担任山东华联矿业股份有限公司院士工作站首席科学家。

12月，与团队合作的"露天矿无人采矿装备及智能管控一体化关键技术"获中国有色金属工业科学技术一等奖。

2020年

10月，聘任为《中国钼业》第8届编委会高级顾问。

12月，担任总主编的《采矿手册》出版。

古德生专利目录

1. 古德生，李觉新，罗典平，王惠英，余佑林. 振动运输机. CN2083130, 1991-08-21.
2. 古德生，李觉新，罗典平，王惠英，余佑林. 移动式分节振动运输列车. CN90105500. X, 1992-06-17.
3. 古德生，罗周全，周科平，吴爱祥，余佑林. 地下金属矿山多层矿体的采矿方法. CN1423032, 2003-06-11.
4. 李夕兵，赵国彦，周科平，古德生，徐国元. 阶梯式分段挤压崩矿跟随充填连续采矿法. CN1474032, 2004-02-11.
5. 李夕兵，周梓荣，古德生. 利用深井采矿用水势能驱动的矿山节能凿岩掘进方法. CN1687563, 2005-10-26.
6. 古德生，周科平，李夕兵，罗周全，徐国元，陈建宏. 顶底柱超前回采深孔落矿连续采矿法. CN03124493.9, 2006-06-21.
7. 周科平，古德生. 采矿环境再造连续采矿嗣后充填采矿法. CN101105129, 2008-01-16.
8. 周科平，高文翔，古德生，戴云鸥，邓红卫，李志宏，江波，杨念哥，高峰. 矿集区内矿群集约化开采的方法. CN103089268A, 2013-05-08.
9. 周科平，古德生，戴云鸥，高峰. 区域矿山集约化开采技术. CN103437767A, 2013-12-11.
10. 胡建华，张龙，古德生，任启帆，罗周全. 一种缓倾斜矿体盘区开采废石与尾砂胶结复合充填方法. CN107524469B, 2019-05-28.

古德生参与科技成果获奖目录

一、国家级科技进步奖与发明奖

1. 1978 年，“振动出矿机”获全国科学大会重大科技成果奖。
2. 1983 年，“颠振型振动出矿机”获国家发明三等奖。
3. 1992 年，“地下金属矿连续开采工艺技术与装备”获国家科技进步一等奖。
4. 2001 年，“硬岩无间柱连续采矿技术研究”获国家科技进步二等奖。
5. 2004 年，“金属矿床开采矿岩破裂与控制研究及其应用”获国家科技进步二等奖。
6. 2007 年，“隐患金属矿产资源安全开采与灾害控制技术研究”获国家科技进步二等奖。

二、主要省、部级科技进步奖和自然科学奖

1. 1983 年，“振动放矿机及振动放矿留矿法”获中国有色金属总公司科技进步一等奖。
2. 1987 年，“FZC 溜井振动出矿机系列”获武汉市科技进步一等奖。
3. 1987 年，“振动出矿原理”获国家教委科技进步一等奖。
4. 1991 年，“盘区回采振动出矿连续开采法研究”获中国有色金属工业总公司科技进步一等奖。
5. 1995 年，“矿岩破碎能耗规律与岩石冲击动力学问题的研究”获国家教委科技进步一等奖。
6. 1996 年，“振动机组连续作业强化开采技术研究”获中国有色金属总公司科技进步一等奖。

7. 1998年，“岩石冲击动力学”获湖南省科技进步一等奖。
8. 1998年，“金属矿山出矿新技术推广应用研究”获国家有色金属工业局科技进步一等奖。
9. 2001年，“坚硬矿岩深孔爆破破碎与定向致裂技术研究”获湖南省科技进步二等奖。
10. 2002年，“硬岩无间柱连续开采高效崩矿与地压控制综合技术研究”获中国有色金属工业科学技术一等奖。
11. 2003年，“复杂加载下的岩石脆断理论与实验方法”获湖南省科技进步(自然科学)一等奖。
12. 2004年，“金属矿山生产数据实时采集远程监控动态管理系统”获湖南省科技进步二等奖。
13. 2004年，“化学抑尘剂的基础研究及应用”获国家安全生产监督管理局科技进步一等奖。
14. 2005年，“缓倾斜含水层状松软矿体深孔连续采矿综合技术研究”获云南省科技进步一等奖。
15. 2006年，“覆岩下厚大矿柱回采技术与地下大爆破灾害控制”获湖南省科技进步二等奖。
16. 2007年，“地下金属矿连续采矿过程工程可靠性理论研究”获教育部高校自然科学一等奖。
17. 2012年，“云锡区域矿山创建与集约化采矿技术”获云南省科技进步一等奖。
18. 2014年，“松软破碎含水矿床开采环境再造深孔落矿嗣后充填采矿法”获中国有色金属工业科学技术一等奖。
19. 2014年，“开采环境再造连续采矿技术及应用”获教育部发明二等奖。
20. 2019年，“基于5G通信的露天矿无人采矿装备及智能管控一体化关键技术”获中国有色金属工业协会科技进步一等奖。

古德生学术著作选录

一、主要论著

[1]古德生，王惠英，李觉新. 振动出矿技术. 长沙：中南工业大学出版社，1989.（获“高校出版优秀著作奖”）

[2]李夕兵，古德生. 岩石冲击动力学. 长沙：中南工业大学出版社，1994.（获“第九届中国图书奖”）

[3]彭怀生，古德生，董鸿翮. 矿床无废开采的规划与评价. 北京：冶金工业出版社，2001.

[4]古德生，李夕兵. 现代金属矿床开采科学技术. 北京：冶金工业出版社，2006.

[5]陈建宏，古德生. 矿业经济学. 长沙：中南大学出版社，2007.（“国家精品课程”教材）

[6]王新民，古德生，张钦礼. 深井矿山充填理论与管道输送技术. 长沙：中南大学出版社，2010.

[7]古德生，吴超. 我国金属矿山安全与环境科技发展前瞻研究. 北京：冶金工业出版社，2011.

[8]周科平，古德生. 采矿环境再造理论方法及应用. 长沙：中南大学出版社，2012.

[9]陈庆发，古德生. 地下矿山岩体结构解构理论方法及应用. 长沙：中南大学出版社，2016.

[10]古德生. 采矿手册·第八卷·矿山环境. 长沙：中南大学出版社，2020.

二、主要论文

[1]古德生. 振动出矿原理[J]. 中南矿冶学院学报, 1980(3): 36-44.

[2]李觉新, 古德生, 王惠英. ZGSJ 振动给矿筛分机的试验[J]. 金属矿山, 1982(1): 24-27.

[3]肖厚生, 古德生. 振动出矿半自动化作业线[J]. 冶金自动化, 1983(1): 14-17.

[4]古德生. 我国振动出矿技术发展现状及前景[J]. 金属矿山, 1983(2): 18-21.

[5]李觉新, 古德生. 我国振动出矿机的发展[J]. 有色矿山, 1983(4): 19-24.

[6]古德生. 振动出矿机埋设参数的分析[J]. 有色金属(矿山部分), 1984(4): 6-9.

[7]古德生. FZC 溜井振动出矿机系列简介[J]. 矿山机械, 1985(9): 40-43.

[8]李觉新, 古德生. 振动给矿筛分机及给矿筛洗新工艺[J]. 有色金属(选矿部分), 1986(3): 5-8.

[9]古德生. 地下金属矿山采矿连续工艺——发展振动出矿技术所展现的前景[J]. 有色金属(矿山部分), 1987(2): 56-57.

[10]焦承祖, 古德生, 尹慰农. 苏联阿齐赛多金属公司采矿技术现状[J]. 长沙矿山研究院季刊, 1989(1): 12-19.

[11]吴爱祥, 古德生. 连续强化出矿几个问题的探讨[J]. 化工矿山技术, 1990(1): 53-55.

[12]古德生, 吴爱祥. 溜井强化出矿新工艺(英文)[J]. 中南矿冶学院学报, 1990(4): 368-374.

[13]吴爱祥, 古德生. 振动场中松散矿石动态特性的研究[J]. 中南矿冶学院学报, 1991(3): 242-248.

[14]古德生, 余佑林, 罗典平, 许伦武. 采场出矿运矿 ZCYS 连续作业机组[J]. 有色金属(矿山部分), 1991(6): 2-5, 14.

[15]戴兴国，古德生.散体中侧压系数的理论分析与计算[J].有色金属，1992(3)：19-23.

[16]李夕兵，古德生，赖海辉，朱成忠.岩石与炸药波阻抗匹配的能量研究[J].中南矿冶学院学报，1992(1)：18-23.

[17]黄存绍，古德生.盘区回采振动出矿连续开采法研究[J].有色金属(矿山部分)，1992(1)：1-6.

[18]李夕兵，赖海辉，古德生.爆炸应力波斜入射岩体软弱结构面的透反射关系和滑移准则[J].中国有色金属学报，1992(1)：9-14.

[19]吴爱祥，古德生.散体在振动场作用下的剪切力学模型[J].中南矿冶学院学报，1992(2)：136-141.

[20]古德生，许伦武，罗典平，吴爱祥.地下金属矿山采矿连续工艺[J].中国矿业，1992(2)：52-55.

[21]李夕兵，古德生.应力波和电磁波在岩体中相互耦合的研究[J].中南矿冶学院学报，1992(3)：260-266.

[22]吴爱祥，古德生.矿岩散体振波的传播与能耗的研究[J].中南矿冶学院学报，1992(3)：267-272.

[23]戴兴国，古德生.防止溜放黏结性矿料时产生稳定黏结拱、管状流动措施的研究[J].矿冶工程，1992(2)：5-9.

[24]戴兴国，古德生.出矿时产生高动态应力的计算[J].中南矿冶学院学报，1992(4)：387-392.

[25]李夕兵，古德生，赖海辉.岩石在不同应力波加载下的动态响应[M]//中国岩石力学与工程学会岩石动力学专业委员会.第三届全国岩石动力学学术会议论文选集.武汉：武汉测绘科技大学出版社，1992.

[26]李夕兵，古德生，赖海辉.冲击载荷下散体岩料的动压固效果[M]//中国岩石力学与工程学会岩石动力学专业委员会.第三届全国岩石动力学学术会议论文选集.武汉：武汉测绘科技大学出版社，1992.

[27]李夕兵，赖海辉，古德生.不同加载波形下矿岩破碎的耗能规律

[J]. 中国有色金属学报, 1992(4): 10-14.
[28]李夕兵, 古德生, 赖海辉. 爆炸应力波遇夹层后的能量传递效果[J]. 有色金属, 1993(4): 1-6.
[29]古德生, 陈广文. 浆体管道输送动力减阻作用分析[J]. 江西有色金属, 1993(1): 1-4.
[30]李夕兵, 古德生, 赖海辉. 冲击载荷下岩石动态应力-应变全图测试中的合理加载波形[J]. 爆炸与冲击, 1993(2): 125-130.
[31]吴爱祥, 古德生. 振动作用下散体内外摩擦特性的研究[J]. 中南矿冶学院学报, 1993(4): 459-465.
[32]李夕兵, 古德生, 赖海辉. 常规炸药与不同岩体匹配的可能途径[J]. 矿冶工程, 1994(1): 17-20.
[33]李夕兵, 古德生. 岩石在不同加载波条件下能量耗散的理论探讨[J]. 爆炸与冲击, 1994(2): 129-139.
[34]陈广文, 古德生, 高泉. 浆体水平管道输送阻力损失计算探讨[J]. 中南矿冶学院学报, 1994(2): 162-166.
[35]李夕兵, 陈寿如, 古德生. 岩石在不同加载波下的动载强度[J]. 中南矿冶学院学报, 1994(3): 301-304.
[36]熊正明, 古德生. 矿石合格块度标准的优化设计探讨[J]. 江西冶金, 1994(3): 25-30, 37.
[37]吴爱祥, 古德生, 戴兴国. 含水量对散体流动性的影响[J]. 中南矿冶学院学报, 1994(4): 455-459.
[38]李夕兵, 古德生, 陈寿如. 应力波作用下散体岩料的密实与能量耗损[J]. 中南矿冶学院学报, 1994(5): 570-574.
[39]熊正明, 古德生. 合格块度标准的优化设计[J]. 化工矿山技术, 1995(1): 13-16.
[40]徐国元, 古德生, 陈寿如. 论 VCR 法的典型特征及其适用性[J]. 湖南有色金属, 1995(1): 16-18.
[41]陈广文, 古德生, 高泉. 高浓度浆体紊流输送特性[J]. 中南工业大学学报, 1995(1): 25-29.

[42]罗周全，古德生. 地下矿山连续开采技术研究进展[J]. 湖南有色金属，1995(2)：10-12.

[43]徐国元，古德生，陈寿如，石帮乾. 同段等直径直线掏槽技术的现场试验及其爆破作用机理[J]. 有色金属(矿山部分)，1995(3)：44-46，19.

[44]徐国元，古德生，陈寿如. 不同结构柱状药包径向破碎效应的实验研究[J]. 工程爆破，1995(2)：27-30.

[45]罗周全，古德生. 采矿优化决策的有效途径——决策支持系统[J]. 化工矿山技术，1995(4)：6-8，5.

[46]余佑林，吴爱祥，段文军，古德生，戴兴国，张良云，吴胡颂. 振动连续出矿工艺与装备[J]. 新疆有色金属，1995(3)：10-14.

[47]李夕兵，刘德顺，古德生. 消除岩石动态实验曲线振荡的有效途径[J]. 中南工业大学学报，1995(4)：457-460.

[48]戴兴国，古德生，吴爱祥. 散体矿岩静压分析与计算[J]. 中南工业大学学报，1995(5)：584-588.

[49]余佑林，吴爱祥，段文军，古德生，戴兴国，张良云，吴胡颂. 振动机组连续作业强化开采技术研究[J]. 有色金属(矿山部分)，1995(6)：15-20.

[50]罗周全，古德生. 采矿决策支持系统开发技术探讨[J]. 有色金属(矿山部分)，1995(6)：29-32，20.

[51]余佑林，吴爱祥，段文军，古德生，戴兴国，朱建新. 地下矿连续开采技术的应用[J]. 中南工业大学学报，1995(6)：720-723.

[52]徐国元，古德生，陈寿如. 用电阻应变传感器测定柱状药包爆轰压力的近似值[J]. 中南工业大学学报，1995(6)：730-733.

[53]陈广文，古德生，高泉. 高浓度浆体的浓度判据及其层流输送特性[J]. 中国有色金属学报，1995(4)：35-39.

[54]余佑林，吴爱祥，李觉新，段文军，肖雄，古德生，罗典平，张良云，吴胡颂，胡文达. 采场振动机组连续作业线的工业试验研究[J]. 有色矿冶，1995(6)：9-14.

[55]罗周全，古德生.人工神经网络在采矿优化决策中的应用[J].湖南有色金属，1996(1)：11-14.
[56]徐国元，古德生.采场节理调查分析与爆破效果预测[J].有色金属(矿山部分)，1996(2)：36-38，41.
[57]宋前，戴兴国，古德生.振动出矿合理埋设深度的探讨[J].湖南有色金属，1996(2)：1-4.
[58]段文军，吴爱祥，古德生，余佑林，戴兴国，张良云，吴胡颂.振动连续出矿机组的性能与应用[J].湖南有色金属，1996(3)：16-20.
[59]段文军，戴兴国，吴爱祥，余佑林，古德生，李觉新.振动放矿技术在选厂的推广应用[J].新疆有色金属，1996(3)：19-22.
[60]余健，吴爱祥，古德生.快速让压水压支柱支护能力的确定[J].中南工业大学学报，1996(4)：396-400.
[61]罗周全，古德生.矿山企业微机局域网管理信息系统[J].中国有色金属学报，1996(3)：18-21.
[62]李夕兵，古德生.岩石冲击动力学研究内容及其应用[J].西部探矿工程，1996(6)：1-2，35.
[63]古德生.对中国矿业可持续发展问题的思考(一)[J].世界采矿快报，1997(2)：3-5.
[64]古德生.对中国矿业可持续发展问题的思考(二)[J].世界采矿快报，1997(3)：3-4.
[65]罗周全，邓顺华，古德生.地下矿微机网络管理信息系统开发关键问题研究[J].有色金属(矿山部分)，1997(2)：42-48.
[66]吴爱祥，林成义，古德生.岩爆条件下的开采技术[J].中南工业大学学报，1997(2)：14-17.
[67]宋前，古德生，戴兴国.金属矿床地下连续开采中的大块矿石管理[J].江西冶金，1997(3)：32-35.
[68]古德生.对我国有色金属矿山可持续发展问题的思考[C]//中国有色金属学会.中国有色金属学会第三届学术会议论文集——战略研究综述部分.长沙：中南工业大学出版社，1997.

[69]徐国元，古德生，段乐珍.爆炸能分配比值对爆炸应力波峰值的影响[J].金属矿山，1997(10)：4-6，35.

[70]李夕兵，古德生，刘德顺.促进我国有色金属采矿业持续发展的几点思考[J].世界科技研究与发展，1997(5)：63-66.

[71]宋前，古德生，戴兴国.金属矿床地下连续开采中的大块管理[J].有色矿冶，1997(5)：11-14.

[72]刘敦文，徐国元，古德生.地下大孔径预裂爆破参数计算[J].西部探矿工程，1997(6)：50-52.

[73]徐国元，古德生，陈寿如.爆破破岩机理的实验研究[J].中南工业大学学报，1997(6)：15-18.

[74]徐国元，古德生，陈寿如.柱状药包结构对粉矿及大块率影响的研究[J].工程爆破，1997(4)：23-26，16.

[75]彭怀生，古德生，邓健.充填采矿法的技术评价及对冬瓜山矿充填开采的设想[J].矿业研究与开发，1997(4)：8-12.

[76]徐国元，古德生，陈寿如.实验药包爆炸应力波测试技术探讨[J].矿业研究与开发，1997(S1)：9-11.

[77]徐国元，古德生.爆炸能分配比值对粉矿产出率的影响[J].金属矿山，1998(4)：1-4.

[78]吴爱祥，古德生，余佑林.我国地下金属矿山连续开采技术的研究[J].金属矿山，1998(7)：1-3，21.

[79]徐国元，古德生.爆炸冲击能和膨胀能破岩作用机理研究[J].金属矿山，1998(7)：9-11，18.

[80]徐国元，古德生.降低坚硬贵重矿石爆破法开采粉矿产出率的实验探讨[J].黄金，1998(9)：16-18.

[81]古德生.知识经济与21世纪的矿业[J].矿业研究与开发，1999(1)：5-9.

[82]周科平，古德生.矿产资源综合利用的物元模型[J].矿业研究与开发，1999(2)：3-6.

[83]吴爱祥，胡华，古德生.地下金属矿山连续开采模式初探[J].中国

矿业, 1999(3): 32-35.

[84]罗周全, 陈建宏, 古德生, 苏家红, 张栋志. 矿山企业信息系统开发[J]. 中国矿业, 1999(3): 75-78.

[85]喻长智, 古德生. 无底柱分段崩落法漏斗出矿新技术探讨[J]. 湘潭矿业学院学报, 1999(2): 30-33.

[86]罗周全, 古德生. 矿山管理信息化发展战略问题研究[J]. 中国矿业, 1999(5): 116-120.

[87]古德生, 邓建, 李夕兵. 无间柱连续采矿的岩石力学优化[J]. 中南工业大学学报(自然科学版), 1999(5): 441-444.

[88]邓建, 古德生, 李夕兵. 无间柱连续采矿采场参数的多指标正交有限元设计[J]. 中南工业大学学报(自然科学版), 1999(5): 445-448.

[89]刘敦文, 古德生, 徐国元. 模糊优选理论评价预裂爆破质量[J]. 中南工业大学学报(自然科学版), 1999(5): 449-452.

[90]肖雄, 余佑林, 古德生. HZY 型振动运输机的激振方式与振动规律[J]. 中南工业大学学报(自然科学版), 1999(5): 453-456.

[91]吴爱祥, 胡华, 黄仁东, 古德生. 缓倾斜薄矿体连续开采的采场稳定性数值模拟[J]. 中南工业大学学报(自然科学版), 1999(5): 457-459.

[92]罗周全, 古德生. 基于 Intranet 的新型矿山 MIS[J]. 中南工业大学学报(自然科学版), 1999(5): 460-463.

[93]罗周全, 陈建宏, 古德生. 矿山大型网络信息系统的开发——以高峰矿业有限责任公司网络信息系统为例[J]. 中南工业大学学报(自然科学版), 1999(5): 464-467.

[94]古德生, 陈建宏. 矿山空间数据的处理方法及其应用[J]. 中南工业大学学报(自然科学版), 1999(5): 468-471.

[95]喻长智, 古德生, 杜炜平, 宋光明. 炮孔堵塞长度的计算[J]. 矿冶工程, 1999(4): 9-11.

[96]邓建, 古德生, 李夕兵, 彭怀生. Energy method and numerical

simulation of critical backfillheight in non-pillar continuous mining[J]. Transactions of Nonferrous Metals Society of China, 1999(4): 847-851.

[97]古德生，彭怀生，雷卫东. 矿业可持续发展的神经网络评价[J]. 有色金属，2000(1)：8-12.

[98]杜炜平，颜荣贵，古德生. 超高台阶土场稳坡扩容增源新技术[J]. 中南工业大学学报(自然科学版)，2000(1)：13-16.

[99]邓建，古德生，李夕兵，彭怀生. 基于可持续发展观的地下矿山阶段开采新模式[J]. 金属矿山，2000(3)：17-19.

[100]罗周全，古德生. 基于 BPR 的矿山管理信息系统开发策略[J]. 化工矿物与加工，2000(4)：24-26.

[101]温世游，李夕兵，古德生. 指数-抛物线模型拟合大理岩单轴损伤试验[J]. 西部探矿工程，2000(2)：5-6.

[102]戴兴国，古德生，吴贤振. 细粒散料振动松散与密实效应实验研究[J]. 中南工业大学学报(自然科学版)，2000(3)：202-204.

[103]邓建，古德生，李夕兵. 可视化自适应神经网络及在矿业中的应用[J]. 中南工业大学学报(自然科学版)，2000(3)：205-207.

[104]杜炜平，古德生，颜荣贵. 边坡残余构造应力引起的宏观破坏特征及机制[J]. 中国有色金属学报，2000(3)：451-454.

[105]杜炜平，古德生. 固液耦合作用下某矿大滑坡机理研究[J]. 有色金属(矿山部分)，2000(4)：28-31，27.

[106]刘敦文，徐国元，黄仁东，古德生. 金属矿采空区探测新技术[J]. 中国矿业，2000(4)：54-57.

[107]古德生，周科平. 信息扩散原理及神经网络在采矿方法选择中的应用[J]. 中国矿业，2000(4)：102-106.

[108]罗周全，古德生. 基于数据仓库的新型矿山 EIS 的研究[J]. 中国矿业，2000(4)：106-110.

[109]吴爱祥，古德生，胡华. Experiment and mechanism of dynamic drag reduction in pipeline transportation[J]. Transactions of Nonferrous

Metals Society of China, 2000(4): 548-550.
[110]罗周全, 边利, 古德生. 矿山 MIS 开发策略和技术的研究[J]. 世界采矿快报, 2000(9): 337-339.
[111]杜炜平, 古德生, 颜荣贵. 岩爆判定与隧道岩爆监控研究[C]//中国岩石力学与工程学会. 新世纪岩石力学与工程的开拓和发展——中国岩石力学与工程学会第六次学术大会论文集[M]. 北京: 中国科学技术出版社, 2000.
[112]杜炜平, 古德生. 隧道通过断层区的力学特性与技术对策研究[J]. 西部探矿工程, 2000(5): 1-2, 79.
[113]邓建, 古德生, 李夕兵. 无间柱连续采矿与两步骤采矿的地压规律对比研究[J]. 有色金属, 2000(4): 1-3.
[114]罗周全, 古德生. 矿山企业 Intranet 研究[J]. 有色矿山, 2000(6): 39-44.
[115]喻长智, 古德生. 柱状药包爆破冲击波作用区域的理论计算[J]. 矿冶工程, 2000(4): 33-34.
[116]古德生, 邓建, 李夕兵. 地下金属矿山无间柱连续采矿可靠性分析与设计[J]. 中国工程科学, 2001(1): 51-57.
[117]古德生, 杜炜平, 杜明, 喻长智. 土场环境灾害的控制技术[J]. 中国环境科学, 2001(1): 93-96.
[118]古德生. 对西部矿产资源开发问题的思考[J]. 矿业研究与开发, 2001(1): 1-3.
[119]赵国彦, 古德生, 吴超. 硫化矿床内因火灾综合防治措施研究[J]. 矿业研究与开发, 2001(1): 17-19.
[120]赵国彦, 古德生, 吴超. 硫化矿床内因火灾灭火试验研究[J]. 中国矿业, 2001(2): 34-37.
[121]肖雄, 古德生, 戴兴国. 黏性混合矿振动给矿技术研究及工业应用[J]. 中国矿业, 2001(2): 40-43.
[122]邓建, 李夕兵, 古德生. 无间柱连续采矿法的充填体可靠性研究(Ⅰ)[J]. 矿冶工程, 2001(1): 21-23.

[123]吴超，古德生. Na_2SO_4 改善阴离子表面活性剂湿润煤尘性能的研究[J]. 安全与环境学报，2001(2)：45-49.

[124]余佑林，古德生，杨仕林，杨文. 地下金属矿无间柱连续采矿法研究[J]. 有色金属(矿山部分)，2001(2)：6-9.

[125]杜炜平，古德生，颜荣贵. 经典边坡分析方法的重大问题研究[J]. 金属矿山，2001(5)：7-10.

[126]陈建宏，古德生. 采矿 CAD 系统中图元数据模型的构造[J]. 化工矿物与加工，2001(6)：14-17.

[127]周科平，古德生. 安庆铜矿尾砂胶结充填灰砂配比的遗传优化设计[J]. 金属矿山，2001(7)：11-13.

[128]邓建，李夕兵，古德生. 无间柱连续采矿法矿段回采的地压规律与控制技术[J]. 中国有色金属学报，2001(4)：666-670.

[129]邓建，古德生，李夕兵. 临时矿壁结构的可靠性[J]. 中国有色金属学报，2001(4)：671-675.

[130]古德生. 对西部矿产资源开发问题的思考[C]//中国科学技术协会，吉林省人民政府. 新世纪　新机遇　新挑战——知识创新和高新技术产业发展(下册). 长春：2001.

[131]陈建宏，古德生，罗周全. 采矿 CAD 中图元属性表述方法的研究[J]. 金属矿山，2001(8)：9-11，35.

[132]周科平，古德生. 遗传算法优化地下矿山开采顺序的应用研究[J]. 中国矿业，2001(5)：50-54.

[133]刘敦文，黄仁东，徐国元，古德生. 探地雷达技术在西部大开发中应用展望[J]. 金属矿山，2001(9)：1-4.

[134]徐国元，刘敦文，黄仁东，古德生. 改善原地溶浸工艺中矿石破碎质量的力学机理[J]. 中南工业大学学报(自然科学版)，2001(5)：453-456.

[135]周科平，古德生. 地下工程稳定性的模糊自组织神经网络聚类分析模型[J]. 矿业研究与开发，2001(5)：4-7，19.

[136]赵国彦，古德生，李夕兵，李启月. 压缩空气对井下热环境的降温

效果研究[J].安全与环境学报，2001(6)：22-25.
[137]邓建，李夕兵，古德生.无间柱连续采矿法的充填体可靠性研究(Ⅱ)[J].矿冶工程，2001(4)：22-24.
[138]陈建宏，古德生，罗周全.基于线框构图技术的采矿CAD参数图元的构造[J].中南工业大学学报(自然科学版)，2001(6)：559-562.
[139]陈科文，古德生.信息科技在采矿工业中的应用与展望[J].金属矿山，2002(1)：5-7.
[140]徐兰军，古德生，宋鑫.现代矿业企业人力资源开发与管理[J].中国矿业，2002(1)：44-47.
[141]吴爱祥，韩斌，古德生，胡华.我国地下金属矿山连续开采技术研究的发展[J].有色矿山，2002(1)：1-5.
[142]徐兰军，古德生，宋鑫.矿产资源资产收益现值评估法的折现年限研究[J].矿业研究与开发，2002(1)：10-12，36.
[143]李孜军，古德生，吴超.高温高硫矿床开采中炸药自爆危险性的评价[J].中国矿业，2002(2)：15-18.
[144]邓建，李夕兵，古德生.用改进的有限元Monte-Carlo法分析金属矿山点柱的可靠性[J].岩石力学与工程学报，2002(4)：459-465.
[145]邓建，李夕兵，古德生.结构可靠性分析的多项式数值逼近法[J].计算力学学报，2002(2)：212-216.
[146]古德生，胡家国.粉煤灰应用研究现状[J].采矿技术，2002(2)：1-4.
[147]古德生，李夕兵.用原地溶浸采矿回收西部贫矿资源的关键技术研究[J].铜业工程，2002(2)：4-6.
[148]陈建宏，古德生.采矿CAD图元集的构造及多边形图元和标注图元的表述[J].中国矿业，2002(4)：52-54.
[149]吕苗荣，古德生.应用模糊理论诊断判别有杆抽油井示功图[J].西部探矿工程，2002(4)：1-3.
[150]黄志伟，古德生.我国矿山无废开采的现状[J].矿业研究与开发，

2002(4):9-10, 32.
[151]杨仕教, 丁德馨, 古德生, 张新华, 伍衡山, 王卫华. 丰山铜矿采场稳定性的FUZZY综合评判[J]. 有色金属, 2002(3):99-102, 123.
[152]吴爱祥, 韩斌, 古德生, 胡华. 国内外地下金属矿山连续开采技术研究的发展[J]. 矿冶工程, 2002(3):7-10.
[153]陈建宏, 古德生, 罗周全. 矿床模型辅助建模工具及其开发[J]. 中南工业大学学报(自然科学版), 2002(5):449-452.
[154]胡家国, 古德生. 粉煤灰作为水泥替代品用于胶结充填的试验研究[J]. 矿业研究与开发, 2002(5):5-7, 14.
[155]黄志伟, 古德生. 鑫汇黄金矿业公司无废开采技术[J]. 黄金, 2002(11):16-18.
[156]古德生. 21世纪矿业[J]. 有色冶金设计与研究, 2002(4):1-5.
[157]杨仕教, 古德生, 丁德馨, 张新华, 刘永. 用原地破碎浸出采矿法回收柏坊铜矿残矿[J]. 有色金属, 2002(4):102-104, 122.
[158]陈建宏, 古德生. 采矿CAD中多边形平行外推(内缩)算法研究[J]. 湘潭矿业学院学报, 2002(4):12-14.
[159]吕苗荣, 古德生. 分级技术在矿山信息管理系统中的应用与实践[J]. 金属矿山, 2003(1):41-44.
[160]黄志伟, 古德生. 鑫汇黄金矿业公司可持续发展评价[J]. 金属矿山, 2003(2):4-8.
[161]吕苗荣, 古德生. 用最优频率匹配法提取地层层析噪声和去噪处理[J]. 中国矿业, 2003(2):25-28.
[162]朱真才, 戴兴国, 古德生. 缠绕式提升罐笼弹性承接冲击动力学[J]. 中南工业大学学报(自然科学版), 2003(1):21-23.
[163]古德生. 热烈祝贺《矿业工程》创刊[J]. 矿业工程, 2003(1):75.
[164]黄志伟, 古德生. 科学可视化技术及其在矿业中的应用前景[J]. 矿业研究与开发, 2003(1):1-4, 48.
[165]徐兰军, 宋鑫, 古德生. 论矿业人力资源可持续发展[J]. 黄金,

2003(3): 8-11.

[166]黄志伟，罗建川，古德生.鑫汇黄金矿业公司无废开采工艺与实践[J].有色金属，2003(1): 105-107.

[167]吕苗荣，古德生.采用最优频率匹配法处理信号[J].中南工业大学学报(自然科学版)，2003(2): 196-199.

[168]胡家国，古德生，郭力.粉煤灰胶凝性能的探讨[J].金属矿山，2003(6): 48-52.

[169]黄志伟，古德生.无废开采综合评价数学模型[J].中国矿业，2003(6): 40-43.

[170]罗周全，周科平，古德生，史秀志，陈建宏，高文翔，戴云鸥，胡寺华，陈学元，张庆文.一种新型的缓倾斜多层矿体采矿技术[J].中国有色金属学报，2003(3): 760-763.

[171]杨仕教，丁德馨，古德生，张新华，王卫华.丰山铜矿矿岩声学特性及其应用[J].有色金属，2003(2): 78-81.

[172]古德生，李夕兵.有色金属深井采矿研究现状与科学前沿[C]//中国有色金属学会，长沙矿山研究院.中国有色金属学会第五届学术年会论文集.北京: 2003.

[173]徐兰军，古德生，宋鑫.耗竭性资源资产评估研究[J].矿业研究与开发，2003(3): 20-22, 29.

[174]古德生，胡家国，王新民.加入WTO后对我国矿山企业环境保护问题的思考[J].中国矿业，2003(7): 20-23.

[175]古德生.关于金属矿采矿科学技术发展问题的讨论[C]//中国黄金协会，奥米佳投资咨询有限公司，文华新城理财顾问有限公司.2003'全国黄金科技工作会议暨科技成果推广会论文集.厦门: 2003.

[176]陈建宏，古德生，李建雄.Optimization principle of combined surface and underground mining and its applications[J]. Journal of Central South University of Technology (English Edition), 2003(3): 222-225.

[177] 胡家国，古德生. 铜山铜矿尾砂胶结充填试验研究[J]. 有色金属，2003(4)：127-130，139.

[178] 宦秉炼，段希祥，古德生，赵奕虹，陈孝华. 不规则岩矿块抗压强度测定方法[J]. 有色金属，2003(4)：135-139.

[179] 杨仕教，戴剑勇，古德生，杨建民. 水泥原料矿山生产过程智能控制与仿真应用[J]. 矿业研究与开发，2003(6)：15-18.

[180] 古德生，李夕兵. 有色金属深井采矿研究现状与科学前沿[J]. 矿业研究与开发，2003(S1)：1-5.

[181] 胡家国，古德生，王新民. 水泥-粉煤灰-尾砂胶结充填料配比优化及特性研究[J]. 矿冶，2003(4)：7-10.

[182] 古德生. 地下金属矿采矿科学技术的发展趋势[J]. 黄金，2004(1)：18-22.

[183] 王海宁，古德生，吴超，张红婴. 多机并联空气幕引射风流及其应用研究[J]. 矿冶工程，2004(1)：7-10.

[184] 杨仕教，古德生，丁德馨，王卫华. 丰山铜矿北缘采区矿岩稳定性分级的灰色聚类方法研究[J]. 矿业研究与开发，2004(1)：14-16，29.

[185] 刘敦文，徐国元，黄仁东，古德生. 一种基于神经网络的探地雷达信号解释研究[J]. 地球物理学进展，2004(1)：179-182.

[186] 黄仁东，古德生，吕苗荣，徐国元，刘敦文. 声波 CT 层析成像技术在新桥硫铁矿的应用[J]. 湘潭矿业学院学报，2004(1)：12-15.

[187] 李孜军，古德生，吴超. 高温高硫矿床矿石自燃危险性的评价[J]. 金属矿山，2004(5)：57-59，64.

[188] 匡文龙，古德生，刘新华. 沃溪金、锑、钨矿床成矿地质特征及找矿前景分析[J]. 黄金，2004(6)：10-15.

[189] 周爱民，古德生. 基于工业生态学的矿山充填模式[J]. 中南大学学报(自然科学版)，2004(3)：468-472.

[190] 古德生，吴超. 采矿与岩土工程复合型高级人才的培养模式实践[J]. 现代大学教育，2004(3)：102-104.

[191]黄志伟, 古德生, 韩洪江. 鑫汇金矿缓倾斜中厚矿体开采新工艺[J]. 有色金属, 2004(2): 88-89, 92.

[192]韦华南, 赵国彦, 古德生. 新城金矿盘区上向高分层连续回采充填采矿法试验研究[C]//中国有色金属学会. 第八届国际充填采矿会议论文集. 北京: 2004.

[193]张钦礼, 王新民, 古德生, 肖智政, 陈嘉生, 田明华. 新桥硫铁矿粉煤灰充填技术研究[C]//中国有色金属学会. 第八届国际充填采矿会议论文集. 北京: 2004.

[194]周科平, 古德生, 史秀志. 碎石胶结充填体破坏过程的数值模拟及应用[C]//中国有色金属学会. 第八届国际充填采矿会议论文集. 北京: 2004.

[195]徐国元, 古德生, 李建雄, 余佑林, 刘敦文, 冯巨恩. 改进高水速凝材料尾胶充填体稳定性的综合技术[C]. 中国有色金属学会. 第八届国际充填采矿会议论文集. 北京: 2004.

[196]吕苗荣, 古德生. 面向事务方法设计矿山信息系统数据库的研究应用[J]. 计算机工程与应用, 2004(20): 180-183.

[197]邓建, 李夕兵, 古德生. 岩石力学参数概率分布的信息熵推断[J]. 岩石力学与工程学报, 2004(13): 2177-2181.

[198]陈建宏, 周科平, 古德生. 新世纪采矿 CAD 技术的发展: 可视化、集成化和智能化[J]. 科技导报, 2004(7): 32-34.

[199]刘敦文, 古德生, 徐国元. 地下矿山采空区处理方法的评价与优选[J]. 中国矿业, 2004(8): 54-57.

[200]吕苗荣, 古德生, 黄仁东, 徐国元. 数据库技术在井间声波探测工程中的应用[J]. 物探化探计算技术, 2004(3): 238-242.

[201]周科平, 古德生. 基于 GIS 的岩爆倾向性模糊自组织神经网络分析模型[J]. 岩石力学与工程学报, 2004(18): 3093-3097.

[202]陈建宏, 周智勇, 古德生. 采矿 CAD 系统研究现状与关键技术[J]. 金属矿山, 2004(10): 5-9.

[203]王海宁, 古德生, 张红婴. 多机并联空气幕隔断风流的现场应用研

究[J]. 中国矿业, 2004(10): 34-36.
[204] 邓建, 古德生, 李夕兵. 确定可靠性分析 Weibull 分布参数的概率加权矩法[J]. 计算力学学报, 2004(5): 609-613.
[205] 匡文龙, 古德生, 周科平, 朱自强, 刘文伟, 刘新华. 林家溪隧道岩体结构的 TSP203 超前预报[J]. 中外公路, 2004(6): 74-77.
[206] 徐国元, 段乐珍, 古德生, 闫长斌. Radial explosion strain and its fracture effect from confined explosion with charge of cyclonite[J]. Journal of Central South University of Technology (English Edition), 2004(4): 429-433.
[207] 陈建宏, 周智勇, 古德生. 矿山工程界线的光滑方法与自动追踪算法研究[J]. 湖南科技大学学报(自然科学版), 2004(4): 6-9.
[208] 匡文龙, 古德生, 周科平, 朱自强, 刘新华. 大湾隧道掌子面前方岩石结构的 TSP203 超前预报[J]. 公路, 2005(1): 216-218.
[209] 刘敦文, 古德生, 徐国元, 黄仁东. 采空区充填物探地雷达识别技术研究及应用[J]. 北京科技大学学报, 2005(1): 13-16.
[210] 古德生. 关于钨矿业可持续发展问题的讨论[J]. 中国钨业, 2005(1): 25-29.
[211] 匡文龙, 古德生, 刘继顺, 刘文伟. 西昆仑地区密西西比河谷型矿床的流体包裹体特征研究[J]. 有色矿冶, 2005(2): 1-5.
[212] 王海宁, 吴超, 古德生. 多机并联增阻空气幕的现场应用[J]. 中南大学学报(自然科学版), 2005(2): 307-310.
[213] 吕苗荣, 古德生. 采用最优频率匹配法实现信号的频段滤波处理[J]. 物探化探计算技术, 2005(2): 166-170, 95.
[214] 陈建宏, 周智勇, 陈纲, 古德生. 基于钻孔数据的勘探线剖面图自动生成方法[J]. 中南大学学报(自然科学版), 2005(3): 486-490.
[215] 邓建, 古德生, 李夕兵. 基于神经网络的边坡可靠度分析[C]//中国力学学会, 北京工业大学. 中国力学学会学术大会 2005 论文摘要集(下). 北京: 2005.

[216]匡文龙，古德生，何刚，周科平，刘文伟. TSP203 系统在芭蕉溪隧道超前预报中的应用[J]. 物探与化探，2005(4)：374-376.

[217]闫长斌，徐国元，古德生. 论岩土工程专业研究生试验能力的培养[J]. 理工高教研究，2005(4)：41-42.

[218]匡文龙，古德生，周科平，朱自强，刘文伟. GPR 在高速公路隧道掘进中掌子面前方岩体结构超前预报工作中的应用[J]. 公路交通科技，2005(9)：111-114.

[219]邓建，古德生，李夕兵. 深部岩体工程随机分析方法研究[J]. 矿山压力与顶板管理，2005，22(3)：6-8.

[220]周爱民，古德生. 基于工业生态学的矿山充填模式[C]//中国有色金属学会. 中国有色金属学会第六届学术年会论文集. 北京：2005.

[221]彭怀生，邓建，古德生. Earth slope reliability analysis under seismic loadings using neural network[J]. Journal of Central South University of Technology(English Edition)，2005(5)：606-610.

[222]何哲祥，古德生. 分级尾砂充填系统振动给料技术试验研究[J]. 有色金属(矿山部分)，2005，57(6)：15-17.

[223]周科平，苏家红，古德生，史秀志，向仁军. 复杂充填体下矿体开采安全顶板厚度非线性预测方法[J]. 中南大学学报(自然科学版)，2005(6)：1094-1099.

[224]过江，罗周全，邓建，古德生. 三维动态空区监测系统 CMS 在矿山的应用[J]. 地下空间与工程学报，2005，1(7)：994-996.

[225]李夕兵，刘志祥，古德生. 矿业固体尾废与采空区互为资源战略的思考[J]. 矿冶工程，2005(6)：1-5.

[226]马伟东，古德生，王劼. 用于充填采矿的高性能水淬渣胶凝材料[J]. 有色金属，2006(1)：86-88.

[227]戴剑勇，杨仕教，古德生. 遗传算法在水泥矿山卡车运输调度系统中的应用[J]. 中国工程科学，2006(8)：77-80，91.

[228]吕苗荣，古德生. 矿山企业信息体系结构的研究与探讨[J]. 矿业研究与开发，2006(4)：61-66.

[229]过江，古德生，罗周全. 区域智能化采矿构想初探[J]. 采矿技术，2006(3)：147-150.

[230]胡建华，周科平，古德生，苏家红. 基于连续采矿的顶板诱导崩落时变力学特性分析[J]. 采矿技术，2006(3)：157-160.

[231]过江，古德生，罗周全. 区域智能化采矿方案探究[J]. 金属矿山，2006(10)：13-16.

[232]过江，古德生，罗周全. 金属矿山采空区3D激光探测新技术[J]. 矿冶工程，2006(5)：16-19.

[233]何哲祥，古德生，郭朝晖. 柿竹园矿极细多金属尾矿絮凝沉降特性研究[J]. 矿冶工程，2006(5)：20-23.

[234]伍佑伦，廖国燕，古德生，王永清. 控制顶板崩落过程的关键结构体初探[C]//中国有色金属学会，中国金属学会，湖南省科学技术协会. 金属矿采矿科学技术前沿论坛论文集. 长沙：2006.

[235]陈建宏，周科平，周智勇，舒学军，古德生. 矿山安全仿真模拟平台建设关键技术[C]//中国有色金属学会，中国金属学会，湖南省科学技术协会. 金属矿采矿科学技术前沿论坛论文集. 长沙：2006.

[236]过江，古德生，罗周全. 金属矿山安全管理与信息化技术[J]. 工业安全与环保，2006(11)：52-53.

[237]胡建华，周科平，古德生，阳念哥. 大型工程数字化软件应用能力培养在采矿工程的教学探讨[J]. 科技咨询导报，2006(20)：134-135.

[238]过江，古德生，罗周全. 地下矿山安全监测与信息化技术[J]. 安全与环境学报，2006(S1)：170-172.

[239]伍佑伦，王元汉，古德生. 锚杆抑制临空结构面扩展的试验研究[J]. 岩石力学与工程学报，2006(S1)：3046-3050.

[240]吕苗荣，古德生. 对信息本质问题的探讨[J]. 系统科学学报，2007(1)：13-17.

[241]周科平，高峰，古德生. 采矿环境再造与矿业发展新思路[J]. 中国矿业，2007(4)：34-36.

[242] 张世超, 周科平, 古德生, 罗先伟. 高分段中深孔崩矿顶板诱导崩落连续采矿法在铜坑矿的应用[J]. 中国矿业, 2007(5): 83-86.

[243] 过江, 古德生, 吴超. 采矿学科的创新机制与创新教育探索[J]. 中国冶金教育, 2007(3): 3-5, 10.

[244] 吕苗荣, 古德生, 彭振斌. 语音信号基本处理单元的选择与应用[C]//中国通信学会青年工作委员会, 北方工业大学信息工程学院. 2007 通信理论与技术新发展——第十二届全国青年通信学术会议论文集(上册). 北京: 2007.

[245] 何哲祥, 古德生. 水力充填管道挤压输送方法试验研究[J]. 湖南科技大学学报(自然科学版), 2007(3): 26-30.

[246] 胡建华, 周科平, 古德生, 苏家红. 基于 RFPA~(2D) 的顶板诱导崩落时变效应数值模拟[J]. 中国矿业, 2007(10): 86-88.

[247] 张世超, 周科平, 古德生, 江军生. 连续采矿-顶板诱导崩落综合技术在大厂铜坑矿的研究与应用[J]. 金属矿山, 2007(11): 14-17, 47.

[248] 胡建华, 周科平, 古德生, 杨念哥. 采矿专业课程数值试验教学的构思与创新[J]. 理工高教研究, 2007(6): 91-93.

[249] 胡建华, 苏家红, 周科平, 张世超, 古德生. 诱导顶板崩落时变力学模型的建立与应用[J]. 中南大学学报(自然科学版), 2007(6): 1212-1218.

[250] Hu J H, Su J H, Zhou K P, Zhang S C, Gu D S. Evaluation and time-varying mechanical numerical analysis to induction caving roof[C]. International Symposium on Mining Science and Safety Technology. Jiaozuo, PEOPLES R CHINA, 2007.

[251] Liu D W, Gu D S, Xu G Y. Experimental study on pre-splitting blasting with large diameter long-hole and its application in non-pillar continuous mining[C]. International Symposium on Mining Science and Safety Technology. Jiaozuo, PEOPLES R CHINA, 2007.

[252] 过江, 古德生, 罗周全, 戴兴国. 基于 CMS 的区域智能化矿柱回采

研究[J]. 矿冶工程, 2008(1): 1-4.

[253] 李江腾, 曹平, 古德生, 吴超. Crack growth time dependence analysis of granite under compressive-shear stresses state[J]. Journal of Coal Science & amp; Engineering(China), 2008, 14(1): 34-37.

[254] 胡汉华, 古德生. 矿井移动空调室技术的研究[J]. 煤炭学报, 2008(3): 318-321.

[255] 胡建华, 周科平, 陈庆发, 古德生. 充填体下连续开采诱导顶板失稳演化时变分析[J]. 广西大学学报(自然科学版), 2008(1): 96-99.

[256] 胡建华, 苏家红, 周科平, 张世超, 古德生. 顶板诱导崩落模式选择时变数值分析[J]. 岩土力学, 2008(4): 931-936.

[257] 刘湘平, 古德生, 罗一忠, 谢学斌. 深井采场凿岩硐室稳定性模糊综合评价[J]. 矿冶工程, 2008(3): 22-25.

[258] 马伟东, 古德生. 我国有色金属矿产资源安全现状及对策[J]. 矿冶工程, 2008(3): 121-123, 128.

[259] 张世超, 周科平, 胡建华, 苏家红, 古德生. 顶板诱导崩落技术及其在大厂铜坑92号矿体的应用[J]. 中南大学学报(自然科学版), 2008(3): 429-435.

[260] 何哲祥, 古德生. 矿山充填管道水力输送研究进展[J]. 有色金属, 2008(3): 116-120.

[261] 马伟东, 古德生. 我国铁矿资源基础安全评价研究[J]. 矿冶工程, 2008, 28(6): 5-7.

[262] Hu J H, Zhou K P, Su J H, Gu D S. Visualization and fine description to blast-caving and induce cracks of roof[C]. 3rd International Symposium on Modern Mining and Safety Technology. Liaoning Tech Univ, Fuxin, 2008.

[263] Wu C, Li Z J, Yang F Q, Hu H H, Gu D S. Risk forecast of spontaneous combustion of sulfide ore dump in a stope and controlling approaches of the fire[J]. Archives of Mining Sciences, 2008,

53(4)：565-579.

[264] Zhang S C, Zhou K P, Gu D S, Hu J H. Induced caving roof technology applying for continual mining[C]. 3rd International Symposium on Modern Mining and Safety Technology. Liaoning Tech Univ, Fuxin, 2008.

[265]李江腾，古德生，曹平，吴超.岩石断裂韧度与抗压强度的相关规律[J].中南大学学报(自然科学版)，2009，40(6)：1695-1699.

[266] Deng J, Pandey M D, Gu D S. Extreme quantile estimation from censored sample using partial cross-entropy and fractional partial probability weighted moments[J]. Structural Safety, 2009, 31(1): 43-54.

[267]韦华南，古德生.某矿分段凿岩阶段矿房嗣后联合充填采矿法试验研究[J].黄金，2010，31(6)：23-28.

[268]韦华南，古德生.岩金矿山倾斜中厚矿体开采综合技术研究[J].矿业研究与开发，2010，30(3)：1-3+23.

[269]周科平，古德生.发展集约型矿业[J].中国金属通报，2010(27)：14-16.

[270]古德生，吴超.金属矿山科技和环境问题及其思考[J].科技导报，2011，29(12)：11.

[271]王从陆，吴超，李孜军，古德生，薛生国.基于对应分析法的废弃金属尾矿库重金属污染原位监测点优化研究[J].环境工程学报，2011，5(6)：1386-1390.

[272]张舒，史秀志，古德生，黄刚海.基于ISM和AHP以及模糊评判的矿山安全管理能力分析与评价[J].中南大学学报(自然科学版)，2011，42(8)：2406-2416.

[273]古德生.重要的是如何发挥专业组的作用[N].中国有色金属报，2011-08-27(007).

[274]程爱宝，古德生，刘洪强.基于AHP与粗糙集理论的采空区稳定性影响因素权重分析[J].中国安全生产科学技术，2011，7(9)：

50-55.

[275]陈庆发，周科平，古德生. 协同开采与采空区协同利用[J]. 中国矿业，2011，20(12)：77-80，102.

[276]陈庆发，周科平，古德生，苏家红. 采空区协同利用机制[J]. 中南大学学报(自然科学版)，2012，43(3)：1080-1086.

[277]古德生，周科平. 现代金属矿业的发展主题[C]//中国冶金矿山企业协会. 中国采选技术十年回顾与展望. 中国冶金矿山企业协会，2012.

[278]陈庆发，古德生，周科平，苏家红. 对称协同开采人工矿柱失稳的突变理论分析[J]. 中南大学学报(自然科学版)，2012，43(6)：2338-2342.

[279]古德生，周科平. 现代金属矿业的发展主题[J]. 金属矿山，2012(7)：1-8.

[280]古德生，周科平. 绿色开发 深部开采 智能采矿[N]. 中国冶金报，2012-10-25(C02).

[281]古德生. 矿业未来三主题[J]. 中国经济和信息化，2013(16)：18-19.

[282]古德生. 智能采矿 触摸矿业的未来[J]. 矿业装备，2014(1)：24-26.

[283]古德生. 创新驱动金属矿业转型升级[N]. 中国有色金属报，2014-11-13(001).

[284]古德生. 创新驱动金属矿业变革[J]. 矿业装备，2014(12)：30.

[285]古德生. 开启矿业信息化的大幕 演绎矿业现代化的未来——矿业信息化智能化专业委员会成立会上的发言[J]. 金属矿山，2014(12)：1-2.

[286]古德生. 区域矿山建矿是科学开发资源的新道路[N]. 中国黄金报，2016-11-01(005).

后　记

在《矿业天下记》中，古德生院士激情洋溢地写道："泱泱中华，屹立于世，壮我矿业，还看今朝!"这句话充分体现了一个著名的矿业工程专家对我国矿业界未来的期望和信心，并展现了一个寻求矿业之光的追梦者的情怀。

这种情怀始终贯穿在古德生院士六十多年的矿业生涯中。在漫长的岁月中，无论是时代的挑战，还是生活的磨难，都未能阻挡他向前的步伐，直至在矿业界取得突破性成果，成为两个重要技术领域的奠基者，并获得广泛的社会影响力。这本传记力求记录下古德生院士在矿业领域的卓越成就，也从侧面反映了中国矿业在过去几十年中遇到的挑战、经历的创新和发展。

传记是关于人的故事。在传记的编写过程中，除了记录古德生院士在矿业领域的成就，也展现了他的家庭背景、成长过程和性格特质，让大家能感受到一个全面的、立体的矿业人物。在生活中，古德生院士是一个温和、低调的人，平时并不愿意过多谈及自己。但作为他的女儿，我有幸能在长期的生活中，观察并了解他，从而能够用自己的亲身感受来描述生活中的他。

这本传记，从最初的构想直至最后定稿，经过了多次讨论和反复修改。我希望读者能从该书更好地了解古德生院士的矿业生涯、杰出贡献和他以中国矿业为己任的胸怀。由于我水平有限，书中如有疏漏和不足之处，真诚地希望广大读者批评并指教。

在此书编著过程中，得到了与古院士共过事的许多同事和学生们的大力支持和帮助。尤其是谭丽龙女士，她以极大的热情联系各方人士，安排了大量采访活动，并收集了各种统计内容。还有谭幼媛及其他业界人士和朋友们也提供了众多历史线索和实例。他们的鼎力相助，促进了本书的早日付梓，在此对他们一并表示衷心的感谢。

古平

2021年12月

图书在版编目(CIP)数据

古德生传/古平著. —长沙: 中南大学出版社,
2022.7(2023.6 重印)

ISBN 978-7-5487-4893-9

Ⅰ. ①古… Ⅱ. ①古… Ⅲ. ①古德生—传记 Ⅳ.
①K826.16

中国版本图书馆 CIP 数据核字(2022)第 075759 号

古德生传

GUDESHENG ZHUAN

古平 著

□出 版 人 吴湘华
□责任编辑 史海燕
□责任印制 唐 曦
□出版发行 中南大学出版社
社址: 长沙市麓山南路 邮编: 410083
发行科电话: 0731-88876770 传真: 0731-88710482
□印 装 湖南省众鑫印务有限公司

□开 本 710 mm×1000 mm 1/16 □印张 24.25 □字数 310 千字
□版 次 2022 年 7 月第 1 版 □印次 2023 年 6 月第 3 次印刷
□书 号 ISBN 978-7-5487-4893-9
□定 价 128.00 元